本书为教育部人文社会科学基金项目
"农村宅基地流转：模式、效应与管理政策"（13YJCZH249）成果

# 农村宅基地
# 退出模式与福利效应

STUDY ON THE MODES AND WELFARE EFFECT OF
CHINA'S RURAL HOMESTEAD EXIT

张梦琳　著

社会科学文献出版社
SOCIAL SCIENCES ACADEMIC PRESS (CHINA)

# 前　言

在乡村振兴战略背景下，农村宅基地制度改革成为政府与学界关注的焦点问题，而探索宅基地自愿有偿退出机制无疑是实现资源优化配置与乡村振兴发展可依赖的路径选择。在实践中，伴随农村宅基地退出政策的演变，各地形成了各具特色的退出模式且对农民福利产生重要影响。在乡村振兴战略和宅基地制度改革持续推进的背景下，分析已有宅基地退出模式的特征及成因，把握农民宅基地退出意愿，科学评估宅基地退出对农民福利的影响，提高农民对宅基地退出的满意度，在此基础上提出农村宅基地退出的综合政策框架和治理机制，对促进农村宅基地退出并增强农民的福利效应、实现乡村振兴等，具有积极的现实意义。

本书综合运用历史研究、实证计量、规范分析、政策网络分析等方法，全面系统地阐释我国农村宅基地退出的政策演变历程、地方实践成效，对增减挂钩、"三块地"和"三权分置"等政策背景下的退出实践模式进行总结及比较分析，把握农民是否愿意退出以及愿意采取何种方式退出宅基地；揭示宅基地退出后农民的总体福利水平及农民间分配是否公平，了解宅基地退出对乡村发展及农民市民化的影响，阐明农民宅基地退出满意度的影响机理；构建宅基地退出政策网络模型，揭示宅基地退出后农民福利损失的原因，在此基础上提出农村宅基地退出的路径选择建议，为农村宅基地的制度创新和政策改革提供科学依据。

1949 年以来，农村宅基地退出制度表现出明显的路径依赖和诱致性变迁特点，但当前农村宅基地退出实践依然缺乏长效机制。农村宅基地从禁止退出到探索主导退出，从近距离的实物流转（"宅基地换房")、远距离的"指标捆绑挂钩"到"地票"交易的演进路径，其内在动力是经济主体寻求土地报酬最大化或土地收益分配格局调整的结果。从增减挂钩到"三块地"和"三权分置"改革，在宅基地退出中农民权益和意愿也得到更大程度的保障；实际上，在农民就业、收入及居住条件等分化日益明显的情况下，农民对宅基地功能及福利的认识也开始分化，进而影响其退出意愿。进一步的经验数据表明，受教育程度、就业状况、是否参加社保、是否拥有宅基地使用权证、退出意愿以及退出满意度对农民的福利变化具有显著的正向影响。而由于宅基地退出后农民的生活水平与城市居民依然有明显差异，农民对市民化的认同感较低。提高农民福利水平，增强乡村发展韧性，都需要切实增加农民的经济收入。目前宅基地地权及退出制度安排决定了农民权利的弱化，也造成了农民对退出政策执行过程的争议及政策执行后的福利损失。对比政府垄断土地一级市场，赋予农民宅基地退出权，形成适度竞争，将带来社会福利的增加。如果政府能够为交易双方提供交易平台如农村土地交易所，发布供求双方、地块位置、基准地价等信息，将有助于提高农民的谈判能力，进而提升其交易福利。

以土地资源优化配置和提高农民福利为目标导向，农村宅基地退出调控政策应将私权保护和公法干预作为切入点，遵循农民自愿参与、城乡土地市场统筹调控、因地制宜、适度宏观调控和适法等原则，具体如完善宅基地退出立法、深化宅基地产权制度建设、完善宅基地退出程序和拆迁补偿机制、优化政府的政策网络行为、加强对农民作为市场主体的培育等，同时完善相关配套措施。以上措施对于各地因地制宜地确定退出模式，建构互动合作型的退出政策网络结构，提高宅基地退出的福利效应等具有积极意义。

# 目　录

# 导　论

## 一　研究背景与意义

在城市化快速推进以及城乡建设用地供需失衡加剧的背景下，我国广大农村地区普遍存在一户多宅、面积超标、闲置粗放利用等现象，成为优化土地资源配置和统筹城乡协调发展的主要障碍。为适应新时期社会发展需要以及遵循资源优化配置的经济逻辑，作为稀缺生产要素的农村宅基地应在遵循价值规律的前提下实现退出、转让等。然而，长期以来，我国农村宅基地遵循计划经济条件下国家的行政性调配，缺乏有效退出机制。这虽然有着发挥土地保障功能的政治逻辑，却阻碍了理性农户对要素进行自由选择和边际调整，由此阻碍了市场这一"看不见的手"引导农户的经济行为，以实现其利益的最大化和宅基地资源的最优配置①。有研究指出，在城乡建设用地增减挂钩的思路下，农村闲置或低效利用的宅基地退出，有助于协调城乡土地配置、为农民提供进城资金和促进经济发展②③。但也有些违背制度设计初衷和农民意愿，导致农民"被上楼"、利益分配不公以及耕地质量无法保证等④⑤。在实践

---

① 黄忠华等：《地权诉求、宅基地流转与农村劳动力转移》，《公共管理学报》2012 年第 3 期。
② 范辉：《发达地区农村宅基地退出的现实困境与路径选择》，浙江大学博士学位论文，2016。
③ 孙雪峰：《农村宅基地退出：主要模式、驱动机理与政策设计》，南京农业大学博士学位论文，2016。
④ 龙开胜等：《农民接受闲置宅基地治理方式的意愿及影响因素》，《中国人口·资源与环境》2012 年第 9 期。
⑤ 任平等：《城乡建设用地增减挂钩制度实施绩效分析与评价》，《中国农业资源与区划》2014 年第 6 期。

中，也存在"宅基地换房""宅基地换社保"等地权改革模式，其经济社会效应还有待研究。由此引发学者在总结地方宅基地退出实践模式的基础上，分析其实施绩效或缺陷，以期完善农村宅基地退出路径。

从历史维度看，宅基地无偿分配是国家将原本农民所有的宅基地无偿收归集体以后做出的一种历史补偿，宅基地使用权不可避免地被打上身份性和福利性的烙印。因此，在城乡割裂格局下，农村宅基地制度的改革与创新，能否增进农民所享有的福利，是值得关注的问题。进一步来讲，在强调保障失地农民权益、促进社会成员福利公平的背景下，宅基地退出能否提高农民的福利水平、缩小农民之间的福利差距，以及哪些因素影响农民的福利变化有待进一步论证和探究。在此基础上制定有针对性的、合理有效的宅基地退出政策，有助于促进宅基地退出的良性发展。另外，作为区域人口及社会经济活动的主要集聚区，农村宅基地不仅事关农民这一微观群体的核心利益，也必将对乡村发展产生重要影响。为推动农村经济发展，实现乡村振兴，需要研讨农村宅基地退出对乡村发展的影响。党的十八大报告确立了以人的城镇化为核心的新型城镇化，不仅注重国土空间利用的优化，更强调农业转移人口的市民化。农村宅基地退出能否增进农民对市民化的认同也是宅基地退出效应的重要体现。因此，本书将着重阐释农村宅基地退出对农民福利、农民市民化及乡村发展等带来的影响及其表现，分析哪些自然和社会经济因素影响了宅基地退出作用的发挥，以及宅基地退出项目该如何调整设计以实现其效应优化。

在我国实施乡村振兴战略的背景下，农村宅基地制度改革是实现乡村振兴、解决"三农"问题的重要抓手。很明显，农村宅基地退出在不同的政策安排或系统环境下将有不同的效应表现。选择怎样的配置方式或管理政策以实现农村宅基地退出效应优化已成为具有深刻时代背景的研究课题。进一步来讲，如何认识当前农村宅基地退出不同模式的特征和成因，科学评估农村宅基地退出对农民福利、乡村发展等的影响，提高农民对宅基地退出的满意度，在此基础上提出农村宅基地退出的政策选择，是需要深入研究的问题。对上述问题进行系统深入的研究，无疑关系到农村宅基地退出能否沿着科学合理的轨道发展，对当前或今后协调优化土地制度与人口发展的关系都是必要的。本书对促进农村宅基地退出并增强其福利效应、实现乡村振兴等，具有积极的现实意义。本书研究成果能够为构建农村宅基地退出管控体系和提高农民福利水平、制定乡村发展相关政策提供参考和依据，在统筹城乡发展与构建和谐社会进程中具有一定应用价值。

## 二　概念界定、研究内容与思路

### （一）概念界定

首先，对宅基地概念进行说明。宅基地作为专业法律术语最早出现于 1962 年中共八届第十次会议通过的《农村人民公社工作条例（修正草案）》第四章第二十一条规定，"生产队范围内的土地，都归生产队所有。生产队所有的土地，包括社员的自留地、自留山、宅基地等，一律不准出租和买卖"。迄今为止，"宅基地"一直在法律文件中被沿用。但我国法律并没有对宅基地的内涵及外延做出明确界定，学术界对宅基地的内涵也没有形成统一认识，而是依据不同标准对宅基地进行分类和定义[①]。本书采纳原国土资源部（2018 年重组为自然资源部，以下同）2010 年《关于进一步完善农村宅基地管理制度切实维护农民权益的通知》中的界定，即农村宅基地也称房屋地基，是指农村居民依法取得的用于建造住宅及其生活附属设施的集体建设用地。

其次，对农村宅基地退出的含义进行说明。以农村宅基地制度创新为突破口，促进农村宅基地退出及其效应优化是现阶段推进新型城镇化的重要内容。虽然有关农村土地退出的研究逐渐增多，但由于退出形式多样，农村宅基地退出并无确切概念。宅基地退出形式有：农民落户城市后自愿申请或被集体组织强制退出、因宅基地被征收而被动退出、体

---

① 刘锐：《农村宅基地退出问题再探讨》，《中州学刊》2013 年第 7 期。

制外隐形流转以及统筹城乡发展中以宅基地置换社保或住房等形式的退出①。本书所研究的农村宅基地退出，是指农户直接放弃宅基地使用权或者通过房屋转让同时让渡宅基地使用权的行为，并以退出的宅基地使用权利置换货币或房屋补偿等。另外，资源只有通过转让才会形成价格，而资源也只有在价格引导下才能实现最优配置②。单纯的土地退出不是目的，关键是再配置利用，以提高资源配置效率。因此，本书所指的宅基地退出还内含了退出后的再配置利用，即宅基地退出后再流转的行为。与宅基地流转暗含交易双方不同，宅基地退出侧重从宅基地出让人（放弃宅基地的农民）的角度考虑人地分离问题。

**（二）研究内容**

本书的目标是，通过对农村宅基地退出的模式差异分析、效应评估及其理论解释、政策网络及情景分析、路径改善研究等，为农村宅基地制度创新和政策改革提供科学依据。主要研究内容包括以下 6 个方面。

（1）农村宅基地退出的政策演变与实践。从土地制度历史发展的角度，根据农村宅基地的权属性质及权能变化，对 1949 年以来我国农村宅基地退出制度或相关政策进行梳理，总结宅基地退出政策演变的路径特点；分析目前宅基地退出的地方实践及其成效，总结分析宅基地退出面临的主要问题。

（2）农村宅基地退出的模式。根据我国农村宅基地制度改革的进程，分别对城乡建设用地增减挂钩、"三块地"和"三权分置"改革背景下宅基地退出的实践模式进行归纳总结，比较分析各个模式的实践特征及演化逻辑，揭示农村宅基地退出模式与当地社会经济条件相适应的内在规律。

（3）农民宅基地退出的意愿与方式选择。尊重农民意愿是宅基地退出所要遵循的首要原则。本书基于实地调查获取统计数据，根据农民

---

① 王兆林：《户籍制度改革中农户土地退出行为研究：重庆的实证》，西南大学博士学位论文，2013。

② 张卫东：《土地转让性与土地资源配置问题研究》，《上海行政学院学报》2004 年第 5 期。

分化、福利认同与宅基地退出意愿的逻辑关系，考虑农民宅基地退出方式选择的分化特征，在运用交叉列联表进行描述性统计分析的基础上，运用多元回归、分层模型等计量经济模型，分别揭示影响农民宅基地退出意愿及退出方式选择的因素，以此为宅基地退出的政策设计奠定基础。

（4）农村宅基地退出的效应。本书基于福利经济学理论，构建宅基地退出后的社会总福利及其福利分配的理论模型并加以分析；基于区域数据，对农村宅基地退出的经济、社会等方面的福利进行描述性统计分析，运用模糊数学评估、基尼系数、分位数回归等方法，测度宅基地退出后农民的总福利水平及农民之间的福利分配，辨析影响农民福利的决定性因素；在主要评判农村宅基地退出福利效应的基础上，对宅基地退出后乡村韧性发展、农民市民化等情况进行分析，揭示农民对宅基地退出的整体满意度及其影响因素，以此为农村宅基地退出的路径完善及选择提供参考依据。

（5）农村宅基地退出的政策网络。政策网络分析将宏观的制度分析和微观的行为分析结合起来，它强调政策环境、网络结构、主体行为等对政策效果的影响。本书基于政策网络分析法，在政策网络结构、政策网络主体行为和政策效果的分析框架下，研究农村宅基地地权及退出政策的利益相关者的行为选择逻辑，分析农村宅基地退出政策实施效果及农民福利损失的原因；对设定政策情景后宅基地退出相关主体的博弈行为及各主体的经济福利进行分析，从中得到宅基地退出路径选择的政策启示。

（6）农村宅基地退出的政策选择。在上述研究基础上，通过演绎推理对农村宅基地退出的政策目标导向以及采取怎样的措施才能实现目标等进行规范分析。具体而言，在确定宅基地退出政策目标及优化原则的基础上，从完善农村宅基地地权政策及相关法律法规入手，设计管理农村宅基地退出的综合政策框架，包括完善宅基地退出市场及拆迁补偿机制，构建宅基地退出的科学模式，优化政策网络结构，规范政策网络行为等。

### （三）研究思路

本书将按照研究设计逻辑思路的要求，首先，完成文献综述和统计数据收集工作；其次，结合我国农村宅基地退出的政策演变历程及宅基地退出的实践，分析农村宅基地退出模式的特征及成因；根据调研数据，运用计量经济模型定量研究相关变量对农民宅基地退出意愿及退出方式选择的影响，科学评估农村宅基地退出的效应，并剖析其原因；再次，对未来农村宅基地退出改革的逻辑路径及可能方案进行情景分析；最后，在此基础上，提出农村宅基地退出效应优化的路径选择。具体研究思路如图0-1所示。

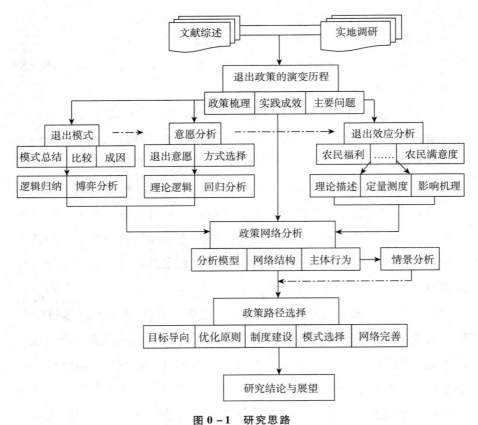

图0-1　研究思路

# 第一章 农村宅基地退出相关研究与理论基础

本章围绕农村宅基地的退出模式与效应，对相关研究进展进行概述，以把握相关研究现状及其对本书的借鉴与启示意义。农村宅基地作为稀缺资源，其制度安排不仅要有利于实现资源优化配置，也要有利于城乡统筹发展。

## 第一节 相关研究

当前越来越多地方政府期望通过农村宅基地退出以促进城乡经济发展，但在实践中农民"被上楼"的现象突出，对此学术界开展了诸多相关研究，主要集中在宅基地退出模式及农民退出意愿、宅基地退出效应、宅基地退出制度创新或立法完善等方面。

### 一 农村宅基地退出模式与农民退出意愿

随着农村宅基地功能的变迁，原有的法律产权限制和市场交易限制等传统宅基地制度越来越不适应现实发展需要[①]。特别是城乡建设用地"双增长"问题日益严重，为了提高农村建设用地的利用效率、消解城市对建设用地的渴求，近年来，越来越多的地方进行了农村宅基地退出

---

① 张克俊、付宗平：《基于功能变迁的宅基地制度改革探索》，《社会科学研究》2017年第6期。

尝试①。由于宅基地退出具有较强的区域差异，发达地区与欠发达地区、近郊区与远郊区等宅基地退出实践呈现不同特点②。在总结实践的基础上进行模式提炼意味着对现象研究的深化。模式差异源于划分标准的不同，如立足用途或流向差异，可将宅基地退出划分为宅基地换房、宅基地收储、市场化交易或变现式三种模式③④；按照实施主体不同，可分为政府主导、有限市场主导、村集体主导和隐性退出四种模式⑤；以地区为立足点，有学者认为宅基地退出具有"平罗经验"、"余江样板"和"义乌智慧"三种代表性模式⑥，也有学者总结为天津的"宅基地换房"、重庆的"地票"交易、浙江嘉兴的"两分两换"等模式⑦⑧；有学者认为，从宅基地退出制度改革的初衷与试点情况及今后的发展趋势来看，把退出方式界定为完全退出（进城居住）和不完全退出（集中居住）更为合理⑨。在梳理总结农村宅基地退出模式的基础上，评析其利弊，可获启迪。周立群、张红星以天津"宅基地换房"、成都"指标挂钩"及重庆"地票"交易等模式为例，分析了各种模式的绩效和缺陷⑩。相对于各地自发产生的农村宅基地隐形退出，重庆的"地票"交易模式不仅能降低宅基地体制外退出的成本和制度风险⑪，还能通过

① 魏后凯、刘同山：《农村宅基地退出的政策演变、模式比较及制度安排》，《东岳论丛》2016 年第 9 期。
② 刘双良：《农村宅基地使用权的流转与退出机制》，《重庆社会科学》2010 年第 6 期。
③ 魏后凯、刘同山：《农村宅基地退出的政策演变、模式比较及制度安排》，《东岳论丛》2016 年第 9 期。
④ 张勇：《农村宅基地有偿退出的政策与实践》，《西北农林科技大学学报》（社会科学版）2019 年第 2 期。
⑤ 岳永兵：《宅基地退出：内涵、模式与机制建立》，《改革与战略》2016 年第 11 期。
⑥ 余永和：《农村宅基地退出试点改革：模式、困境与对策》，《求实》2019 年第 4 期。
⑦ 陈霄：《农民宅基地退出意愿的影响因素》，《中国农村观察》2012 年第 3 期。
⑧ 扈映、米红：《经济发展与农村土地制度创新》，《农业经济问题》2010 年第 2 期。
⑨ 晏志谦等：《农户分化视角下宅基地退出方式选择影响因素分析》，《中国农业资源与区划》2018 年第 6 期。
⑩ 周立群、张红星：《农村土地制度变迁的经验研究：从"宅基地换房"到"地票"交易所》，《南京社会科学》2011 年第 8 期。
⑪ 程世勇：《"地票"交易：模式演进与体制内要素组合优化》，《学术月刊》2010 年第 5 期。

土地资产货币化从体制内优化城乡建设用地结构，实现经济可持续发展①。但地方政府为获取更多利益，在行使土地管理职能时往往具有多占地甚至强制农民退出宅基地的冲动，极大地降低了土地管理效率②。如果农民可以直接将土地出租给出价最高的使用者，通过竞争来形成土地的流转均衡，则可以大大提高土地管理系统的运行效率③。比较而言，市场化交易能够发现宅基地价值、实现供需平衡，有更大的推广价值④。有学者认为应在交通便利、基础设施较好、经济较为发达的地区实行市场主导型模式，在交通不便利、经济相对落后的地区采取政府主导型模式⑤。总的来说，各地区应因地制宜地选择不同的治理结构和退出模式。

　　学界普遍认为缺乏有效的退出机制是宅基地资源闲置浪费的根源⑥，农村宅基地退出可以使"沉睡的资源"变为资产⑦。但在农村宅基地退出、置换和农民集中居住过程中，务必要尊重农民意愿，这将直接影响农村宅基地退出的顺利推行和实施效果⑧。实际上，由于宅基地在各种类型农户家庭中所发挥的功能各有不同，农户宅基地退出意愿也将存在差异⑨。对此，较多学者研究认为不同类型农户的退出意愿及其影响因素差异明显⑩。李晓庆等利用重庆市北碚区的农户数据考察不同

①　程世勇：《地票交易：体制内土地和产业的优化组合模式》，《当代财经》2010 年第 5 期。
②　吴晓燕等：《土地隐形流转、福利损失与市场模式选择》，《广州商学院学报》2005 年第 1 期。
③　Chengri Ding, "Land Policy Reform in China: Assessment and Prospects", *Land Use Policy* 20 (2), 2003, pp. 109 – 120.
④　魏后凯、刘同山：《农村宅基地退出的政策演变、模式比较及制度安排》，《东岳论丛》2016 年第 9 期。
⑤　谭术魁、王汉花：《集体建设用地直接入市流转模式及其功能研究》，《国土资源》2004 年第 7 期。
⑥　欧阳安蛟等：《农村宅基地退出机制建立探讨》，《中国土地科学》2009 年第 10 期。
⑦　龚宏龄：《农户宅基地退出意愿研究》，《农业经济问题》2017 年第 11 期。
⑧　龙开胜等：《农民接受闲置宅基地治理方式的意愿及影响因素》，《中国人口·资源与环境》2019 年第 9 期。
⑨　龚宏龄：《农户宅基地退出意愿研究》，《农业经济问题》2017 年第 11 期。
⑩　洪德和等：《农户宅基地退出意愿与行为转化研究》，《中国农业资源与区划》2019 年第 6 期。

类型农户的宅基地退出意愿，发现非农户明显要比纯农户更愿意退出宅基地或获得相应补贴去城镇购置住房①。惠献波运用 SEM 模型研究发现，当非农收入占农户家庭总收入的比重增加时，其宅基地退出意愿会增强，而且职业分化程度和经济分化程度对宅基地退出意愿也有正向作用②。高欣等认为，在经济发达地区，农户在退出宅基地后可以获得稳定的社会保障和非农收入，因此退出意愿较高③；胡银根等基于对传统农区宅基地退出的研究认为，农户对有偿退出政策的满意度对其退出意愿有显著的正向影响④。总之，农民的个体特征、经济补偿标准、家庭经济状况、家庭劳动力非农就业情况、家庭赡养结构、宅基地（房屋）状况、社会保障完善程度、城乡二元户籍制度等是影响农民退出宅基地的基本因素。

从已有的研究文献中可知，当前学者对宅基地退出模式的研究更侧重于不同模式的比较与选择。这虽然对探索理性的农村宅基地退出模式有积极作用，但对模式的科学选择必须以其深刻的成因为基础。本书将在建构农村宅基地退出模式框架及认识其特征的基础上，解析和归纳宅基地退出模式的成因，提炼和总结有关宅基地退出发展规律和方向的若干理论命题，以期对未来的宅基地制度创新有所启示。另外，农村宅基地退出以尊重农民意愿为首要原则，分析农民的退出意愿尤为重要。不仅要关注农民是否愿意退出，更要关注农民愿意接受何种退出方式，以及哪些因素影响他们对退出方式的选择。目前有关农民宅基地退出意愿的相关研究主要是笼统地询问农民是否愿意退出，缺乏对农民愿意选择何种退出方式的深入分析。据此，有学者将宅基地退出方式划分为完全

① 李晓庆等：《基于农户特征和意愿的农村居民点整治潜力测算》，《农村经济与科技》2012年第 5 期。
② 惠献波：《农户参与农村宅基地使用权抵押贷款意愿及其影响因素分析》，《现代经济探讨》2017 年第 5 期。
③ 高欣等：《社会保障、非农收入预期与宅基地退出决策行为》，《中国土地科学》2016 年第 6 期。
④ 胡银根等：《农户宅基地有偿退出与有偿使用决策行为影响因素研究》，《中国土地科学》2018 年第 11 期。

退出和不完全退出，并分析农户分化背景下宅基地退出方式的选择差异及其影响因素[①]；也有学者从农村土地改革的政策趋向出发，将宅基地退出分为资产化和直接处置两大类，详细考察农民宅基地退出方式选择意愿问题[②]。这些研究无疑为今后进一步研讨农民宅基地退出意愿指出了侧重方向。

## 二 农村宅基地退出的效应分析

随着我国农村宅基地的功能变迁，学者普遍认为以市场为基础的土地配置方式比行政调配方式能够更好地提升土地利用效率[③]，特别是农村城镇化进程中集体建设用地流转将有利于改变农民的社会、经济和文化环境[④]。从宏观层面看，农村宅基地退出有利于优化土地资源配置和推进新型城镇化战略的实施，同时农民作为宅基地的直接使用主体，宅基地退出无疑将对农民产生最深刻的影响，农民权益能否保障关系到宅基地退出能否顺利推行，而乡村振兴导向下宅基地退出实践对农村社会经济发展将产生何种影响，也需要更多地加以关注。

"福利"一词有许多相近的概念，从旧福利经济学的功利或效用概念[⑤]到新福利经济学的偏好[⑥]、快乐与幸福[⑦]及功能概念[⑧]。其中，阿马蒂亚·森（Amartya Sen）认为可以根据一个人实际能做什么和能成为什么来描述个人福利，并提出五种最重要的工具性自由，即政治自由、

---

① 晏志谦等：《农户分化视角下宅基地退出方式选择影响因素分析》，《中国农业资源与区划》2018 年第 6 期。

② 刘同山：《资产化与直接处置：农民宅基地退出意愿研究》，《经济经纬》2016 年第 6 期。

③ Klaus Deininger, Songqing Jin, "The Potential of Land Rental Markets in the Process of Economic Development: Evidence from China", *Journal of Development Economics* 78 (1), 2005, pp. 241 – 270.

④ Wei Xu, K. C. Tan: "Impact of Reform and Economic Restructuring on Rural Systems in China: A Case Study of Yuhang, Zhejiang", *Journal of Rural Studies* 18 (1), 2002, pp. 65 – 81.

⑤ A. C. Pigou, *Wealth and Welfare* (London: Macmillan, 1912).

⑥ John C. Harsanyi, "Utilities, Preferences, and Substantive Goods", *Social Choice and Welfare* 14 (1), 1997, pp. 129 – 145.

⑦ 黄有光：《福利经济学》，中国友谊出版社，1991。

⑧ 〔印度〕阿马蒂亚·森：《以自由看待发展》，任赜译，中国人民大学出版社，2002。

经济条件、社会机会、透明性担保及防护性保障，从而构建了可行能力框架以评价个人或集体的福利变化①。这种理论实质上也涵盖了农民的经济权益、政治权益和社会权益②。因此，依据阿马蒂亚·森的可行能力框架来分析农民福利可以反映农民权益的实质性变化，在指标选取方面具有合理性。随着相关理论的发展，福利经济学不仅关注社会个体或群体所享有的社会、经济和政治等权益，同时更注重他们可能实现的各种潜在权益。20世纪80年代中期以来，国内外学者开始补充、完善和运用阿马蒂亚·森的可行能力框架③，相关研究系统讨论了我国农地转用前后不同权利主体的福利变化，并提出了构成农民福利的功能性活动和指标④，扩展了福利经济学分析方法在农村土地制度研究中的应用。

随着农村宅基地退出实践的不断增多，农民权益保障及其福利水平日益受到学者关注。如基于理论层面分析农民宅基地福利的影响因素⑤，或者以阿马蒂亚·森的可行能力为基础，采用模糊综合评价法实证测算宅基地退出后农户家庭的福利水平⑥。相比较而言，经济发展水平较高的地区，农民宅基地退出意愿和城市适应性较强，福利水平也较高⑦。显然，选择不同地区的退地农民作为研究样本将使研究结果具有代表性，有助于获得更为可靠的宅基地退出对农民福利影响的特征和规律。另外，已有研究虽然探讨了宅基地退出前后农民福利的变化，但对于农民间福利分配是否合理以及引起农民福利变化差异的异质性因素有哪些等的研究尚显不足，特别是对各因素如何随着农户福利变化程度的

---

① Amartya Sen: "Well-Being, Agency and Freedom: The Dewey Lectures 1984", *The Journal of Philosophy* 82 (4), 1985, pp. 169 – 183.

② 黄赠芳:《农村宅基地退出中农民权益保护问题研究》，华中农业大学博士学位论文，2014。

③ M. Nussbaum, *Women and Human Development: The Capabilities Approach* (Cambridge: Cambridge University Press, 2000).

④ 高进云等:《农地城市流转前后农户福利变化差异分析》，《中国人口·资源与环境》2011年第1期。

⑤ 陈利根等:《农民宅基地福利水平影响因素的理论分析》，《农村经济》2011年第12期。

⑥ 关江华等:《农户宅基地流转家庭福利变化研究》，《中国人口·资源与环境》2014年第10期。

⑦ 夏敏等:《不同经济发展水平地区农民宅基地退出意愿的影响因素》，《资源科学》2016年第4期。

改变而对其产生不同的影响缺乏深入考察。传统 OLS 回归方法只能得到各种因素对农民福利变化的平均影响，而忽略了各因素对农民福利变化的影响程度会随着福利变化的分布位置改变而有所不同的问题。研究这种变化规律，将会丰富对当前宅基地退出前后农户福利变化差异及其中相关影响因素的认识。

党的十九大报告和 2018 年中央一号文件强调实施乡村振兴战略，突出了农村宅基地制度改革。其中，探索农村宅基地退出机制是农村宅基地制度改革的重要内容。这表明，农村宅基地退出实践必将对乡村发展产生重要影响。宅基地是农村集体和农民所拥有的一份重要资产，将闲置或低效利用的宅基地退出，不仅有利于激活这份"沉睡资产"的效应，增加农民的财产性收入，增强乡村的经济实力与发展活力，同时也将对我国的城镇化进程起到极大的推动作用①。宅基地退出是有效缓解城乡建设用地之间的矛盾、促进乡村振兴的重要手段②。如果能考虑宅基地退出后乡村系统的稳定性、可持续性、抗风险和抗冲击能力，对宅基地退出政策开展绩效评估具有重要意义③。那么如何衡量乡村发展状态呢？有学者认为，作为乡村地理学的研究核心，乡村性是衡量乡村发展状态、刻画乡村发展水平、揭示乡村内部以及城乡之间差异的一个重要指标④。实际上，农村宅基地退出过程伴随着宅基地数量、产权及空间布局的改变，进而带来宅基地利用的转型发展。而宅基地利用转型可以为乡村带来巨大的收益，带动当地经济发展，使乡村城镇化的难度降低⑤。这也为分析农村宅基地退出对乡村发展的影响提供了重要支撑。刘润秋等认为从乡村韧性的研究视角出发，能够考虑宅基地退出后

---

① 晓叶：《宅基地"三权分置"的政策效应》，《中国土地》2018 年第 3 期。
② 胡银根等：《基于成本收益理论的宅基地自愿有偿退出有效阈值》，《自然资源学报》2019 年第 6 期。
③ 刘润秋等：《基于乡村韧性视角的宅基地退出绩效评估研究》，《中国土地科学》2019 年第 2 期。
④ 孙玉等：《东北地区乡村性评价及时空分异》，《地理研究》2015 年第 10 期。
⑤ 龙花楼：《论土地利用转型与乡村转型发展》，《地理科学进展》2012 年第 2 期。

乡村的稳定性、抗风险能力和抗冲击能力，较好地解释宅基地退出后整个乡村系统的变化[①]。总体来说，上述有关文献为进一步深入研究宅基地退出的效应，特别是宅基地退出对乡村发展的影响具有重要的借鉴意义。

### 三　农村宅基地退出制度改革完善研究

随着社会制度和经济结构的变迁，各地农村宅基地的功能重心不同程度地由生存性转向发展性[②]，但我国农村宅基地制度的改革进程明显滞后于宅基地的功能变迁[③]。现有的宅基地制度已成为影响宅基地有效利用和农民财产权实现的重要因素[④]。因此，有关促进农村宅基地退出制度创新的研究受到重视。宅基地制度创新过程中要注重研究宅基地要素相对价格的变化趋势[⑤]。首先，要使宅基地使用权真正成为农民的用益物权，实现城乡土地"同地、同权、同价"，进行宅基地市场化配置[⑥]。有效的土地利用政策要能使政府在更有效地规划基础设施发展的同时，允许市场力量引导土地配置的发展[⑦]。另外，农村宅基地退出政策选择要充分考虑农民意愿，要建立合理的农村宅基地退出收益分配制度[⑧][⑨]。从经济学角度可以论证，虽然宅基地退出会产生类似土地流转

---

① 刘润秋等：《基于乡村韧性视角的宅基地退出绩效评估研究》，《中国土地科学》2019 年第 2 期。
② 喻文莉、陈利根：《农村宅基地使用权制度嬗变的历史考察》，《中国土地科学》2009 年第 8 期。
③ 张德元：《农村宅基地的功能变迁研究》，《调研世界》2011 年第 11 期。
④ 张克俊、付宗平：《基于功能变迁的宅基地制度改革探索》，《社会科学研究》2017 年第 6 期。
⑤ 朱新华：《农村宅基地制度创新与理论解释》，《中国人口·资源与环境》2012 年第 5 期。
⑥ 吕军书：《物权效率视角下我国农村宅基地市场配置探微》，《法学杂志》2011 年第 7 期。
⑦ Randall G. Holcombe, "The New Urbanism versus the Market Process", *The Review of Austrian Economics* 17, 2004, pp. 285 – 300.
⑧ 陈霄：《农民宅基地退出意愿的影响因素》，《中国农村观察》2012 年第 3 期。
⑨ 魏凤等：《基于 Logistic 模型的农户宅基地换房意愿影响因素分析》，《经济体制改革》2012 年第 2 期。

的边际拉平效应和交易收益效应[①]，但如果缺乏科学合理的规制，就会造成土地利用的动荡[②]。这意味着，虽然土地可以在市场交易，但依然需要政府在法律、公共物品、产权、税收、信息、协调等方面对土地市场进行干预[③]。但 Douglas 通过对苏格兰土地管理的研究表明，国家干预并不总是有效率，甚至会造成失败。这就需要考虑政府干预的时机和方法是否恰当，要减少垄断和人为设置的障碍[④]。Klaus Deininger 等认为，土地政策和政府干预直接或间接地影响农村土地财产权的安全性。这说明对于宅基地退出要制定合理的政策，并减少不当的政府干预[⑤]。农民是宅基地的聚居者和使用主体，促进农民福利改善是宅基地退出需要考虑的首要因素。为保障农民的可持续生计，宅基地退出制度应关注退地对象定位、模式选择、补偿与风险规避等关键问题。另外，农村宅基地产权治理、退出机制、激励机制等措施也相继提出，为福利改善的路径选择提供了参考。刘润秋等认为，如果将宅基地退出后节余的建设用地指标和复垦增加的耕地用于扶持乡村产业发展，带动乡村经济增长和农民本地就业，培育乡村内生增长动力，可以提高宅基地退出政策的长期绩效[⑥]。为了在农村宅基地退出后达到一个更好的乡村发展状态，不断优化乡村发展政策无疑非常必要。其中，恰当的治理模式是乡

① Shouying Liu, Michael R. Carter, Yang Yao, "Dimensions and Diversity of Property Rights in Rural China: Dilemmas on the Road to Further Reform", *World Development* 26 (10), 1998, pp. 1789 – 1806.

② Douglas C. Macmillan, "An Economic Case for Land Reform", *Land Use Policy* 17 (1), 2000, pp. 49 – 57.

③ 〔美〕查尔斯·H. 温茨巴奇（Charles H. Wurtzebach）等：《现代不动产》，任淮秀等译，中国人民大学出版社，第 5 版，2001，第 90 页。

④ Douglas C. Macmillan, "An Economic Case for Land Reform", *Land Use Policy* 17 (1), 2000, pp. 49 – 57.

⑤ Klaus Deininger, Songqing Jin, "Securing Property Rights in Transition: Lessons from Implementation of China's Rural Land Contracting Law", *Journal of Economic Behavior & Organization* 70 (1 – 2), 2009, pp. 22 – 38.

⑥ 刘润秋等：《基于乡村韧性视角的宅基地退出绩效评估研究》，《中国土地科学》2019 年第 2 期。

村振兴战略成功的关键因素之一①，治理规则的制定、治理组织的功能、村庄"精英人物"的作用等都是需要考虑的因素。总之，有效的农村宅基地退出制度设计与乡村发展政策相协同，将有助于乡村振兴战略实现。

农村宅基地使用权的退出关系到农民"户有所居"的保障问题和土地利用效率，是乡村振兴的基础支撑②。目前农村宅基地退出问题已经成为推进集体土地使用制度改革，实现乡村振兴战略面临的主要问题。通过回顾已有对农村宅基地退出问题的研究可见，目前学界针对各地区宅基地退出的模式、农民意愿、退出绩效和制度改革等方面进行了较多的探讨，相关的研究成果为农村宅基地退出的效应评估及管理政策改革的路径选择提供了参考。但相对来说，对农村宅基地退出问题的研究尚滞后于实践发展的现实需要，对农村宅基地退出模式的特征和成因解析、对退出效应的定量测度以及对农民福利损失深层次原因的探讨仍然不够成熟。因此，应进一步考察农村宅基地退出政策的演变历程，分析农村宅基地退出模式的差异化成因，评估农村宅基地退出的效应及其机理，并提出农村宅基地退出效应优化的路径选择。

## 第二节　理论基础

### 一　城乡统筹发展理论

改革开放以来，我国经济建设取得巨大成就，城乡居民收入得到很大提高。与此同时，长期以来城乡分割的二元制度使农业的弱质性更加凸显，造成农业资源加速流向非农产业。在城乡体系发展中，城市作为区域增长极不断从乡村吸纳资源、劳动力等生产要素而快速发展，而乡

---

① Gianluca Brunori, Adanella Rossi, "Differentiating Countryside: Social Representations and Governance Patterns in Rural Areas with High Social Density: The Case of Chianti, Italy", *Journal of Rural Studies* 23 (2), 2007, pp. 183 – 205.

② 吴婧：《农村宅基地使用权退出的实践与路径》，《江海学刊》2020 年第 3 期。

村发展受劳动力、资源、资金等因素限制日趋滞缓，逐渐形成城乡二元结构①。美国学者埃比尼泽·霍华德（Ebenezer Howard）在其著作《明日的田园城市》中认为：城乡对立的社会形态不利于社会发展进步②。事实是，我国长期的计划经济体制带来明显的城乡二元分隔，而市场经济的发展又导致城乡差距进一步拉大，由此引发众多深层次结构矛盾③。城乡统筹发展理论是在城市偏向论和乡村偏向论的发展基础上产生的。城市与乡村作为区域经济系统的一个整体是不可分割的，从长远和整体看，二者的统筹、协调发展才是最终目标④。

在新时期和新形势下，我国社会经济发展已经具备城市支持农村、工业反哺农业的条件。这需要彻底打破城乡二元结构，不断增强城镇对乡村的带动作用和发挥乡村对城市的促进作用，形成城乡互动共进、融合发展的格局。2003 年，党的十六届三中全会明确提出以统筹城乡发展为首的"五个统筹"（统筹城乡发展、统筹区域发展、统筹经济社会发展、统筹人与自然和谐发展、统筹国内发展和对外开放）的战略思路，并提出"统筹城乡经济社会发展，建设现代农业，发展农村经济，增加农民收入，是全面建设小康社会的重大任务"。2008 年，国家正式提出"我国总体上已进入以工促农、以城带乡的发展阶段"的基本判断。同年《城乡规划法》实施，标志着我国将改变城乡二元结构的规划管理制度，进入城乡统筹的规划管理新时代⑤。城乡统筹发展就是要制定好城乡改革规划和要点，更加注重农村的发展，解决好"三农"问题，坚决贯彻工业反哺农业、城市支持农村的方针，逐步改变城乡二元经济结构，逐步缩小城乡发展差距，实现农村经济社会全面发展，实行以城带乡、以工促农、城乡互动、协调发展，实现农业和农村经济的

---

① 尤海涛：《基于城乡统筹视角的乡村旅游可持续发展研究》，青岛大学博士学位论文，2015。

② 〔美〕埃比尼泽·霍华德（Ebenezer Howard）：《明日的田园城市》，金纪元译，商务印书馆，2010。

③ 吴丽娟等：《城乡统筹发展的动力机制和关键内容研究述评》，《经济地理》2012 年第 4 期。

④ 刘荣增：《城乡统筹理论的演进与展望》，《郑州大学学报》（哲学社会科学版）2008 年第 4 期。

⑤ 吴丽娟等：《城乡统筹发展的动力机制和关键内容研究述评》，《经济地理》2012 年第 4 期。

可持续发展。这是党中央针对城乡发展关系做出的重大战略决策，是突破城乡二元结构、促进农村地区发展、破解"三农"难题的重要抓手和全面建设小康社会的重大举措①。

在统筹城乡发展已经成为国家层面重大战略决策的背景下，各地积极开展了各个层面、各种形式的城乡统筹实践探索。但有些地方偏离了统筹城乡发展的战略初衷，实行所谓的"自主制度创新"②。例如，部分地方延续过去城市发展优先的模式，统筹城乡发展规划被异化为"建设用地指标转移规划"，对农民权益的保障不足；更多的城乡统筹规划则内容重点不明确，统筹实施难度较大③。农村宅基地退出制度改革是在我国城乡统筹发展背景下实施的，其改革目标和改革成效必须围绕城乡统筹发展的战略要求。将城乡统筹发展理论作为农村宅基地退出研究的理论基础，就要求在农村宅基地退出实践中，不仅要解决农村宅基地闲置和城市建设用地供给紧张的矛盾，还要注重统筹城乡社会经济发展、城乡基础设施建设、产业发展、就业和社会保障，最终实现农民福利提升和乡村振兴发展。总之，要依据城乡统筹发展相关政策，正确开展农村宅基地退出研究与实践。

## 二 资源优化配置理论

资源稀缺性使资源配置不仅成为经济学研究的重要课题，也成为法学等诸多学科的研究范畴，其研究目标在本质上就是如何在各种用途、主体间分配稀缺资源，实现资源优化配置。农村宅基地作为稀缺的土地资源，要对其实现优化配置无疑应以资源配置理论为基础与指导。

### （一）资源优化配置目标

资源优化配置是指资源最佳的利用方式和配置状态，是在既定的社

① 范垚等：《基于城乡统筹发展的农村土地综合整治绩效研究》，《中国土地科学》2016 年第 11 期。

② 张京祥、陆枭麟：《协奏还是变奏：对当前城乡统筹规划实践的检讨》，《国际城市规划》2010 年第 1 期。

③ 吴丽娟等：《城乡统筹发展的动力机制和关键内容研究述评》，《经济地理》2012 年第 4 期。

会经济水平和资源状况下，对资源在不同主体、用途间进行合理的安排和搭配，以尽可能满足人们生产、生活所需。资源优化配置理论认为，资源应尽可能由生产效率高的生产者使用，而且资源配置应兼顾其他社会效益和目标。虽然在某些建设项目中资源配置的多重效益可能相互依存，彼此正相关，但在某些资源利用项目中各种效益可能相互排斥。因此，在资源配置过程中必须全面估量各种效益并进行权衡，按照综合效益的原则进行资源分配。资源优化配置的综合效益原则，并不是指几种目标间的均衡或同时获得几种目标的最大化，而是指设置一个主导目标，辅以其他目标，要视具体地区、系统层次而做出选择①。资源优化配置的理念是要使社会各种矛盾不断得到解决和协调，做到"因地制宜、地尽其用、各得其所、合理利用、协调控制"，实现资源可持续利用。

**（二）资源优化配置的效率和公平标准**

1. 资源配置效率

虽然福利不等同于价值，但所有的价值都必须由福利来解释②。作为经济学的重要分支，福利经济学从资源配置效率和国民收入公平两方面来研究市场经济国家增进社会福利所应当采取的政策措施。在福利经济学中，资源配置效率标准是帕累托效率，即任何资源配置状态的改变，都不会在任何一个人效用水平至少不下降的情况下使其他人的效用水平有所提高，这意味着资源在既定的社会生产技术和利用者偏好函数条件下达到了最适度的配置状态。反之，资源配置就处于帕累托无效率的状态，可以按照一定的方向目标调整现有的资源配置，提高资源配置效率。这种资源的重新配置称为"帕累托改进"。对帕累托效率进一步拓展则是帕累托补偿原则，也称为帕累托改进，即资源配置状态的改变

---

① 刘彦随：《土地利用优化配置中系列模型的应用》，《地理科学进展》1999 年第 1 期。
② 黄有光：《福利经济学》，中国友谊出版社，1991。

使社会总福利改进，则资源的实际配置过程就是向效率状态的逼近过程①。

帕累托效率是在既定的制度前提下研究资源有效配置的，其假设市场完全竞争、人与人之间不存在利益冲突、市场交易费用为零等。在现实经济运行中，帕累托效率实现的前提条件不可能完全达到，但它依然为人们判断资源配置效率提供了一个逻辑标准。具体而言，虽然土地资源配置的帕累托效率无法实现，但调整宅基地配置制度使之尽量满足帕累托效率的实现条件，从而实现帕累托改进则具有可行性。换言之，虽然资源配置最终通过市场和价格来体现，但价格本身无法衡量资源配置效率，而只能通过其形成过程来衡量。因此，宅基地退出制度的合理安排能够促进市场有序竞争，有利于市场信息传递或降低制度执行成本，从而有利于正确价格的形成，由此形成的资源配置状态是具有效率的，或是向效率演进的。

2. 资源配置公平

任何资源配置如果忽视了公平，不利于政治安定和社会和谐，则这种配置于社会是不可取的。这种公平并不是传统的"井田制"理想中所要求的均地权，而是福利或收入的公正状况②。换言之，资源配置公平问题并不是指资源本身配置是否均衡，而是指资源配置涉及的社会各方利益关系的调整是否公平。利益分配制度要求体现全部利益相关主体特别是弱势群体的意志和呼声。在我国城乡收入差距加大、农村社会保障体系建设差、农民贫困的情况下③，宅基地作为重要的资源性资产无疑承担着重要的社会保障功能。这不仅要求宅基地的资产属性要得到显化，创造尽可能多的经济效益，使资源价值更好地体现为价格，更重要的是，宅基地配置要充分体现农民权益。

---

① 黎赔肆、周寅康：《城市土地资源市场配置的缺陷与税收调节》，《中国土地科学》2000年第 5 期。

② 高映轸等：《土地经济问题再认识》，南京出版社，1996。

③ 黄少安、刘明宇：《权利的不公平分配与农民的制度性贫困》，《制度经济学研究》2005年第 3 期。

　　鉴于此，资源配置的公平可以体现在以下两个方面。其一，机会公平，即公平的权利和机会。可持续发展理念强调的社会公平目标是向所有人提供实现美好生活愿望的平等的机会。土地财产权利的贫困是当代中国农民贫困的根本原因①。财产的任何权利都由两部分基本内容即权能和利益构成，产权是二者的有机统一。当农民只拥有很少的权能时，农民经营土地获利的大部分机会就已经被剥夺了②。因此，土地资源配置的公平目标就是赋予农民在满足其基本需求和追求更好生活时公平地享有使用土地资源的权利和机会。其二，结果公平。资源配置活动不仅需要机会公平，更需要结果公平③。资源配置的结果公平是资源配置格局调整后所涉及的经济福利的增加额在不同利益主体之间公平分配。在现代法律制度中，资源配置结果公平的价值取向，要求在认同分配差距在经济意义上合理性的同时，也要兼顾社会意义上的合理性。这就要求国家在资源配置活动中，对社会财富的再分配加以干预，对在社会上处于不利地位的人予以一定的补偿或救济，在一定程度上实现结果公平。上一轮市场竞争的结果就是下一轮市场竞争的起点，法律制度对结果公平的追求在一定程度上也促进了机会公平④。因此，为了维护市场竞争，实现资源优化配置，资源配置不仅需要规范机会公平，同时也要实现结果公平，以有利于社会的和谐与长治久安。

　　另外，公平意义上的资源配置还要求经济主体在使用资源满足自身的同时，应保证其资源配置行为或结果不对其他人（包括后代人）的效用造成损害，即资源配置的代内和代际公平。资源配置的代内公平要求在资源的开发利用过程中，正确统一局部利益和全局利益⑤。因此，土地资源的用途多样性要求其配置活动要注重生态平衡和农地特别是耕

---

① 熊滨：《中国农民权利贫困的制度性原因——权利贫困》，《中国市场》2006 年第 2 期。
② 黄少安、刘明宇：《权利的不公平分配与农民的制度性贫困》，《制度经济学研究》2005 年第 3 期。
③ 周晓唯：《法律的经济功能——要素资源配置的法经济学分析》，《西安电子科技大学学报》（社会科学版）2001 年第 4 期。
④ 莫俊：《论现代经济法的价值取向》，《山东法学》1998 年第 4 期。
⑤ 李涛：《城市土地市场运行与政府控管研究》，南京农业大学博士学位论文，2004。

地保护，形成合理的供求结构。

## （三）资源配置方式

资源配置有两种基本的方式：其一，计划配置或政府配置方式；其二，市场配置方式。在政府配置方式下，主要通过政府的计划配额、行政命令来统管资源，实现资源配置和再配置。在市场配置方式下，市场机制对资源的分配和组合起调节作用。由于资源配置可以被视为通过人与人之间的交易实现的，所以在微观层面，所谓市场化资源配置就是一个实现资源配置的行动，从政府与其他经济当事人之间的命令与服从的关系转变为平等人之间的自愿交易①。市场配置资源表现为由内在机制决定的自然过程。市场配置资源有利于发挥竞争和优胜劣汰机制的作用，有利于优化生产要素组合，根据市场供求，间接和自动地配置资源，从而实现效益配置和供求均衡。但市场机制具有盲目性和滞后性，在某些领域的市场失效有可能导致整个社会生产的无政府状态，造成市场秩序的混乱。政府配置资源表现为由外力作用决定的人为过程。政府配置方式更能体现政府意图，按照政府的偏好，直接和自觉地配置资源。在一定条件下，这种方式有可能从整体利益层面协调经济发展，集中力量完成重点工程项目。但是，政府配置排斥选择，以政府统管取代竞争，市场处于消极被动的地位，从而易出现资源闲置、浪费、错配的现象。总之，市场和政府对资源的配置都具有各自的局限性。对市场失灵和政府失灵的情况进行分析有助于防止人们从一个极端走向另一个极端，两者结合起来可以增加人们选择时的理性思考。

福利经济学提出如何通过政府的作用及其相应的政策措施来纠正市场失灵，以实现社会福利的最大化。其主要研究内容包括以下三个方面：如何实现资源的最优配置以提高效率，如何实现国民收入分配的均等以体现公平，以及如何进行集体选择以增进社会福利②。要达到社会

---

① 〔美〕约翰·罗杰斯·康芒斯（John Rogers Commons）：《制度经济学》，赵睿译，商务印书馆，1983。

② 彭开丽：《农地城市流转的社会福利效应》，华中农业大学博士学位论文，2008。

福利最大化，就要从公平和效率统一的角度出发，以全体社会成员福利最大化为目标来考虑经济效益、社会效益和环境效益。市场经济条件下的资源配置，如果缺少政府调控和公众参与，不仅会出现效率低下问题，也会出现分配不公、部分人福利降低和环境破坏等问题。因此，需要以社会福利最大化为指导原则，将市场机制、政府调控和社会选择有机地结合起来，兼顾公平和效率，实现资源的最优配置，最终达到全体社会成员福利增加的目的。

### 三　法律经济学理论

法律经济学（Law and Economics）也称为法律的经济分析（Economic Analysis of Law），是 20 世纪 60 年代在美国兴起的、由法学和经济学相互融合渗透而形成的新兴学科，是在制度学派土壤上成长起来的新兴的法学理论流派。1960 年初罗纳德·科斯（Ronald Coase）在《社会成本问题》一文中将法律制度安排与资源配置效率有机地结合起来，成为法律经济学的奠基之作。1973 年理查德·波斯纳（Richard Posner）《法律的经济分析》一书的出版使法律经济学有了完整的理论体系，而波斯纳也成为法律经济学的集大成者。科斯的法律经济学观点主要体现在交易成本理论。按照科斯的观点，如果交易成本为零，不管怎样选择法律规则、配置权利，资源配置都是有效率的；在交易费用为正的情况下，不同的法律权利界定和分配，会带来不同效率的资源配置。产权的清晰界定有利于降低交易过程中的交易成本，进而有利于提高资源配置效率。波斯纳从经济学的基本命题出发，认为市场体制的有效运行有赖于法律制度安排；法律对人们的行为产生刺激作用，影响人们的行为取向，谋求社会财富最大化应作为法律决策的重要准则[1]。

法律经济学主要是以经济学思维来考察法律制度问题，将经济学特别是新古典经济学（微观经济学）原理和方法运用于对法律问题的分

---

① 吕忠梅、刘大洪：《经济法的法学与法经济学分析》，中国检察出版社，1998。

析。具体来说，就是运用经济学的理论和方法来考察、研究法律或法律制度的形成、结构、过程、效果和未来发展，以及探讨法律与法律制度在社会运行中对经济活动所造成的影响。法律经济学的研究方法不限于一种，它从以经济学为主的多个学科中汲取不同的研究思路与方法论①，如规范分析和实证分析、成本收益分析以及博弈分析等。其中，规范分析是以一定的价值判断为出发点，致力于评估法律制度及法律活动将会带来怎样的影响，并提出法律规制及矫正方法或给出改革法律制度的建议。实证分析的目的在于判断法律制度的实际效果，具体又包括理论假定、模型设计和逻辑证明等。成本收益分析方法实际上就是交易成本在制度分析中的应用。法律经济学理论运用交易成本分析资源配置问题，以交易成本最低为标准，选择权利配置形式和实现程序。博弈分析强调法律不仅关注个体对法律规则的反应，更关注在法律规则下行为人之间的相互反应，其特点是研究行为人在互动状态下如何做出理性选择以及这种理性选择所导致的最终均衡状态。

法律经济学理论侧重于用经济学的准则和价值观来评价法律问题，认为法律发挥着配置稀缺资源的作用，是同市场一样的资源配置机制②。因此，法律经济学理论的核心思想在于，所有法律活动，包括一切立法、司法以及整个法律制度，事实上都在发挥着配置稀缺资源的作用。所有的法律活动（立法、执法、司法、诉讼等）和法律制度（私法制度、公法制度等）的制定和执行都应当以有效配置资源、最大限度地增加社会财富为目的，所有的法律活动基于此论断都可以用经济学的方法来分析和指导③。因此，法律经济学理论对法律制度建设的意义在于：其一，分析现行法律制度和法律活动，以解释并论证它们是否符合效益原则，同时对一切不符合效益原则的地方提出相应的改革方案；其二，以法律的经济效益性为中心，开展事前研究，以法律的预期变化

---

① 李正生：《法律经济学》，电子科技大学出版社，2007。

② 魏建、黄立君：《法经济学：基础和比较》，人民出版社，2004。

③ 〔美〕理查德·波斯纳（Richard Posner）：《法律的经济分析（上）》，蒋兆康译，中国大百科全书出版社，1997。

为基础，注重分析法律制度对人们将发生的刺激作用和人们对法律变化的预见性反应，以有效地引导人们的行为。法律经济学理论将为以下三个方面的研究提供帮助：提供一个行为理论以预测人们如何对法律的变化做出反应；提供一个评估法律和政策的有用的规范性标准；法律如何影响收入和财富在各个阶级和群体之间的分配①。农村宅基地资源配置不仅是一个经济问题，而且也是一个法律问题。植根于经济生活中的法律通过作用于资源配置活动，发挥有效配置资源、增加社会财富以及调整整个资源配置过程中各主体收益分配关系的功能②。本书借鉴法律经济学理论，通过法学和经济学的融合，运用经济学中的供求均衡、博弈分析等工具，来分析宅基地退出各种可供选择的法律制度安排对资源配置的影响。

---

① 〔美〕罗伯特·考特（Robert Cooter）、托马斯·尤伦（Thomas Ulen）：《法和经济学》，施少华等译，上海财经大学出版社，2002。
② 周晓唯：《法律的经济功能——要素资源配置的法经济学分析》，《西安电子科技大学学报》（社会科学版）2001 年第 4 期。

# 第二章　农村宅基地退出的政策
## 演变与实践

伴随着社会经济的不断变迁，我国土地使用制度经历了一系列变革。与此同时，我国农村宅基地退出的相关制度及政策也在不断地进行调整。从历史角度考察农村宅基地退出的政策演变，结合当前宅基地退出实践中的成效、问题加以分析，无疑有助于更科学地指导未来农村宅基地的制度创新。本章通过系统而全面地展现农村宅基地退出的政策演变过程，把握演变路径的特点，总结当前农村宅基地退出的实践成效及面临的主要问题，展示农村宅基地退出制度改革的必要性，为今后的制度改革提供历史与现实角度的经验依据。

## 第一节　农村宅基地退出政策梳理

1949年以来，我国农村宅基地制度及政策经历了不断探索与变更的过程。系统而全面地展现农村宅基地退出相关政策的演变过程，有助于深刻理解农村宅基地制度变迁所蕴含的内在逻辑与发展规律，对认识当前农村宅基地退出政策的现状及未来改革方向大有神益。本节依据农村宅基地权属性质及权能变化，将农村宅基地制度及政策的演变过程划分为宅基地所有权属改变、宅基地隐形流转以及宅基地退出试点与改革等阶段。当然各阶段之间可能存在一定程度的交叉，并不具有准确和严格的界限，但这并不影响我们的梳理和分析。

## 一　农村宅基地所有权转变，流转权能受禁（改革开放前）

从 1949 年到改革开放前，我国农村宅基地所有权由农民所有向农村集体所有转变，即农村集体拥有宅基地所有权，农民拥有宅基地使用权。农村宅基地归集体所有，一律不准出租和买卖，明令禁止单独的宅基地使用权流转。具体可以分为以下两个阶段。

### （一）农村宅基地农民私有，自由流转

从 1949 年到 1962 年，国家依照法律确立了农村宅基地农民所有制，即农村宅基地属于农民私有财产，国家承认农民享有宅基地的所有权、使用权和房屋所有权，宅基地和房屋可以自由买卖、租赁以及继承。

1950 年《中华人民共和国土地改革法》第三十条规定：废除地主阶级封建剥削的土地所有制，实行农民的土地所有制，政府向农民颁发土地所有证，并承认一切土地所有者自由经营、买卖及出租其土地的权利。通过土地改革，农民无偿取得了完整的土地所有权。1952 年北京郊区完成了房地产登记发证，向农民颁发了"北京市郊区土地房产所有证"，证书写明耕地、房产及地基的方位、面积、数量，明确"为该户全家私有产业，有耕种、居住、典当、转让、赠与等完全自由，任何人不得侵犯"[①]。1954 年《中华人民共和国宪法》第八条规定，"国家依照法律保护农民的土地所有权和其他生产资料所有权"，这标志着农村宅基地私有制度开始确立，农民宅基地私有受法律保护，农村房屋、土地包括宅基地所有权都可以自由买卖，没有任何制度上的约束和限制。

农民宅基地经历短暂私有阶段，随后以农业合作化为特征的社会主义改造很快将其瓦解，逐步建立农村土地的集体所有制。1956 年全国人大三次会议通过的《高级农业生产合作社示范章程》规定，"入社的农民必须把私有的土地和耕畜、大型农具等主要生产资料转为合作社集

---

① 赵树枫：《农村宅基地制度与城乡一体化》，中国经济出版社，2015，第 190 页。

体所有"，但"社员原有的坟地和房屋地基不必入社"。这说明高级农业生产合作社取消了入社农民对土地等主要生产资料的所有权，土地集体所有制取代土地私有制初见端倪。但是，高级农业生产合作社并没有改变农民对宅基地以及房屋所享有的所有权，宅基地及房屋所有权依旧可以自由流动。

总的来说，这一阶段农村宅基地制度具有如下特点：农民宅基地所有权无偿取得，以户为单位发放土地房产所有证；农民享有的宅基地所有权和房屋所有权受法律保护，宅基地及其房屋可以自由退出流转，宅基地的物权属性得到体现[①]。

### （二）农村宅基地集体所有，禁止流转

从 1962 年到改革开放前，农村宅基地由农民所有制转变为集体所有制，即宅基地所有权归农民集体共有，房屋所有权和宅基地使用权归农户私有。这一时期宅基地遵循行政配置、无偿使用模式，农民可以对宅基地长期占有和使用，但宅基地买卖、出租等方式的流转受到全面禁止。

1962 年 9 月中共八届十中全会通过的《农村人民公社工作条例（修正草案）》将原属各农业合作社的土地和社员的自留地、坟地、宅基地等一切土地，连同其他生产资料全部无偿收归公社所有。同时，明确规定生产队所有的土地，包括社员的自留地、自留山、宅基地等，一律不准出租和买卖。由此，农村土地集体所有制度确立，宅基地的农民私人所有权消失。由于农民失去土地以后，国家并未在农村建立社会保障制度，因此基于成员权无偿获得的宅基地使用权就不可避免地打上了福利属性的烙印[②]。1963 年 3 月《中共中央关于各地对社员宅基地问题作一些补充规定的通知》第一次使用了"宅基地使用权"的概念，并

---

① 孙雪峰：《农村宅基地退出：主要模式、驱动机理和政策设计》，南京农业大学博士学位论文，2016。

② 喻文莉、陈利根：《农村宅基地使用权制度嬗变的历史考察》，《中国土地科学》2009 年第 8 期。

就宅基地相关问题做出了比较详细的规定，明确"社员的宅基地，包括有建筑物和没有建筑物的空白宅基地，都归生产队集体所有，一律不准出租和买卖。但仍归各户长期使用……宅基地上的附着物，如房屋、树木、丁棚、猪圈、厕所等永远归社员所有，社员有买卖或租赁房屋的权利。房屋出卖以后，宅基地的使用权即随之转移给新房主，但宅基地的所有权仍归生产队所有"，"社员需新建房而又没有宅基地时，由本户申请，经社员大会讨论同意……必须占有耕地时……应报县人民委员会批准"，"社员不能借口修建房屋，随便扩大墙院，扩大宅基地，来侵占集体耕地，已经扩大侵占的必须退出"。上述通知进一步明确农村宅基地归农民集体所有，农民对宅基地只有使用权而没有所有权，同时承认房屋归社员私有，可以出租买卖，从而确定了我国农村宅基地的性质和农民住宅"一宅两制、房地分离"的特点，也形成了现行宅基地制度的基本框架。

在这一阶段，农村宅基地的制度安排是伴随着合作化运动而发生变迁的，主要特点有以下两点。其一，农村宅基地所有权与宅基地使用权相分离，宅基地所有权由农民享有转化为集体所有，农民仅享有宅基地使用权。其二，农村宅基地使用权无偿、无期限和无流动。农民无偿取得宅基地使用权且具有无期限性，即可以对宅基地长期占有和使用，发挥了一定的社会保障功能；农村宅基地归集体所有，一律不准出租和买卖。单独的宅基地使用权不准出租和买卖，但社员有买卖或租赁房屋的权利，社员房屋出卖后，宅基地使用权可随房屋出卖而转移给新房主。

## 二　农村宅基地隐形流转，房屋转让对象受限（改革开放后到 2008 年）

从 1978 年农村土地制度改革到 2008 年，农村宅基地制度延续了集体拥有宅基地所有权、农民享有宅基地使用权的制度安排。但农村宅基地退出政策从最初允许农村房屋与宅基地房地一体转让，发展到以严禁

"小产权房"的方式管控农村房屋和宅基地交易，农民出售住房进而退出宅基地受到严格限制。

**（一）农村宅基地自发无序流转，农村房屋与宅基地的房地一体转让（1978～1998年）**

自1978年农村土地制度改革至1998年，国家依然承认农民房屋私有产权前提下，宅基地连同农村房屋一体转让的合法性。在此期间相关法律增加了"集体所有的土地的使用权可以依法转让"，虽然相比之前规定有所松动，但农村土地包括宅基地使用权流转的相关禁止性规定一直存在。大量城镇非农业人口到农村购买（租住）"小产权房"，农民宅基地私下流转盛行。

1978年我国农村实行家庭联产承包责任制，拉开了农村土地使用制度改革的序幕。但农村宅基地制度延续了集体拥有宅基地所有权、农民享有宅基地使用权、单独宅基地使用权流转依然被严格禁止的制度安排（见表2-1）。总体来说，国家仍然在承认农民房屋私有产权的前提下，允许农村房屋连同宅基地一同转让。1982年国务院发布的《村镇建房用地管理条例》第十五条规定，"由于买卖房屋而转移宅基地使用权的，应按第十四条的规定办理申请、审查、批准手续。出卖、出租房屋的，不得再申请宅基地。社员迁居并拆除房屋后腾出的宅基地，由生产队收回，统一安排使用"。1986年通过的第一部《土地管理法》第三十八条规定，"出卖、出租住房后再申请宅基地的，不予批准"。考虑到住房和宅基地的不可分割性，上述规定实际上准许农民在出卖住房的同时退出宅基地。

表2-1　1978～1986年禁止宅基地退出的相关规定

| 法规与政策 | 相关内容 |
| --- | --- |
| 国务院《关于制止农村建房侵占耕地的紧急通知》（1981） | 农村社队的土地都归集体所有。分配给社员的宅基地、自留地（自留山）和承包的耕地，社员只有使用权，不准出租、买卖和擅自转让 |

| 法规与政策 | 相关内容 |
| --- | --- |
| 国务院《关于发布〈村镇建房用地管理条例〉的通知》（1982） | 第四条　农村人民公社、生产大队、生产队的土地，分别归公社、大队、生产队集体所有。社员对宅基地、自留地、自留山、饲料地和承包的土地，只有按照规定用途使用的使用权，没有所有权……严禁买卖、出租和违法转让建房用地 |
| 《中华人民共和国宪法》（1982） | 宅基地和自留地、自留山，也属于集体所有。国家为了公共利益的需要，可以依照法律规定对土地实行征用。任何组织或者个人不得侵占、买卖、出租或者以其他形式非法转让土地 |
| 国务院《关于制止买卖、租赁土地的通知》（1983） | 对买卖、租赁土地的行为，必须坚决制止 |
| 《土地管理法》（1986） | 任何单位和个人不得侵占、买卖、出租或者以其他形式非法转让土地 |

随着市场经济的不断发展，集体土地使用权流转开始逐步引入市场机制①。1988 年《宪法修正案》将"任何组织或者个人不得侵占、买卖、出租或者以其他形式非法转让土地"，修改为"任何组织或者个人不得侵占、买卖或者以其他形式非法转让土地。土地的使用权可以依照法律的规定转让"。1988 年《土地管理法》在"任何单位和个人不得侵占、买卖或者以其他形式非法转让土地"规定的基础上增加了"国有土地和集体所有的土地的使用权可以依法转让。土地使用权转让的具体办法，由国务院另行规定"的条款。但国务院对集体土地使用权流转办法并没有进一步规定，农村宅基地使用权流转相关禁止性规定一直存在。

在此时期，法律法规扩大了宅基地使用人范围，允许某些非农业户（城镇居民）以无偿或有偿方式使用农村集体所有的宅基地来建房。1982 年国务院《村镇建房用地管理条例》规定：回乡落户的离休、退休、退职职工和军人，回乡定居的华侨，以及集镇内非农业户建房需要用地的，经过批准可以取得宅基地。1986 年和 1988 年《土地管理法》均规定：经县级人民政府批准，城镇非农业户口居民建住宅，可以使用

---

① 邹玉川编《当代中国土地管理（上）》，当代中国出版社，1998。

集体所有的土地。但其用地面积不得超过省、自治区、直辖市规定的标准，并参照国家建设征用土地的标准支付补偿费和安置补偿费。1991年《土地管理法实施条例》对城镇非农业户口居民取得宅基地的合法程序也进行了规定。随着农村市场化进程的不断加快，农村土地的资产价值日益显现，土地价格飙升，允许城镇非农业户口居民在宅基地上建房的规定为炒卖城市周边集体土地打开方便之门。再加上市场不规范、政策体制不完善等因素，村民宅基地自发隐性流转在广大城乡接合部以及经济发展较快、地理区位较好的小城镇和农村集镇已成为普遍现象，导致集体土地资源频频流失，耕地资源遭到破坏[①]。据统计，1985～1995年全国农民建房占用耕地共达 55.39 万公顷[②]。城市居民到农村购买（租住）"小产权房"，农民"种房"出租、出售及宅基地私下流转非常普遍，形成了庞大的隐形市场[③④]。为了控制不断增加的"小产权房"，缓解耕地保护压力，1998年全面修订的《土地管理法》删除了关于城镇非农业户口居民可以在农村取得宅基地的规定，但仍然保留了"土地使用权可以依法转让"及"农村村民出卖、出租住房后，再申请宅基地的，不予批准"的规定。虽然修订后的《土地管理法》不再支持城镇非农业户口居民申请宅基地，但没有禁止农民住宅向城市居民出售，以及农村宅基地使用权以房屋所有权的形式在实际中流通。因此，农村房屋和宅基地管控延续了房地一体可转让的思路。

### （二）禁止向城市居民出售农村住房及宅基地（1999～2008 年）

1998 年修订的《土地管理法》关闭了城镇居民在农村建房、买房的大门。此后，针对不断升温的"炒地"现象和农村集体土地转让管理的混乱局面，国家逐渐收紧宅基地流转政策，不断重申只有本集体农

---

① 吴明发：《宅基地使用权流转机制研究》，南京农业大学博士学位论文，2012。
② 黄小虎编《新时期中国土地管理研究（下）》，当代中国出版社，2006。
③ 魏后凯、刘同山：《农村宅基地退出的政策演变、模式比较及制度安排》，《东岳论丛》2016 年第 9 期。
④ 龙开胜：《农村集体建设用地流转：演变、机理与调控》，南京农业大学博士学位论文，2009。

户可原始取得宅基地使用权，非农业户口城镇居民使用农民集体土地建住宅由允许变成禁止，农民房屋买卖权利也受到严格限制。

1999 年国务院办公厅发布的《关于加强土地转让管理严禁炒卖土地的通知》规定，"农民的住宅不得向城市居民出售，也不得批准城市居民占用农民集体土地建住宅，有关部门不得为违法建造和购买的住宅发放土地使用证和房产证"，从而限制了农民土地使用权转让和房屋处置的权利。此前，从法律层面来讲，国家从未限制过农民的房屋处置权及相应宅基地使用权的转让，更没有限制受让对象①。尽管 2004 年修订的《土地管理法》仍保留了"土地使用权可以依法转让"和"农村村民出卖、出租住房后，再申请宅基地的，不予批准"等条款，但随着城郊农村宅基地流转的日益增加，加上"小产权房"颇具规模且屡禁不止，2004 年 10 月国务院发布《关于深化改革严格土地管理的决定》，要求"禁止城镇居民在农村购置宅基地"。同年 11 月，国土资源部发布《关于加强农村宅基地管理的意见》，强调"两个严禁"，即"严禁城镇居民在农村购置宅基地，严禁为城镇居民在农村购买和违法建造的住宅发放土地使用证"。2007 年颁布实施的《物权法》对宅基地使用权制度未做出任何突破，该法第一百五十三条规定，"宅基地使用权的取得、行使和转让，适用土地管理法等法律和国家有关规定"。2007 年国务院办公厅发布的《关于严格执行有关农村集体建设用地法律和政策的通知》再次强调：农村住宅用地只能分配给本村村民，城镇居民不得到农村购买宅基地、农民住宅或"小产权房"。农村村民一户只能拥有一处宅基地，其面积不得超过省、自治区、直辖市规定的标准。农村村民出卖、出租住房后，再申请宅基地的，不予批准。2008 年国土资源部发布的《关于进一步加快宅基地使用权登记发证工作的通知》要求严格执行"农村村民一户只能拥有一处宅基地"和"城镇居民不能在农村购买和违法建造住宅"，并规定了宅基地面积标准。可见，禁止农村住宅和宅基地使用权向城市居民转让，是这一时期宅基地管理政策

---

① 张云华等：《完善和改革农村宅基地制度研究》，中国农业出版社，2011。

的核心目标。

## 三 农村宅基地有偿退出试点探索 (2008 年以来)

### (一) 鼓励闲置宅基地退出，但缺少操作办法

一方面，随着社会经济的发展，城市建设用地需求量增加，城市存量建设用地无法满足快速发展的工业化、城市化需要，导致城市土地供需矛盾日益突出，耕地保护压力增大；另一方面，农村人口不断流入城市并定居下来，致使农村区域出现大量的宅基地闲置现象，造成土地资源的浪费①。在这种背景下，要求宅基地以退出、流转的方式达到资源优化配置的呼声越来越高，通过农村土地整治，推动宅基地退出成为关注的焦点。尽管 1982 年出台的《村镇建房用地管理条例》、1995 年国家土地管理局出台的《确定土地所有权和使用权的若干规定》等文件均对社员迁居并拆除房屋退出的宅基地以及空闲或房屋坍塌、拆除两年以上未恢复使用的宅基地等应由集体收回进行了明确规定。但这仅仅是农村宅基地使用权收回的一种处置方式，并非基于农民放弃宅基地使用权的主观意愿退出，也不是基于政府主导以促进农民向城镇或中心村集中为目标，将农民原有宅基地通过土地整治等方式复垦为耕地，用作集体经营性建设用地或作为建设用地收储指标等，实现农村土地规模化、集约化利用②。

实际上，早在 1990 年国务院批转国家土地管理局《关于加强农村宅基地管理工作请示的通知》中就指出：对一些用地分散的小村庄和零散住户，应鼓励迁并，并将原址复耕。城市郊区和人多地少经济发达的地区，应鼓励有条件的农户建多层住宅。这应该是最早鼓励农村宅基地退出的政策信号。2004 年国土资源部出台《关于加强农村宅基地管理的意见》，提出对"一户多宅"、有空置住宅的农民，通过制定激励

---

① 孙雪峰：《农村宅基地退出：主要模式、驱动机理与政策设计》，南京农业大学博士学位论文，2016。

② 庄开明：《农村闲置宅基地有偿退出与优化利用》，人民出版社，2017。

措施鼓励其腾退多余宅基地，但对农民怎么激励、由谁来激励，该意见并未明确①。2005 年《关于进一步加强农村工作提高农业综合生产能力若干政策的意见》中指出：加强集体建设用地和农村宅基地管理，鼓励农村开展土地整理和村庄整治，推动新办乡村工业向镇区集中。2010 年国务院发布的《全国主体功能区规划》又指出，要"按照农村人口向城市转移的规模和速度，逐步适度减少农村生活空间，将闲置的农村居民点等复垦整理成农业生产空间或绿色生态空间"。这实质上都是对以土地整治方式推进农村宅基地退出的政策性鼓励。

**（二）鼓励进城农户宅基地退出和集体内部宅基地转让的试点探索**

虽然国家法律依然严禁"小产权房"交易，但从 2008 年以后国家开始鼓励进城农户宅基地退出和集体经济组织成员之间的宅基地转让。2008 年国务院发布的《关于促进节约集约用地的通知》指出，"对村民自愿腾退宅基地或符合宅基地申请条件购买空闲住宅的，当地政府可给予奖励或补助"。2010 年国土资源部《关于进一步完善农村宅基地管理制度切实维护农民权益的通知》，旨在加快开展农村宅基地退出机制建设，解决"空心村"、宅基地闲置、房屋空置和宅基地优化配置使用机制及退出机制缺失等问题。2013 年十八届三中全会《中共中央关于全面深化改革若干重大问题的决定》进一步明确，要"保障农户宅基地用益物权，改革完善农村宅基地制度，选择若干试点，慎重稳妥推进农民住房财产权抵押、担保、转让，探索农民增加财产性收入渠道"。十八届五中全会和 2016 年中央一号文件都提出，要维护进城农户的宅基地使用权，并支持引导其依法自愿有偿转让。全国"十三五"规划纲要也明确指出，要"开展宅基地融资抵押、适度流转、自愿有偿退出试点"。从这个层面来看，农村宅基地使用制度改革已成为必然趋势，探索农村宅基地退出也是农村土地制度改革的重要内容。

不过，目前农村宅基地退出受让人被限定在集体经济组织内部。

---

① 张勇：《农村宅基地有偿退出的政策与实践》，《西北农林科技大学学报》（社会科学版）2019 年第 2 期。

2014 年中共中央办公厅和国务院办公厅联合发布的《关于农村土地征收、集体经营性建设用地入市、宅基地制度改革试点工作的意见》明确提出，进城落户农民自愿有偿退出或转让宅基地"要在本集体经济组织内部"。2014 年《关于全面深化农村改革加快推进农业现代化的若干意见》指出，改革农村宅基地制度，在保障农户宅基地用益物权的前提下，选择若干试点，慎重稳妥推进农民住房财产权抵押、担保、转让。2015 年国务院印发的《关于开展农村承包土地的经营权和农民住房财产权抵押贷款试点的指导意见》也要求，"对农民住房财产权抵押贷款的抵押物处置，受让人原则上应限制在相关法律法规和国务院规定的范围内"。2016 年国务院办公厅印发《推动 1 亿非户籍人口在城市落户方案》，该方案再次提出要探索形成进城落户农民对宅基地使用权的自愿有偿退出机制，并明确规定现阶段要严格限定在本集体经济组织内部。2017 年中央一号文件提出"允许地方多渠道筹集资金，按规定用于村集体对进城落户农民自愿退出宅基地的补偿"。该文件首次提出针对进城落户农民自愿退出宅基地的应由村集体给予补偿，明确了宅基地退出的前提、对象及给予补偿的主体和补偿资金来源。2018 年国家《乡村振兴战略规划（2018～2022 年）》提出要"建立健全依法公平取得、节约集约使用、自愿有偿退出的宅基地管理制度"。2020 年《土地管理法》第六十二条规定，国家允许进城落户的农村村民依法自愿有偿退出宅基地，鼓励农村集体经济组织及其成员盘活利用闲置宅基地和闲置住宅。

总的来看，这一阶段农村宅基地制度改革具有如下特点：国家开始强化农村宅基地转让、抵押等权能，加快为宅基地有偿退出提供制度安排；探索进城落户农民在本集体经济组织内部自愿有偿退出宅基地，改革的主要思路是将受让人限制在集体经济组织成员内部，城市居民购置农村住宅和宅基地使用权仍然无法获得政策支持。可以看出，在国家实施乡村振兴战略背景下，建立宅基地自愿有偿退出制度已经成为未来完善宅基地管理制度的重要方向，也是健全农村土地利用管理政策体系的重要内容。

## 四　农村宅基地退出政策演变路径特点

### （一）相关政策法规从完全禁止向探索有范围退出转变

综观我国农村宅基地退出的相关政策法规，除中华人民共和国成立初期经历了短暂的土地私有自由交易，其后农村宅基地基本处于完全禁止自由退出状态。1988～1998 年经历了城镇居民在农村建房买房的混乱时期，1990 年国家释放鼓励农民宅基地退出的政策信号，即"对一些用地分散的小村庄和零散住户，应鼓励迁并，并将原址复耕"。但此后十余年，国家并没有出台有关宅基地退出的相关政策规定。在禁止向城市居民出售农村住房及宅基地的同时，2004 年国土资源部出台《关于加强农村宅基地管理的意见》，提出通过制定激励措施鼓励农户腾退多余宅基地，但缺乏具体可操作性办法。随着 2008 年《城乡建设用地增减挂钩试点管理办法》的出台，国家开始鼓励进城农户宅基地退出和集体经济组织成员之间的宅基地转让，并逐步开展宅基地退出试点。城乡建设用地增减挂钩政策的实施为宅基地退出中潜在价值的形成提供了重要通道[①]。此后，有关农村宅基地退出的政策法规不断增多，农村宅基地退出机制也在不断建设。三十余年来农村宅基地退出政策法规的变迁见表 2 - 2。

表 2 - 2　三十余年来农村宅基地退出政策法规变迁

| 政策法规 | 相关内容 |
| --- | --- |
| 《宪法修正案》（1988） | 任何组织或者个人不得侵占、买卖或者以其他形式非法转让土地。土地的使用权可以依照法律的规定转让 |
| 《土地管理法》（1988） | 国有土地和集体所有的土地的使用权可以依法转让。土地使用权转让的具体办法，由国务院另行规定 |
| 《关于加强农村宅基地管理工作请示的通知》（1990） | 对一些用地分散的小村庄和零散住户，应鼓励迁并，并将原址复耕。城市郊区和人多地少经济发达的地区，应鼓励有条件的农户建多层住宅 |

---

① 黄健元、梁皓：《农村宅基地退出制度的源起、现实困境及路径选择》，《青海社会科学》2017 年第 6 期。

续表

| 政策法规 | 相关内容 |
|---|---|
| 《土地管理法》（1998） | 任何单位和个人不得侵占、买卖或者以其他形式非法转让土地。土地使用权可以依法转让。农村村民出卖、出租住房后，再申请宅基地的，不予批准 |
| 《关于加强土地转让管理严禁炒卖土地的通知》（1999） | 农民的住宅不得向城市居民出售，也不得批准城市居民占用农民集体土地建住宅，有关部门不得为违法建造和购买的住宅发放土地使用证和房产证 |
| 《关于促进小城镇健康发展的若干意见》（2000） | 对进镇农户的宅基地，要适时置换出来，防止闲置浪费 |
| 《关于加强农村宅基地管理的意见》（2004） | 对"一户多宅"和空置住宅，各地要制定激励措施，鼓励农民腾退多余宅基地 |
| 《关于促进节约集约用地的通知》（2008） | 对村民自愿腾退宅基地或符合宅基地申请条件购买空闲住宅的，当地政府可给予奖励或补助 |
| 《全国主体功能区规划》（2010） | 按照农村人口向城市转移的规模和速度，逐步适度减少农村生活空间，将闲置的农村居民点等复垦整理成农业生产空间或绿色生态空间 |
| 《关于积极稳妥推进户籍管理制度改革的通知》（2011） | 农民的宅基地使用权和土地承包经营权受法律保护。现阶段，农民工落户城镇，是否放弃宅基地和承包的耕地、林地、草地，必须完全尊重农民本人的意愿 |
| 《中共中央关于全面深化改革若干重大问题的决定》（2013） | 保障农户宅基地用益物权，改革完善农村宅基地制度，选择若干试点，慎重稳妥推进农民住房财产权抵押、担保、转让，探索农民增加财产性收入渠道 |
| 《关于全面深化农村改革加快推进农业现代化的若干意见》（2014） | 在保障农户宅基地用益物权前提下，选择若干试点，慎重稳妥推进农民住房财产权抵押、担保、转让 |
| 《关于农村土地征收、集体经营性建设用地入市、宅基地制度改革试点工作的意见》（2014） | 探索进城落户农民在本集体经济组织内部自愿有偿退出或转让宅基地 |
| 《深化农村改革综合性实施方案》（2015） | 在保障农户依法取得的宅基地用益物权基础上，改革完善农村宅基地制度，探索宅基地使用制度和自愿退出机制，探索农民住房财产权抵押、担保、转让的有效途径 |
| 《关于落实发展新理念加快农业现代化实现全面小康目标的若干意见》（2015） | 推进农村宅基地制度改革试点，完善宅基地权益保障和取得方式，探索农民住房保障新机制 |
| 《关于深入推进农业供给侧结构性改革加快培育农业农村发展新动能的若干意见》（2016） | 允许地方多渠道筹集资金，按规定用于村集体对进城落户农民自愿退出宅基地的补偿 |

续表

| 政策法规 | 相关内容 |
|---|---|
| 《关于实施乡村振兴战略的意见》（2018） | 探索宅基地所有权、资格权、使用权"三权分置"，落实宅基地集体所有权，保障宅基地农户资格权，适度放活宅基地使用权。维护进城落户农民土地承包权、宅基地使用权、集体收益分配权，引导进城落户农民依法自愿有偿转让上述权益 |
| 《乡村振兴战略规划（2018～2022年）》（2018） | 建立健全依法公平取得、节约集约使用、自愿有偿退出的宅基地管理制度 |
| 《关于进一步加强农村宅基地管理的通知》（2019） | 在征得宅基地所有权人同意的前提下，鼓励农村村民在本集体经济组织内部向符合宅基地申请条件的农户转让宅基地 |
| 《土地管理法》（2020） | 国家允许进城落户的农村村民依法自愿有偿退出宅基地，鼓励农村集体经济组织及其成员盘活利用闲置宅基地和闲置住宅 |

## （二）退出演变呈现明显的路径依赖和诱致性变迁特点

随着社会经济不断发展变化，我国农村宅基地退出从全面禁止到有限允许、探索规范的演变过程，实际上是一个制度变迁与创新的过程[①]。但这一制度变迁是在土地公有制前提下进行的制度调整，其实质是以土地公有制为核心将外部环境变化引致的外部利润内在化的过程。虽然政策由禁止农民退出宅基地交易获取收入向农民自愿有偿退出宅基地转变，但其实施范围依然限定在农村集体经济组织内部，遵循农村集体土地所有制不变。这一制度变迁具有明显的路径依赖特点。另外，随着社会制度和经济结构变迁，各地农村宅基地的功能重心不同程度地由生存性转向发展性，突出体现为居住保障功能弱化与经济资产功能增强。农民对宅基地的功能诉求和谋生方式发生改变，但农村宅基地的市场交易仍然受到限制，农村宅基地管理制度的改革进程明显滞后于其功能变迁，结果带来村庄"外扩内空"、宅基地隐形流转、"小产权房"和农民"被上楼"等一系列问题。其实质是农民或地方政府作为初级行为主体为争取获利机会自发地对现行制度安

---

① 龙开胜：《农村集体建设用地流转：演变、机理与调控》，南京农业大学博士学位论文，2009。

排进行变更或替代。中央政府作为次级行动主体，为了规范宅基地利用秩序，满足农民或地方政府的利益诉求，以及实施城乡融合发展战略等，开始不断调整农村宅基地制度安排。农村宅基地退出的制度安排实现了由完全禁止向在一定范围内探索的诱致性变迁。

## 第二节　农村宅基地退出的地方实践成效

### 一　农村宅基地退出的地方实践

中国现行宅基地制度建立于计划经济时期，带有身份性和福利性，对于维护农村社会的长期稳定发挥了积极作用[①]。然而，随着社会经济发展，城市建设普遍呈现用地指标紧张、用地保障程度偏低的局面。与此同时，大量农村人口在城市化进程中逐步转移到城市，但因法律严格限制农村宅基地自由流转，许多外出农民没有将其宅基地退出，致使农村区域出现大量的"空心化"现象，宅基地闲置、浪费等低效利用问题突出。为促进对农村宅基地的节约、集约利用，解决城乡建设用地供需矛盾，根据国务院 2004 年《关于深化改革严格土地管理的决定》中提出的"鼓励农村建设用地整理、城镇建设用地增加要与农村建设用地减少相挂钩"相关要求，2008 年国土资源部颁发实施《城乡建设用地增减挂钩试点管理办法》，对津、苏、鲁、川、浙、皖、豫、渝、冀等试点地区进行规范管理。在城乡建设用地增减挂钩政策框架下，各地区结合中央文件精神积极开展农村宅基地退出机制探索与试点工作，形成了一些有关农村宅基地退出探索的政策文件，如江苏宿迁《关于促进农民在集中居住点建房和进城（中心镇）购房居住的试行意见》、广东顺德《关于深化农村改革统筹城乡发展的意见（征求意见稿）》、《重庆市户籍制度改革农村土地退出与利用办法（试行）》、安徽《宁国市

---

① 于伟等：《城镇化进程中农户宅基地退出的决策行为及影响因素》，《地理研究》2016 年第 3 期。

农村宅基地退出办法（试行）》等。在统筹城乡发展与新型城镇化建设的背景下，这些地区积极探索，涌现出了一些有代表性的宅基地退出实践模式，如天津"宅基地换房"、浙江嘉兴"两分两换"、重庆"地票"交易、成都温江"双放弃"等模式。经过文献梳理发现，这些实践多是在地方政府主导推动实施城乡建设用地增减挂钩的过程中实施宅基地退出，其主要动力是获取城镇建设用地指标，但在农民权益保障特别是土地财产权保障、深化农村宅基地制度改革等方面没有发挥有力的推动作用①。

　　为落实党的十八届三中全会关于农村土地征收、集体经营性建设用地入市和宅基地制度改革的要求，2014 年中共中央办公厅、国务院办公厅印发《关于农村土地征收、集体经营性建设用地入市、宅基地制度改革试点工作的意见》。2015 年《关于授权国务院在北京市大兴区等三十三个试点县（市、区）行政区域暂时调整实施有关法律规定的决定》规定，由全国人大常委会授权国务院在北京大兴等三十三个试点县（市、区）行政区域，暂时调整实施《土地管理法》《城市房地产管理法》中关于农村土地征收、集体经营性建设用地入市、宅基地管理制度的有关规定。在试点实践中，试点地区对宅基地有偿使用和自愿有偿退出做了多种尝试，主要做法见表 2－3。河南《长垣县农村宅基地有偿使用、流转和退出暂行办法（试行）》提出，集体经济组织在保障农户基本居住需求的前提下，鼓励农户自愿退出，并对退出补偿、退出程序和奖补政策进行规定；湖北宜城制定《宜城市农村宅基地制度改革试点实施方案》，通过政策引导、集体回购、增减挂钩等多种方式，多渠道促进宅基地流转和退出；安徽制定《金寨县农村宅基地自愿退出奖励扶持办法（试行）》，该办法设计了"补偿＋奖励"的联动机制②，对退出宅基地或放弃建房进城购房的农户实行购房补贴；宁夏平

---

① 张勇：《农村宅基地有偿退出的政策与实践》，《西北农林科技大学学报》（社会科学版）2019 年第 2 期。

② 胡银根等：《不同治理结构下农村宅基地有偿退出模式探析》，《资源开发与市场》2017 年第 12 期。

罗探索建立农村老年人"以地养老"模式，允许农村老人自愿将宅基地、房屋、承包经营权退回集体，置换养老服务。这些试点地区结合本地实际情况，坚持以宅基地制度改革为抓手，统筹推进农村各项改革，加快推进新型城镇化发展，完善了宅基地管理制度，形成了具有可操作性的宅基地有偿退出实践经验。

表 2-3　2015 年以来部分农村宅基地退出实践区域的主要做法

| 典型地区 | 管理依据 | 主要做法 |
|---|---|---|
| 浙江义乌 | 《关于推进农村宅基地制度改革试点工作的若干意见》（2016） | 将农民退出的宅基地整治为耕地，退出的建设用地指标留足农村发展所用后，节余部分以"集地券"方式通过交易显化土地资产价值，纯收益返还给农民和村集体 |
| 江西余江 | 《农村宅基地有偿使用、流转和退出暂行办法》（2015） | 对闲置废弃畜禽舍、倒塌住房等，实行自愿无偿退出；对"一户多宅"的"多宅"部分和非集体经济组织成员在农村占有和使用的宅基地实行自愿有偿退出 |
| 湖北宜城 | 《宜城市农村宅基地制度改革试点实施方案》（2015） | 采取政策引导、集体回购、增减挂钩等多种方式，整合项目资金，引导农民退出闲置和多余的宅基地，有效解决"一户两宅"和"一户多宅"问题 |
| 四川泸县 | 《泸县农村宅基地有偿退出资金管理暂行办法》（2016） | 由村民委员会对农民原有房屋进行补偿，并收回农村宅基地；农民自愿以个体身份参加城镇职工基本养老保险的，所需资金由参保者自行承担，政府给予适当补助 |
| 河南长垣 | 《长垣县农村宅基地有偿使用、流转和退出暂行办法（试行）》（2018） | 宅基地退出补偿标准参照土地征收区片价格计算；宅基地自愿退出的住户，可享受优先保障性住房优惠政策；退出的宅基地按照村级规划重新合理安排使用或进行复垦 |
| 安徽金寨 | 《金寨县农村宅基地自愿退出奖励扶持办法（试行）》（2016） | 按照一定的置换标准，农民以宅基地使用权及地上附着的建筑物、构筑物换取在"三区"（村庄聚居区、集镇规划区、建制镇规划区）内统一建设的住房或一定数额的货币 |
| 宁夏平罗 | 《平罗县农村宅基地自愿有偿退出管理暂行办法》（2016） | "土地收储＋以地养老"。在县域范围内制定了详细的宅基地和房屋收储办法，建立农村老年人"以地养老"模式，允许农村老人自愿将宅基地、房屋、承包经营权退回集体，置换养老服务 |

## 二　农村宅基地退出实践成效

### （一）提高农村宅基地利用效率，实现土地节约集约利用

通过宅基地有偿退出提高土地利用效率是深化农村改革的重要内容之一。长期以来，农村宅基地作为福利是无偿分配给集体经济组织成员且使用具有无期限性，这使得农民具有"多占"动机。虽然《土地管理法》一直贯彻"一户一宅""面积不得超过规定标准"等规定，但具体落实面临较高的监管成本，现实中"一户多宅"、面积超标现象普遍存在。据江西余江统计，2015 年试点前，余江区有农户 7.3 万户，其中"一户一宅"的 4.4 万户，"一户多宅"的 2.9 万户，"一户多宅"的占总户数的 39.7%[①]。另外，随着城镇化的发展，农业人口大量向城镇转移，造成宅基地闲置率攀升。截至 2013 年底，全国宅基地总面积约为 1133 万公顷，约占集体建设用地总面积的 54%[②]。而农村宅基地空心化率达 10.2%，宅基地利用低效的比重达 14.9%[③]。按照 10% 的闲置率计算，全国两亿亩农村宅基地中至少有 2000 万亩处于闲置状态[④]。

各地在探索农村宅基地有偿退出机制的过程中，通过明确退出条件、实施程序、置换补偿及保障体系等，鼓励有条件的农民退出闲置或多余宅基地。2018 年，宁夏平罗退出 54 宗闲置零星宅基地，腾退建设用地指标 112.9 亩，累计清理腾退闲置建设用地 790 宗 1300 亩。截至 2018 年 1 月，浙江义乌已有 3160 户农户累计退出农村宅基地与其他建筑，占地面积达 27.66 万平方米[⑤]。依据 2010 年《全国主体功能区规划》要求，农村宅基地退出实践地区在逐步适度减少农村生活空间的

---

① 曾旭晖、郭晓鸣：《传统农区宅基地"三权分置"路径研究》，《农业经济问题》2019 年第 6 期。

② 林远：《"三块地"改革顶层设计呼之欲出》，《经济参考报》，2014 年 12 月 3 日，第 4 版。

③ 宇林军等：《基于农户调研的中国农村居民点空心化程度研究》，《地理科学》2016 年第 7 期。

④ 韩康：《启动中国农村宅基地的市场化改革》，《国家行政学院学报》2008 年第 4 期。

⑤ 余永和：《农村宅基地退出试点改革：模式、困境与对策》，《求实》2019 年第 4 期。

同时，将闲置的农村居民点等复垦整理成农业生产空间或绿色生态空间，而退地农民通过宅基地置换货币或新型农村社区房产实现集中居住。例如，河南长垣通过村庄整合模式，整合村庄42个，建设社区18个，节约腾退土地4300亩；通过滩区迁建模式，将黄河滩区22个村庄搬迁至县城区周边集中安置①。农村宅基地退出缓解了日益严重的农村"空心化"问题，土地闲置、低效利用局面得到改变，宅基地利用效率和土地容积率不断提高，显著推动了农村宅基地的集约利用程度。同时，将农村退出的宅基地或者各种建设用地复垦为耕地或农业生产空间，保护了耕地资源。例如，安徽金寨全县腾退复垦宅基地2.3万亩，扣除村庄规划建设自用5000亩，新增耕地1.8万亩②。

**（二）缓解城市建设用地供需矛盾，推动新型城镇化进程**

宅基地改革引发蝴蝶效应，助推了当地供给侧结构性改革和新型城镇化进程。城镇化的快速发展以及城镇人口的持续增长导致城镇建设用地大幅扩张，每年至少新增16万公顷城镇建设用地以满足约1600万农业转移人口对生态、生产和生活空间的需求，城乡建设用地矛盾突出③。然而，农村宅基地中有10%～20%处于闲置状态，部分地区的闲置率甚至高达30%。以四川邛崃为例，季节性闲置和长期闲置宅基地高达20100亩，占村庄总面积的13.9%④。四川泸县在启动试点改革前的2015年，全县"一户多宅"率达到30%⑤。通过农村宅基地退出，可以将上述腾退的宅基地进行统一收储，按照城乡建设用地增减挂钩政策，复垦为耕地等农用地，经验收合格后折算为建设用地指

---

① 王磊：《深化农村土地改革 全面助推乡村振兴》，《资源导刊》2018年第11期。
② 中国国土资源报编辑部：《安徽省金寨县农村宅基地制度改革试点调查》，《国土资源》2017第5期。
③ 胡银根等：《基于成本收益理论的宅基地自愿有偿退出有效阈值》，《自然资源学报》2019年第6期。
④ 郭晓鸣等：《建立农村宅基地自愿有偿退出机制的现实分析与政策构想》，《农村经济》2016年第5期。
⑤ 曾旭晖、郭晓鸣：《传统农区宅基地"三权分置"路径研究》，《农业经济问题》2019年第6期。

标，在预留农村发展需要的用地后，置换为城镇建设用地指标。这就缓解了城镇建设用地所面临的土地资源的刚性约束，为城乡发展和建设腾挪空间。

新型城镇化的核心在于实现城乡统筹发展和农业转移人口市民化。农村宅基地退出在推动农村居民点土地集约、高效利用的同时，也在一定程度上实现了广大农村居民向村镇、城镇的集聚，促进农业转移人口市民化。各地在制定农村宅基地自愿退出的文件中，都明确了宅基地退出置换补偿标准。对于退地农民而言，以宅基地资源换资产的举措有助于解决其城镇化的成本问题。例如，安徽金寨在对退地农户的房屋和宅基地进行补偿后，如农户自愿到县城购房的，叠加移民搬迁、易地扶贫搬迁资金补助，房屋拆除补偿标准上浮30%，按购房面积给予800元/平方米的房票奖励。据统计，自2016年金寨县实施宅基地改革试点和易地扶贫搬迁后，一年时间内全县共引导近5万人口到城镇和所规划的村庄居住，消化县城房地产库存近3000套，去化周期由改革前的36个月降为15个月。宁夏平罗以盘活利用农民进城后在农村闲置的宅基地和房屋为目标，创新性地将盘活进城农民的闲置宅基地与移民搬迁安置有机结合，较好地发挥了生态移民搬迁安置资金的撬动作用，实现了宅基地有偿退出与农业人口转移进城的有机联动和协同推进[①]。

### （三）赋予农民土地权益，增加农民财产性收入

2018年中央一号文件《关于实施乡村振兴战略的意见》明确提出：完善农民闲置宅基地和闲置农房政策，探索宅基地所有权、资格权、使用权"三权分置"，落实宅基地集体所有权，保障宅基地农户资格权和农民房屋财产权，适度放活宅基地和农民房屋使用权。"三权分置"是夯实宅基地居住保障功能并实现宅基地财产收益功能的有效途径[②]。实

---

① 张勇：《农村宅基地有偿退出的政策与实践》，《西北农林科技大学学报》（社会科学版）2019年第2期。
② 岳永兵：《宅基地"三权分置"：一个引入配给权的分析框架》，《中国国土资源经济》2018年第1期。

际上，浙江义乌是全国率先提出农村宅基地所有权、资格权、使用权"三权分置"制度思路的地区。义乌市政府在《关于推进农村宅基地制度改革试点工作的若干意见》中提出："在落实宅基地所有权和保障集体经济组织成员资格权的前提下，允许宅基地使用权通过合法方式有条件转让。"具体规定在确保"户有所居"的前提下，按照自愿、有偿原则，在不改变宅基地所有权性质和不改变集体经济组织成员资格的前提下，允许宅基地使用权通过买卖、赠与、互换或其他合法方式入市流转。其他宅基地退出试点地区也在"三权分置"框架下探索各具特色的做法，如云南大理明确农户具有宅基地资格权，并享有确权、抵押等相关财产权益。农村宅基地从"两权分离"到"三权分置"意味着在坚持宅基地集体所有制性质的基础上，保障和落实了农民宅基地的用益物权。

只有拥有资格权才能拥有对具体宅基地的处置权，才能撬动农民巨额的"沉睡资产"。浙江义乌宅基地退出实践既充分体现了宅基地的集体所有权益，又放活了宅基地及房屋使用权，让农民主体充分享受到宅基地的财产权利①。改革前后，义乌市农村居民收入和人均财产收入由25963元和3063元分别增加至33393元和4000元以上。宁夏平罗赋予宅基地抵押贷款功能，拓展了农民土地、房屋等产权的资本功能和权能，解决了农民产业发展的融资困难。截至2018年11月，平罗县已办理农民住房财产权抵押293笔，贷款金额达1288.6万元。此外，部分农民以承包地入股合作社以获得分红，同时加入合作社就业，拓宽了收入来源②。河南长垣通过对宅基地使用功能的拓展和盘活利用，发展了乡村旅游，实现了"家门口就业"，增加了农民的财产性收益。截至2015年底，重庆累计成交"地票"17.29万亩，成交价款达345.66亿

---

① 汪明进等：《农村宅基地"三权分置"改革的经验与启示》，《世界农业》2019年第8期。

② 廖成泉等：《平罗县农村宅基地制度改革的做法、成效及经验启示》，《广东土地科学》2019年第1期。

元，惠及农户超过 20 万户[1]。

**（四）支撑农村经济发展，改善农村生活环境**

农村宅基地退出试点地区探索了宅基地有偿使用办法。例如，江西余江规定，对历史原因形成的宅基地超标准占用，对超占面积收取有偿使用费，并实行累进计费制。浙江义乌发布《义乌市农村宅基地超标准占用有偿使用细则》，截至 2018 年，义乌市完成农房历史遗留问题处理的有 128 个村，累计 34592 户农户交纳有偿使用费 9.5 亿元[2]。截至 2016 年，宅基地改革已在长垣县全面铺开，村集体收取宅基地有偿使用费 2072 户 125.7 万元，腾退宅基地 4462.3 亩[3]。另外，对宅基地使用权人自愿退出的宅基地以及废弃闲置的农村建设用地等进行复垦，验收合格折算成建设用地指标，在预留农村发展需要的用地后，可以将节约建设用地指标投入市场统筹使用。截至 2017 年 12 月，义乌市已累计回购"集地券"130.24 公顷，统筹用于民生和产业项目，为村集体和农民累计增加收入近 4 亿元，让村集体和农民都分享了宅基地制度改革中的土地收益[4]。河南长垣通过村庄集体建设用地整治，为经济建设提供用地指标，乡镇创业园落地近 200 家小微企业，吸引了经济能人返乡创业和近万名外出务工人员回流，推动农村一、二、三产业融合发展，支撑乡村振兴战略的实施，乡村发展新动能得到全面强化，发展后劲明显增强。

由于长期以来农村宅基地审批及管理方面的问题，很多农村居民点缺乏统一规划、布局散乱。一方面，大量耕地被农宅占用，大量有用无用的附属房、猪牛羊圈、简易厕所充斥村庄；另一方面，农村道路等基础设施落后，生产生活环境脏、乱、差。截至 2018 年 6 月底，我国共

---

[1]　魏后凯、刘同山：《农村宅基地退出的政策演变、模式比较及制度安排》，《东岳论丛》2016 年第 9 期。

[2]　叶红玲：《"宅改"造就新农村》，《中国土地》2018 年第 5 期。

[3]　王磊：《深化农村土地改革 全面助推乡村振兴》，《资源导刊》2018 年第 11 期。

[4]　张勇：《农村宅基地有偿退出的政策与实践》，《西北农林科技大学学报》（社会科学版）2019 年第 2 期。

有 33 个地区试点农村土地制度改革，各地共腾退零星、闲置宅基地 9.7 万户、7.2 万亩①。农村无序私自建房、建附属设施等现象得到有效遏制，对户外厕所、闲置废弃的畜禽舍、倒塌的住房、影响村内道路及公共设施建设的院套等建筑物或构筑物等进行拆除。例如，江西余江上胡村民小组拆除空心房 85 间、猪牛栏 106 间、露天厕所 85 间，改善了村容村貌②。云南大理将所收宅基地有偿费的 70% 用于环卫、道路、水电、绿化等村庄建设和村民公益事业。村集体实力大增，农村居住条件和环境得到改善，客观上也使得村民享受的公共福利大增，幸福指数显著提高③。

## 第三节　当前农村宅基地退出面临的主要问题

在乡村振兴背景下，农村宅基地有偿退出是农村宅基地制度改革的一项重要内容。当前农村宅基地退出试点改革取得了明显成效，通过引导农民自愿退出闲置宅基地，不仅提高了宅基地利用效率，缓解了城市建设供需矛盾，而且优化了村庄空间布局，使农民的土地财产权得到显化。但是随着改革的持续推进，在资源配置机制与收益分配等方面也凸显出一些亟待解决的现实问题。

### 一　"三权分置"权能困境，退出长效机制缺乏

宅基地"三权分置"是一项重大的理论和实践创新。从理论上讲，宅基地"三权分置"有利于盘活农村闲置的土地资源，赋予农民更多的土地财产权利，拓宽其财产性收入渠道，加快农民工市民化的进程。但从整体成效来看，平衡国家、集体、个人三者之间收益的有效办法还

---

① 陈广华、罗亚文：《宅基地"三权分置"之法教义学分析》，《农村经济》2019 年第 2 期。
② 钟荣桂、吕萍：《江西余江宅基地制度改革试点经验与启示》，《经济体制改革》2018 年第 2 期。
③ 叶红玲：《"宅改"造就新农村》，《中国土地》2018 年第 5 期。

不够多，宅基地"三权分置"的探索和实践还不够充分。当前宅基地"三权分置"制度安排面临着所有权主体虚置和处分权缺失、对农民的宅基地资格权缺乏长效保障机制、宅基地使用权能受限等权能困境[①]。

首先，宅基地所有权主体虚置和处分权缺失。《土地管理法》规定，农村宅基地所有权归农民集体所有。但农村集体尚未有正式的法律主体地位，在实践中宅基地所有权往往由乡镇人民政府或者农村基层行政组织行使。而且依据相关法律规定，宅基地所有权的主体表现多元化，"乡镇农民集体""村农民集体""村民小组集体"等都被视为宅基地所有权主体，这进一步导致宅基地所有权主体的弱化。所有权是产权的核心，而最能体现所有权价值的是收益权和处分权。由于农村宅基地所有权主体虚置以及我国土地公有制下农村土地产权的主体权能弱化，宅基地最终的处分权或控制权掌握在政府手中。突出体现在宅基地如果进入土地一级市场进行交易或宅基地使用权由非集体经济组织成员以外人员获得，必须经过土地征收将宅基地性质由农民集体所有转为国家所有。宅基地所有权人缺乏对宅基地产权的最终处分权，与其相联系的收益权也难以充分实现。

其次，对农民的宅基地资格权缺乏长效保障机制。试点地区考虑到退地农民进城可能遇挫的情况，制定了一些保障政策，但政策间难以耦合或持续性较差。宅基地资格权具有集体成员权属性，但关于成员权，现有法律法规并未对其做出清晰且明确的制度安排，导致实践中出现的"只退出宅基地，不退出承包经营权"，或者"只退出承包经营权，不退出宅基地"的问题并未得到有效的解决[②]，给农村集体的土地管理和利用造成了障碍。例如，宁夏平罗允许退地进城的农民重新承包土地与不得再次申请宅基地在政策上难以耦合，毕竟农民长期居住在城市或者

---

① 韩文龙、谢璐：《宅基地"三权分置"的权能困境与实现》，《经济体制改革》2018 年第 5 期。

② 黄健元、梁皓：《农村宅基地退出制度的源起、现实困境及路径选择》，《青海社会科学》2017 年第 6 期。

租住在农村来从事农业生产并不是理想的长效机制[①]；江西余江为全部退出宅基地的农户颁发 15 年后生效的申请宅基地使用"权证"，但对15 年后农民建房所需宅基地来源供给没有补充规定。另外，宅基地和农民房屋使用权流转给第三方后，按照"三权分置"的机制，资格权人应该继续享有宅基地，而目前政策对资格权人与第三方的权利、责任如何界定等问题缺乏明确规定[②]。

最后，宅基地使用权能受限。现有法律法规倾向于将宅基地使用权转让限制在本集体经济组织成员内部。在农村人口持续向城镇迁移、集体经济组织成员人数不断减少的背景下，将交易限制在集体经济组织这么狭小的范围内，将导致宅基地退出受让人的政策性缺乏，进一步导致进城农户退出宅基地的经济价值难以实现[③]。当前大部分农村宅基地退出试点改革实践，无论是宅基地换房还是宅基地收储，当地政府实际上充当了农户宅基地退出的直接受让人的角色。市场机制缺失，政府行为成为一种替代。

## 二　权益分配失衡，农户的财产权保护未受重视

农村宅基地退出表面上呈现的是房屋所有权和宅基地使用权的让渡，其实质是产权让渡后的财产权益分配。依据当前宅基地退出的试点做法，宅基地退出后可能的利用方式有三类，包括征收成为国有建设用地、复耕后置换城市建设用地指标以及留作村集体经济发展用地。宅基地退出后其原有用途发生改变，且用途改变后价值发生增值，形成了宅基地发展权价值。正如上文所说，大多数地方政府在农村宅基地退出中扮演了直接受让人的角色，这会增加其机会主义倾向，导致权益分配失衡。实际中地方政府推动宅基地退出，获取城镇建设用地指标是其主要

---

① 余永和：《农村宅基地退出试点改革：模式、困境与对策》，《求实》2019 第 4 期。
② 叶剑锋、吴宇哲：《宅基地制度改革的风险与规避》，《浙江工商大学学报》2018 年第 6 期。
③ 魏后凯、刘同山：《农村宅基地退出的政策演变、模式比较及制度安排》，《东岳论丛》2016 年第 9 期。

动力，在实施中存在农民参与度低、农民获得补偿不合理、土地财产权受到一定程度的侵害等问题，最终会在宅基地退出后因增值收益分配而引发纠纷。

对少数不愿意退出农村住房和宅基地的农户的财产权保护未引起重视。首先，农民宅基地退出积极性不高。2014 年《关于进一步推进户籍制度改革的意见》明确规定，"现阶段，不得以退出土地承包经营权、宅基地使用权、集体收益分配权作为农民进城落户的条件"。这为进城农民保留"三权"吃下了"定心丸"。在实际中，农民即使在城镇已经拥有固定住所及稳定的非农收入来源，如果退出的补偿金额缺乏足够吸引力，一般也不愿意退出农村宅基地。因为通过农村集体经济组织成员资格依法获取的宅基地不需要支付有偿使用费，如果是在位于城市郊区的农村，农民通过房屋租赁等可以获得具有可持续性的经营性收入。农民的乡土情结、对宅基地潜在价值的高期待、对宅基地补偿标准的不满意以及对退地后生活的担忧，都导致其退出宅基地的意愿大打折扣。其次，少数不合作农户的财产权未受到重视。除了上述原因农民不愿退出宅基地外，农民事实上在经济能力、职业等方面开始分化，不同类型农民的意愿和市民化能力等有明显差异，因此政府主导的宅基地退出方式、补偿价格等可能难以使所有农户满意。为了避免行政强迫，一些原本不愿意退出的农户可能基于从众心理或者碍于村干部、亲朋邻里的"游说"而同意拆迁，但个别农户可能出于各种原因而拒绝参与宅基地退出。一般而言，基于土地整理和产业园区规划而实施的宅基地换房，要求整村拆迁、连片退出。但各地在宅基地和住房连片退出时，很少为个别不愿退出宅基地的农户制定具体办法，有的地方采取的策略是等"钉子户"慢慢转变。

## 三　宅基地退出的综合配套改革滞后

农村宅基地是农民生产生活的主要场所，依据集体经济组织成员身份获取的宅基地承载着生活居住、风险保障、归属承继、支持生产、情感寄托及资本化等多重功能①。因此，宅基地退出后需要通过多重措施保障农民平稳地从传统农业生产生活方式过渡到城市或新型农村社区的集中居住方式。但当前农村宅基地退出相关政策缺乏配套制度的协同保障，主要体现在农民退出宅基地后的城市融入问题和宅基地与农村承包地等其他资源资产的共同退出问题。

首先，农民退出宅基地后的城市融入问题。在城乡建设用地增减挂钩的思路下，通过引导农民腾退宅基地实现农村宅基地在城市的流转，可以为城市化空间扩展奠定基础。但问题是，土地城市化应为人口城市化服务。在实践中地方政府越来越多地鼓励和引导农民"弃地进城"，试图通过"宅基地换房""宅基地换社保"等全面解决失地农民进城和城市建设用地不足等问题。这些实践虽然能够提高土地利用综合效率和实现农民进城，但退地农民城市身份认同度低或适应性差等"半市民化"现象普遍存在。农村宅基地除具有财产属性外，还具有一定的生产和社会保障功能。对农民而言，让其退出宅基地必须统筹考虑其就业、养老、教育、医疗等问题，否则农户即便退出宅基地及其房屋，也会因无法享受一系列福利而不能真正融入城市成为市民。

其次，宅基地与农村承包地等其他资源资产的共同退出问题。当前各地加快推进宅基地退出，主要集中在宅基地和住房方面，较少考虑承包地以及其他集体资源资产，一些进城落户农民在放弃宅基地的同时，仍然拥有承包地和集体经济组织成员身份，"只退出宅基地，不退出承包经营权"，给农村集体的土地管理和利用造成了障碍。当然，这与各地退出试点获得授权改革的范围有一定关系。但也有些地区针对这些问题做出了有益探索，如重庆"地票"交易制度配合户籍制度改革、宁夏平罗实施的土地财产权利与成员身份"一揽子"退出等。此外，宅基地退出和转让涉及集体经济组织成员的认定，但关于成员权，现有法律法规并未对其做出清晰且明确的制度安排，这在一定程度上影响了宅基地退出工作的开展。

---

① 龚宏龄：《农户宅基地退出意愿研究》，《农业经济问题》2017年第11期。

# 本章小结

1949 年以来，我国农村宅基地退出制度经历了长期的演变过程。改革开放以前，由于实行计划经济体制，我国农村宅基地所有权主体由农民私有转变为集体所有，农民仅享有宅基地使用权，确立了我国现行农村集体土地制度的基本框架。在农村宅基地集体所有制下，农村宅基地使用权禁止流转，农民无法自由退出宅基地，但可以在房屋交易时实现房地一体转让。随着改革开放的实施以及社会经济的发展，农村宅基地自发隐形流转逐渐盛行，"小产权房"交易也屡见不鲜。为规范房地产市场，保护耕地，国家延续了农村宅基地使用权禁止退出规定，而且明确禁止农村住宅向城市居民转让。到 21 世纪初，面对城市建设用地指标日益紧缺，而农村宅基地大量闲置或低效利用的局面，国家开始对农村宅基地退出进行政策性鼓励，同时开始鼓励进城农户宅基地退出和集体内部宅基地转让的试点探索。研究表明，我国农村宅基地退出政策从完全禁止退出向探索有范围退出转变，具有明显的路径依赖和诱致性变迁的特点。目前，我国农村宅基地退出的范围不断扩大，在提高农村宅基地利用效率、缓解城市建设用地供需矛盾、增加农民土地财产权益以及改善农村生活环境等方面取得了显著成效。但在实践中依然面临宅基地"三权分置"权能规范不完善、宅基地退出缺乏长效机制、农民土地财产权益未受到充分保护以及退出的综合配套改革滞后等一些亟待解决的问题。因此，深入而有效地推动农村宅基地退出制度的进一步改革，是当前面临的主要任务。

# 第三章　农村宅基地退出的模式

　　按照国务院 2004 年发布的《关于深化改革严格土地管理的决定》中提出的"鼓励农村建设用地整理、城镇建设用地增加要与农村建设用地减少相挂钩"相关要求，2008 年国土资源部颁发《城乡建设用地增减挂钩试点管理办法》，并选择部分地区进行试点。在城乡建设用地增减挂钩政策框架下，部分地区积极探索，涌现出一些有代表性的宅基地退出实践模式。2015 年，根据中共中央的部署与全国人民代表大会常务委员会的授权，国土资源部选取了 33 个县（市、区）开展试点，实施农村土地征收、集体经营性建设用地入市和宅基地制度三项改革。上述试点县（市、区）对宅基地退出都进行了一些探索，在实践中形成了颇具特色的改革模式。2018 年中央一号文件做出探索宅基地所有权、资格权、使用权"三权分置"的改革部署后，很多地区选取部分区域开展农村宅基地"三权分置"的改革试点，也收到一些成效。本章在上述背景下，梳理不同时期农村宅基地退出的模式，并对其特征进行比较分析。

## 第一节　增减挂钩背景下宅基地退出模式

　　随着社会经济的发展以及农村土地资产价值的日益显现，理性农民开始自行对宅基地利用进行边际调整，使宅基地进入市场流转，以期实现利益最大化。而为了满足经济发展对建设用地的大量需求，中央政府通过"城乡建设用地增减挂钩""耕地占补平衡"等政策来盘活农村建设用地，以期通过引导农民退出宅基地来解决城市建设用地发展空间受阻的问题。在此思想指导下，各地开展了形式多样的农村宅基地退出实践探索，而在总结实践的基础上进行的模式提炼及比较分析使研究现象更趋深化。

## 一　宅基地退出的模式框架

解读 1998 年以后的《土地管理法》以及有关农村宅基地退出或流转的相关规定，可以看到宅基地使用权退出受到国家法律制度和宏观政策的双重束缚。然而，在城市土地要素相对价格升高和农民经济利益诉求的诱导下，农民直接将宅基地使用权出租，或者利用宅基地修建房屋、商铺后再出租或出售给非集体经济组织成员的现象早已存在。并且，随着城市化的加速发展，以自发流转为主要形式的农村宅基地退出也由经济发达地区向欠发达地区延伸，由此形成了巨大的土地隐形市场。由于体制外宅基地隐形退出面对较大的交易风险，更多的农村宅基地因城市化进程中农村人口转移到城市而处于闲置或低效利用状态。而在城市系统内，普遍呈现城市建设用地指标紧张、用地保障程度偏低的局面[1]。城乡建设用地供需矛盾为农村宅基地退出的制度改革提供了可能性。2004 年以来，中央政府开始推进城乡建设用地增减挂钩政策。在此思想指导下，越来越多的地方政府考虑通过以宅基地为主体的农村建设用地复垦来新增耕地，然后置换城镇周边建设占用耕地的指标。上述政策的实施本质上是政府通过推动农村宅基地拆迁、复垦和农民集中居住来获得建设用地指标[2]。近年来，不仅城市近郊地段的宅基地拆迁和农民集中居住规模不断扩大，而且不少远郊或偏远农村的宅基地也在政府主导下开始进行拆迁和复垦。

从农村宅基地退出的制度变迁及实践演进来看，农村宅基地退出经历了从城市近郊到偏远农村、从实物到指标、从体制外到体制内等演进

---

[1]　王婧等：《我国当前城乡建设用地置换的实践探索及问题剖析》，《自然资源学报》2011年第 9 期。

[2]　汪晖、陶然：《开放农地整理指标全国交易市场》，《国土资源导刊》2011 年第 2 期。

过程。从本质上看，农村宅基地退出是利益相关者的行为选择。因此，按照作用主体不同，可分为农民自发退出和政府主导退出两种宅基地退出模式（见图3-1）。农民自发退出模式主要是宅基地使用权退出，主要发生于城市近郊，属于实物交易和体制外隐形退出；政府主导退出模式体现在由政府组织拆迁和实现农民集中居住、确定农民宅基地置换补偿方式和标准、出让宅基地退出之后的新增城市建设用地等①，属于体制内土地市场。政府主导退出模式存在于城市近郊，也发生在远郊或纯农区，既有实物退出也有指标流转退出。例如，天津的"宅基地换房"、新乡的"农村社区"等主要发生在城市近郊，属于具体地块退出；成都的"指标挂钩"和重庆的"地票"交易等主要发生在偏远农村地区，属于指标流转退出。

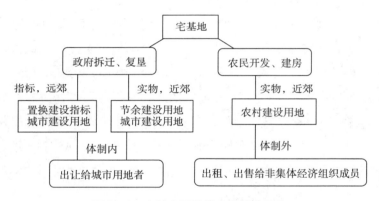

**图 3-1　农村宅基地退出的模式框架**

## 二　宅基地退出的模式比较

### （一）宅基地退出实践模式

在城乡建设用地增减挂钩背景下，依据部分地区出台的相关法律规范，如《南京市集体建设用地使用权流转管理办法》《成都市集体建设

---

① 陈利根、成程：《基于农民福利的宅基地流转模式比较与路径选择》，《中国土地科学》2012 年第 10 期。

用地使用权流转管理办法》《重庆农村土地交易所管理暂行办法》等，总体而言，农村宅基地退出包括与实物对应的宅基地使用权直接交易，以及将农村宅基地复垦为耕地后可用于建设的用地指标的交易。具体梳理总结，有以下典型的实践模式。

1. 宅基地实物退出典型模式

本书所谓宅基地实物退出是指建立在宅基地使用权基础上的退出，受让人的直接目的是使用宅基地或建设用地之上的房屋居住功能。主要实践做法有以下四种。

（1）农民自发退出模式。农民自发退出模式是指农民或集体经济组织成员自主、自由退出宅基地使用权。主要表现为：农民直接将宅基地使用权出租给非集体经济组织成员，或者利用宅基地修建房屋或商铺后再进行出租或出售。此模式在广东、北京等经济发达地区的近郊最为普遍，远郊或基础设施落后区域的活跃程度偏低①。农民自发退出属于隐形的非法流转，面临较大的交易风险。

（2）浙江"联众模式"。"联众模式"是浙江联众农业投资集团与某些乡村联合开展新农村建设而形成的一种经营模式。具体运作方式如下：企业在政府政策支持下与村委会签订整体合作协议，然后对整个村庄进行重新规划建设，农民依然享有农居所有权以及宅基地所有权和使用权等权利，而企业则获得农民自住部分以外住房的经营权及其经营性收益②。

（3）"宅基地换房"模式。天津滨海新区作为中央综合配套改革试验区，最早制度化探索"宅基地换房"退出模式。项目实施以政府为主导，将宅基地等农村建设用地转变为城市建设用地，据此建设新型小城镇。农民退出宅基地后，依据规定的置换标准获得小城镇的住房，然后由政府对农民退出的宅基地进行整理复垦以实现耕地占补平衡，对节

---

① 曹泮天：《宅基地使用权隐形流转的制度经济学分析》，《现代经济探讨》2013 年第 4 期。
② 张永辉等：《统筹城乡发展过程中创新宅基地制度的实践模式及比较分析》，《农业经济》2011 年第 2 期。

约下来的土地加以整理后再通过"招拍挂"出售。

（4）新型农村社区模式。河南新乡、山东诸城等地以增减挂钩政策为抓手，把建制村规划为新型农村社区，引导农民向社区中心村集中居住，为农民办理合作医疗、养老保险等，探索农民就地城镇化的发展途径。对宅基地和村庄进行整理拆迁并实现耕地占补平衡后，将节余的土地作为农村建设用地置换到产业集聚区，然后以出租、入股等方式来发展当地乡村经济。也就是说，新社区建设不会让农村节省下来的土地转为城市建设用地，不以农民放弃土地承包权和宅基地使用权为前提①。

2. 宅基地指标退出典型模式

本书所谓宅基地指标退出是指将宅基地复垦为耕地，进而形成建设用地指标的让渡。例如，将偏远地区的宅基地复垦为耕地，形成建设用地指标，然后将指标交易至区位较好且符合规划的区域落地，并将落地地块的使用权让渡给使用者。这种模式的直接目的是获取宅基地复耕之后的建设用地指标，因此也被称为发展权的让渡②。主要实践做法有以下两种。

（1）指标捆绑挂钩模式。2004 年，成都最先试行城市建设用地增加和农村建设用地减少的指标捆绑挂钩模式。之后，国土资源部开始对城乡建设用地增减挂钩进行规范，并选择部分省区市如四川、浙江、天津等作为试点。政策规范要求指标捆绑挂钩项目的实施必须经过国土资源部的审核和批准，且挂钩的建设用地指标只能在项目区内封闭流转和使用，即项目捆绑式的点对点的指标交易，类似双边垄断的市场结构。

（2）"地票"交易模式。重庆作为全国城乡统筹综合配套改革试验区，通过"地票"交易实现了农村宅基地退出的制度创新。"地票"交易就是将以宅基地为主的集体建设用地复垦为耕地，在检验符合要求后形成等面积的建设用地指标（"地票"），然后将建设用地指标通过农村土地交易所在全市范围内公开发售。最后将指标用于新增的城镇建设用

---

① 曲昌荣：《看新乡如何确保农民利益》，《人民日报》，2010 年 10 月 23 日，第 1 版。
② 舒帮荣等：《农村集体经营性建设用地流转模式再审视》，《中国土地科学》2018 年第 7 期。

地，实现指标落地以及农村建设用地和城市建设用地置换①。

### （二）宅基地退出模式比较分析

虽然通过农村闲置宅基地退出、整治有利于实现土地集约利用与缓解城市建设用地的需求压力，但因操作方法或路径选择差异，其各自的优势和问题也不相同。为探察此问题及优化宅基地退出路径，本部分从土地资源配置和农民权益保障两个维度建立分析框架，具体从配置广度、交易机制、权属变化、农民权益保障等角度加以综合解读，具体见表3-1。

1. 配置广度：城市近郊周边或跨区流转

实物退出即具体地块的转让，其实施多局限于土地增值空间较大的城市周边地区，特别是发达城市的近郊。实物交易受具体地块的限制，其实施局限于小区域范围内，适用范围以及对缓解城市建设用地需求压力的作用有限。指标退出即允许指标独立交易，即通过远郊农村宅基地整理和复垦形成的建设用地指标，可以独立出来用于城市近郊②。其突破了实物退出的区位限制，带动远郊农村的宅基地入市。例如，重庆"地票"交易模式通过偏远农村建设用地指标的退出增加了城区建设用地指标，使不同区位的土地资源发挥了各自的比较优势，优化了土地资源配置。指标退出能够实现农村建设用地大范围、远距离的置换，在土地资源配置广度上优于实物退出。

2. 交易机制：政府主导或市场主导

政府主导宅基地退出体现在由政府组织拆迁和实现农民集中居住、规定宅基地置换标准以及对宅基地退出后新增的城市建设用地进行出让等，如天津的"宅基地换房"模式、新乡的新型农村社区模式、成都的指标捆绑挂钩模式和重庆的"地票"交易模式等。但相对于其他模式，重庆的"地票"交易模式采取建设用地指标在土地交易所内市场

---

① 王守军、杨明洪：《农村宅基地使用权地票交易分析》，《财经科学》2009年第4期。

② 周立群、张红星：《农村土地制度变迁的经验研究：从"宅基地换房"到"地票"交易所》，《南京社会科学》2011年第8期。

表 3 - 1　农村宅基地主要退出模式比较

| 实践模式 | | 土地资源配置 | | 权属变化 | 农民权益保障 | 主要问题或局限性 |
|---|---|---|---|---|---|---|
| | | 配置广度 | 交易机制 | | | |
| 实物退出 | 浙江："联众模式" | 城市近郊或远郊 | 市场主导 | 保留集体土地所有权 | 农民是权益主体，且可持续分享土地增值收益 | 交易风险较大、交易价格偏低，政府和集体组织的权益无法体现 |
| | 天津："宅基地换房"模式 | 城市近郊 | 市场主导 | 保留集体土地所有权 | 土地收益留在农民集体内部，但农户权益无法充分保证 | 受具体地块限制，适用范围有限；土地获取、经营的合法性受到质疑 |
| | 新乡：新型农村社区模式 | 城市近郊 | 政府主导 | 节余土地征收国有化 | 农民获得住房、社保、就业等保障，丧失土地 | 置换范围窄，适用范围有限；置换标准质疑，可能违背农民意愿而强制其上楼 |
| | | 城市近郊 | 政府主导 | 节余土地保留集体所有 | 农民获得住房、社保、就业等保障，更多地分享土地增值收益 | 置换范围窄，适用范围有限；存在"被上楼"现象 |
| 指标退出 | 成都：指标捆绑挂钩模式 | 拆旧区和建新区间流转 | 政府主导 | 节余土地征收国有化 | 远郊农民获得土地资本化收益并得到福利居民安置 | 项目捆绑式对标对象，交易不便，耕作半径增大，农作不便；对试点对象最大经济效益标无法实现 |
| | 重庆："地票"交易模式 | 全市范围内跨区流转 | 政府主导 | 节余土地征收国有化 | 远郊农民获得土地资本化收益，但补偿标准低 | 农民个体未直接作为交易主体参与指标交易；收益分配欠合理 |

竞争的方式，多方公开竞购指标使土地要素的价格发现机制更趋于完善。政府主导模式能够实现规模经济和加快推进城镇化进程，但不利于保护农民权益和提高农民积极性。

市场主导模式是农民个体或集体经济组织受自身意愿支配对宅基地进行出租、转让等，如农民自发退出模式和浙江的"联众模式"。市场主导宅基地退出适应市场经济发展的要求，各利益主体间特别是政府和农民不易产生尖锐矛盾。但当前此方式主要产生于距离城镇较近、土地增值空间较大的农村，而且实践多属违法或虽有当地政府支持如"联众模式"，但土地获取、经营的合法性依然是争论的焦点[①]。

3. 权属变化：节余土地征收国有化或保留集体土地所有权

通过将农村建设用地进行整理复垦，新增耕地面积大于建设占用耕地面积的部分即成为节余建设用地，也称节余建设用地指标。政府征收模式与现行法律联系紧密，但正如当前土地征收制度损害了被征地农民的权益，因而受到广泛诟病，在宅基地退出中宅基地置换补偿标准的合理性也受到质疑，如天津的"宅基地换房"模式。

保留集体土地所有权强调农民对宅基地权利的主体地位，能够体现城乡土地产权所有制的平等，有利于保障退地农民持续分享建设用地指标所带来的收益，社会可接受性较强，如新乡的新型农村社区模式和浙江的"联众模式"。但随着城市化的推进和农村人口的转移，很多农民在城市拥有工作并长期定居，此时继续保留土地集体所有权将产生多头占地的状况，加剧城乡建设用地供需矛盾。

4. 农民权益保障

农民自发或村集体组织退出宅基地能够避免政府通过征收土地获取农民集体的土地级差收益，从而将该收益留在农民集体内部，但宅基地隐形退出违法成本较高、交易价格偏低。而在当前农村集体经济的组织

---

① 祁黄雄、陆建广：《农村宅基地开发利用的案例研究》，《中国土地科学》2010 年第 5 期。

形式、治理机制及其与成员的关系等缺乏法律规范的情境下①，集体推动模式中农户的权益也难以得到充分保障。在天津的"宅基地换房"和新乡的新型农村社区模式中，退地农民既有实物和货币补偿，还能够获得就业岗位和相关社保服务。但在实践中，存在农民谈判权缺失及"被上楼"等现象，农民的财产权未能真正落实。重庆的"地票"交易模式为边远地区的农民获得土地资本化收益提供了一种途径，但退地农民仅能获得出让建设指标的收益，不能获得相关社保等福利以及土地未来的增值收益，宅基地退出的收益分配欠合理②。

上述比较分析表明，各地因采取的方法与路径不同，所产生的效应及显著程度也不同。可以认为，市场力量主导、宅基地（指标）跨区域流转的模式更有利于资源优化配置和农民权益保障，但目前尚没有一种模式完全具备上述特征。因此，未来的土地制度改革应探索农民将宅基地或其对应建设用地指标进行就地退出、流转或跨地区交易。

## 三 宅基地退出模式的演进特征与演进动力

### （一）宅基地退出模式演进特征分析

#### 1. 宅基地退出的演进路径解析

从农民自发退出模式到"宅基地换房"模式，宅基地供给主体由农民转变为政府，在交易过程中，由农民主导转变为政府主导，由主要依赖市场机制转变为主要依赖政府行政力量，实质是交易机制的转变。与此对应，农民自发退出模式多是在保留集体土地所有权下宅基地使用权的转让，而政府作为供给主体地位的确立是以将农村土地征收国有化为基础的，这样做与我国现行法律的联系更为紧密，保持了制度的延续性。

---

① 于海涌、苏燕玲：《农村集体经济组织的合作社法人制度改革探析》，《中国商法年刊》，2006。

② 张海鹏：《我国城乡建设用地增减挂钩的实践探索与理论阐释》，《经济学家》2011年第11期。

　　从"宅基地换房"模式到指标捆绑挂钩模式的转变主要体现了建设用地指标适用范围的突破。相对于"宅基地换房"模式中被置换出的建设用地指标与具体地块相捆绑，指标捆绑挂钩模式允许被置换出来的建设用地指标独立交易，其并不依附于实施土地整理的远郊农村，而是可以独立出来用于城市近郊①。这一模式突破了实物退出的区位限制，带动远郊农村的宅基地入市，能够延长交易半径以及增加交易的剩余空间，符合经济主体追求效用最大化的经济逻辑。

　　从指标捆绑挂钩模式到"地票"交易模式的转变主要是建设用地指标配置范围的进一步拓展与交易机制的进一步深化。相对于指标捆绑挂钩项目的实施权和定价权完全由政府决定，"地票"交易模式将票据化的建设用地指标通过土地交易所在全市范围内公开交易，虽然政府依然处于主导地位，但其允许建设用地指标的需求方多方竞争，也意味着拆旧区和建新区可以自由选择交易对象，打破了指标捆绑挂钩项目拆旧区和建新区一对一谈判交易的模式。这一模式的转变扩大了要素配置的区域范围，优化了流动机制，交易过程逐渐由政府主导转变为市场主导，使土地要素的价格发现机制更趋完善，更加契合我国市场化经济体制改革的进程。

　　从不同模式在交易主体、交易机制、权属变化、指标独立性及配置范围等方面的特征来观察宅基地退出的演进路径，具体如表3-2所示。

表3-2　农村宅基地退出模式的演进路径

| 制度特征 | 农民自发退出模式 | "宅基地换房"模式 | 指标捆绑挂钩模式 | "地票"交易模式 |
|---|---|---|---|---|
| 交易主体 | 农民供给 | 政府供给 | 政府供给 | 政府供给 |
| 交易机制 | 市场运作（无序） | 政府主导 | 政府主导 | 政府主导，但市场化程度提升 |
| 权属变化 | 保留集体所有权 | 征收国有化 | 征收国有化 | 征收国有化 |

---

　　①　周立群、张红星：《农村土地制度变迁的经验研究：从"宅基地换房"到"地票"交易所》，《南京社会科学》2011年第8期。

| 制度特征 | 农民自发退出模式 | "宅基地换房"模式 | 指标捆绑挂钩模式 | "地票"交易模式 |
|---|---|---|---|---|
| 指标独立性 | 与具体地块相捆绑，实物退出 | 与具体地块相捆绑，实物退出 | 脱离具体地块，指标独立流转 | 脱离具体地块，指标独立流转 |
| 配置范围 | 城市近郊 | 城市近郊 | 城市远郊，指定项目区内流转 | 城市远郊，全市范围跨区流转 |

2. 宅基地退出模式的演进特征

不同农村宅基地退出模式在操作方法和实现路径等方面存有差异。但整体来看，农村宅基地退出模式在演进过程中表现出时空渐进性和治理收敛性特征。早在 20 世纪 90 年代初，农村宅基地自发退出交易的现象就不断出现。尽管《土地管理法》严格限制农民宅基地交易退出，但一系列政策文件的出台表明国家对农村建设用地流转的立法控制在逐步放开①，而农村宅基地退出也从最初的城市近郊向城市远郊、从东部沿海向中西部地区演进。以政府为主导的宅基地退出模式形成了一条从近距离的"宅基地换房"、远距离的指标捆绑挂钩到"地票"交易的演进路径。从禁止退出到探索放开退出、从城市近郊到城市远郊、从实物退出到指标跨区域流转的农村宅基地退出演进特征符合我国渐进式改革的基本逻辑。

早期农村宅基地自发退出规避政府监管，虽然能够提高农民在城市化收益中的分享比例，但隐形交易及信息不对称会带来高昂的交易成本，减少城市化净收益。完全市场的交易成本较高就会出现科层组织对市场的替代，如天津"宅基地换房"和成都指标捆绑挂钩模式中突出了政府行政力量的作用。但政府主导的宅基地退出缺乏市场竞争性，降低了农民的谈判力，定价也缺乏效率。在现实中"市场制"和"层级制"两者不同程度的结合形成了犹如连续分布的"光谱"，不同农村宅基地退出治理机制的差别在于其是偏向于"层级制"还是

---

① 王晓霞等：《中国农村集体建设用地使用权流转政策的梳理与展望》，《中国土地科学》
2009 年第 4 期。

"市场制"。相对于上述模式，重庆的"地票"交易模式推动了市场化改革的进程，令政府治理边界收缩而市场治理边界扩张，实现了交易机制和交易效率的改进。农村宅基地退出治理逐渐收敛于市场机制主导交易过程。

依据以上概述，可以归纳我国农村宅基地退出模式的演进特征，如图3-2所示。尽管农村宅基地退出制度具有不同层面或程度的问题，但制度变迁的路径以及地区探索的实践经验仍给我们以希望：农村宅基地退出制度改革的方向将是在交易主导方式上强调以农民为交易主体的市场竞争性原则，在资源配置范围上突出远距离的跨区域流转。这将有助于提高资源配置效率以及让农民更多地分享土地增值收益。

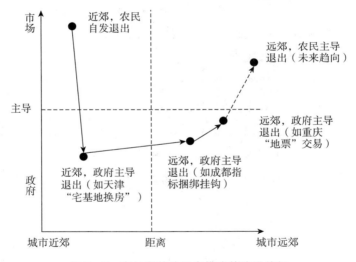

图3-2　农村宅基地退出模式的演进特征

**（二）宅基地退出模式的演进动力**

农村宅基地退出模式的变迁轨迹受多重因素影响或制约。除参与主体追求自身利益的内在动力外，其外生影响因素主要是由市场经济发展和土地资源稀缺决定的要素价格上升，以及由外部环境和制度存量依赖性决定的政府偏好选择。

随着市场经济的发展，土地资源的稀缺性逐渐彰显，带来土地要素相对价格的上涨。特别是城市国有土地资产价值的示范效应会对农民自发退出宅基地产生巨大的驱动力。而城市建设用地指标的日趋紧张以及农村宅基地的闲置或低效利用，也使政府对宅基地退出的制度创新或改革实践具有较强的经济激励动机，以发挥市场机制在推动生产要素流动和促进资源优化配置中的积极作用。

整体来说，农村宅基地退出模式的演进镶嵌在深刻的社会、经济、文化、制度等背景中。在快速工业化、城镇化进程中，非农产业发展带动农村劳动力转移，农民收入水平的提高极大地释放了对宅基地资产功能的需求。城市文化对农村社会文化的冲击，影响农民对新形式住宅和生产生活方式的追求。这些都形成对宅基地退出的推动力。作为配套的制度存量，土地产权制度、既得利益集团、相关互补性制度变迁等，都会影响农村宅基地退出模式的变迁轨迹，使其形成了对这些制度存量的路径依赖。在我国渐进式改革的基本逻辑下，政府往往通过政策的边际调整选择性地确立宅基地转让权，进而形成了一条从近距离的实物退出到远距离的指标跨区域流转的演进路径。

可见，农村宅基地退出模式的演进不仅是经济主体寻求最优经济机会的结果，也是市场经济发展、资源稀缺性以及政府偏好和选择性政策的结果，这些影响因素成为宅基地退出模式变迁的外部推力（见图3-3）。

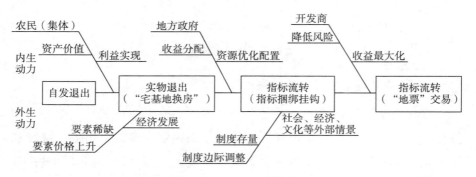

**图3-3　农村宅基地退出模式演进归因鱼骨图**

## 四　宅基地退出模式演进机理：基于博弈论分析

博弈论即对策论，是分析竞争环境中多人如何进行策略性决策和行动的科学。农村宅基地退出模式的形成实质是利益相关者的联合决策，适用博弈论进行分析。鉴于众多利益相关者的互动博弈行为极为复杂，为突出核心矛盾，本书将村集体与农民视为一方，重点解析宅基地退出过程中农民与地方政府的行为选择倾向。同时，作为博弈论的分析前提，本书假设在市场经济条件下，农民和地方政府都是严格追求自身效用最大化的理性主体；在信息完全的前提下，博弈参与方对彼此的特征、效用函数及行动规则有准确的认识，且两者为独立的利益相关者，彼此是非合作的。

### （一）博弈模型要素及模型中不同策略组合

1. 博弈模型要素

（1）参与人。两个参与人分别为地方政府与农民，其中 $G$ 代表地方政府，$F$ 代表农民。

（2）参与人的行动空间。面对宅基地整治后节余建设用地可能产生的巨大增值收益，参与人地方政府（$G$）具有强权优势，其有两种策略选择：依据增减挂钩政策进入宅基地退出市场或不进入。如果政府选择进入策略，则面临参与人农民（$F$）的同意或阻挠；而农民作为潜在的进入者，也往往试图对宅基地进行自主整治或转让土地使用权，其有两种策略选择：进入或不进入。政府为独占土地发展权收益，可能对农民的自发退出行为进行限制，此时政府有两种策略选择：打击或默认。根据以上要素设置，建立地方政府和农民的决策博弈模型。

（3）参与人效用函数。农村宅基地退出博弈各方的效用是指参与博弈所获得的报酬，其效用函数受自身及对方行动选择的双重影响，构成包括预期收益和成本。$fG(X_i)$、$fF(X_i)$ 分别表示参与人地方政府（$G$）和农民（$F$）在特定策略组合 $i$（$i=1,2,3,4,5$）下所得到的效用水平，具体如图 3-4 所示。

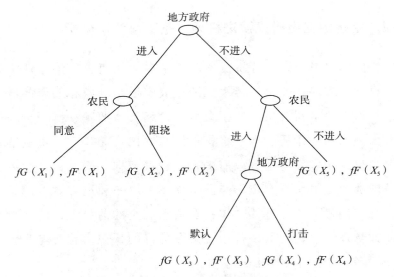

**图 3 - 4　农村宅基地退出决策博弈模型**

2. 博弈模型中不同策略组合

假设一般宅基地退出情形：通过宅基地整治新增建设用地（或折抵建设用地指标），上市交易均价为 $R$（为简化分析，认为农民与政府具有相同的谈判力，不考虑宅基地整治复垦成本）；$\lambda_1$、$\lambda_2$（$0 < \lambda_1$，$\lambda_2 < 1$）分别为农民同意或阻挠政府宅基地退出时分享收益的比例，农民阻挠成本为 $C_{F1}$，发生概率为 $P_1$；政府要达成预期的退出目标，消除阻挠要付出成本 $C_{G1}$ 且增加对农民的补偿，即 $\lambda_2 > \lambda_1$；隐形市场因信息不畅、交易不规范等，发生成本为 $C_{F2}$，面临被地方政府打击的风险 $C_{F3}$，发生风险的概率为 $P_2$。地方政府通过打击可获得收益 $R_{G1}$，但需付出监督执法成本 $C_{G2}$。在追求效用最大化的前提下，双方的行为决策取决于各自的收益与成本。地方政府和农民在不同策略组合下的预期效用如下。

（1）地方政府进入（主导）宅基地退出市场，且农民同意政府进入市场：

$$fG(X_1) = R - \lambda_1 R, fF(X_1) = \lambda_1 R \tag{①}$$

（2）地方政府进入（主导）宅基地退出市场，但农民阻碍政府进入市场：

$$fG(X_2) = R - \lambda_2 R - C_{G1}, fF(X_2) = \lambda_2 R - C_{F1} \qquad ②$$

（3）地方政府不进入（主导）宅基地退出市场，并默认农民自发退出宅基地：

$$fG(X_3) = 0, fF(X_3) = R - C_{F2} \qquad ③$$

（4）地方政府不进入（主导）宅基地退出市场，并打击农民自发退出宅基地：

$$fG(X_4) = R_{G1} - C_{G2}, fF(X_4) = R - C_{F2} - C_{F3} \qquad ④$$

（5）地方政府不进入（主导）宅基地退出市场，农民也不自发退出宅基地：

$$fG(X_5) = 0, fF(X_5) = 0 \qquad ⑤$$

### （二）宅基地退出博弈模型分析与求解

地方政府和农民在自身效用最大化前提下进行宅基地退出的利益博弈及策略选择，双方博弈的最终结果决定宅基地是由农民自发退出，还是由政府主导退出。在完全信息动态博弈中，可采用逆向归纳法求解地方政府与农民在宅基地退出中的博弈均衡，具体如图 3-5 所示。

1. 农民自发退出宅基地利益博弈求解

面对宅基地退出后的增值收益，农民可能选择自发退出宅基地，而政府则可能默认或打击农民的自发行为。

在子博弈（1）中，当农民进入宅基地退出市场，地方政府选择默认的效用函数为 $fG(X_3)$，打击的效用函数为 $fG(X_4)$，决策核心取决于 $fG(X_3)$ 与 $fG(X_4)$ 的关系。当 $R_{G1} - C_{G2} > 0$ 时，政府选择打击；当 $R_{G1} - C_{G2} \leq 0$ 时，政府选择默认。从此式中可以看出，政府是否打击取决于政府的收益 $R_{G1}$ 及其监督执法成本 $C_{G2}$。当前政府非农建设用地供给不能满足全部用地企业的需求，大量企业被排挤在原来的垄断市场之外，农村宅基地隐形退出交易将满足部分中小企业的用地需求，弥补建设用地市场的供求缺口，对政府既有的垄断收益没有挤占。在农民自发退出宅基地被定性为违法、政府土地市场出让金高昂等制度环境下，政府无论采取默认还是打击策略对其潜在的土地需求者，进而对其垄断收益均无显著影响。但对地方政府而言，经验证明打击行为在信息不对称条件下往往具有滞后性、高成本、难操作的特征[①]，特别是随着农民物权意识的日益觉醒，组织化程度日益提高，地方政府的监督执法成本是高昂的，即 $R_{G1} - C_{G2} \leqslant 0$。这也正是地方政府对农村宅基地隐形退出交易选择默认的原因。

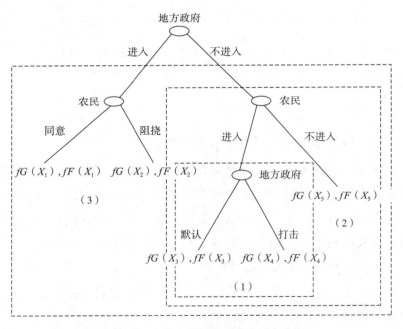

**图 3 - 5　农村宅基地退出决策博弈分解**

在子博弈（2）中，当地方政府选择默认农民的自发行为后，农民自发退出宅基地的效用函数为 $fF(X_3)$，不退出的效用函数为 $fF(X_5)$。只要 $R - C_{F2} > 0$，农民就会选择自发退出宅基地。实践证明，经营性用地的收益高于非经营性用地，私下交易的不规范成本也将随着市场发育

---

①　顾湘：《农村集体建设用地流转的博弈分析与制度改进》，《经济体制改革》2013 年第 1 期。

程度的提高而逐渐减少。因此，退出宅基地带来的收益大于不退出，农民在该环节的最优选择是自发退出宅基地。进一步而言，当农民不确定政府对其自发退出行为是默认还是打击时，农民自发退出宅基地的期望收益为：

$$ER_F = (1 - P_2)fF(X_3) + P_2fF(X_4)$$
$$= (1 - P_2)(R - C_{F2}) + P_2(R - C_{F2} - C_{F3}) = R - C_{F2} - P_2C_{F3} \quad \text{⑥}$$

在追求自身效用最大化的前提下，农民自发退出宅基地要求：$R - C_{F2} - P_2C_{F3} > 0$。因此，农民是否选择退出宅基地取决于 $R$、$C_{F2}$、$P_2$、$C_{F3}$ 等因素。农民退出宅基地收益越高、交易成本越低、可能被打击的风险越小，就越可能选择进入宅基地退出市场策略；当农民认为地方政府会采取打击行动，且承受的风险成本足够大时，农民会放弃进入宅基地退出市场。

结合子博弈（1）（2），根据上述地方政府和农民的行为决策，当前农民自发退出宅基地博弈的均衡取决于宅基地交易均价 $R$、交易不规范成本 $C_{F2}$、风险成本 $C_{F3}$、政府收益增量 $R_{G1}$、监督执法成本 $C_{G2}$ 及概率 $P_2$ 等参数。经济发展水平越高、距离城市中心越近的区域，$R$ 值越高；土地市场越成熟，$C_{F2}$ 值越低；$C_{F3}$ 受到 $C_{G2}$、$P_2$ 的影响。随着农民物权意识的觉醒、宅基地退出政策的逐渐放松且对地方政府监督考核的加强，地方政府的监督执法成本 $C_{G2}$ 加大，农民被打击的概率 $P_2$ 降低，风险成本 $C_{F3}$ 减小。$R_{G1}$ 受实际增加的城市建设用地需求的影响。实际上，虽然农民的宅基地退出行为可能会多少分割地方政府的垄断收益，但也将为地方提供更多的税收来源并有助于缩小城乡收入差距、促进城乡社会融合等[①]，对收益、损失的权衡最终影响政府默认或打击的策略选择。

2. 政府主导宅基地退出的利益博弈求解

（1）政府主导退出决策。在追求效用最大化的前提下，地方政府

---

① 严金海：《农村宅基地整治中的土地利益冲突与产权制度创新研究》，《农业经济问题》2011 年第 7 期。

是否愿意推动宅基地退出取决于政府和农民的联合决策行为。在子博弈（3）中，地方政府选择进入宅基地退出市场时，对农民而言，其行为选择是同意或阻挠，这取决于不同行为选择下的效用函数 $fF(X_1)$ 和 $fF(X_2)$。当 $\lambda_1 R \geq \lambda_2 R - C_{F1}$ 时，农民选择同意；当 $\lambda_1 R < \lambda_2 R - C_{F1}$ 时，农民选择阻挠。因此，农民是否阻挠取决于农民的预期收益及阻挠成本。在地方政府和农民都严格追求自身效用或潜在收益最大化的假设前提下，随着对农民权益的重视，多数地方政府采取劝说和协商等方式解决问题，在这种情况下农民阻挠所获补偿往往会高于地方政府初期预设的较低的置换补偿，即 $fF(X_2) > fF(X_1)$。同时可以理解，基于当前城乡二元土地制度，享有垄断供给地位的地方政府若实施成功宅基地退出，无论农民同意还是阻挠，其预期收益都将大于给予农民的各项补偿。

在农民同意的情况下，地方政府主导宅基地退出的预期收益为：

$$fG(X_1) > fF(X_1)，也就是 R - \lambda_1 R > \lambda_1 R \Rightarrow R > 2\lambda_1 R \qquad ⑦$$

在农民阻挠的情况下，地方政府主导宅基地退出的预期收益为：

$$fG(X_2) > fF(X_2)，也就是 R - \lambda_2 R - C_{G1} > \lambda_2 R - C_{F1} \Rightarrow R > 2\lambda_2 R + C_{G1} - C_{F1} \qquad ⑧$$

⑦⑧两个不等式表明在地方政府主导宅基地退出的收益分配中，地方政府的增值收益是农民收益的 2 倍左右。这也进一步印证了当前被普遍认同的结论：在宅基地退出的收益分配中，地方政府部门得到土地收益的 60%～70%，农民及村集体得到 30%～40%（其中，村级组织占 25%～30%，农民仅占 5%～10%）。这也正是地方政府积极推动宅基地退出而农民往往进行抗争，双方经过讨价还价最终实现宅基地退出这一现象的成因。当然，地方政府是否主导宅基地退出主要取决于宅基地退出能够获取的预期收益大小：

$$
\begin{aligned}
ER_G &= (1 - P_1)fG(X_1) + P_1 fG(X_2) \\
&= (1 - P_1)(R - \lambda_1 R) + P_1(R - \lambda_2 R - C_{G1}) \\
&= [1 - (1 - P_1)\lambda_1 - P_1\lambda_2]R - P_1 C_{G1} \qquad ⑨
\end{aligned}
$$

地方政府推进宅基地退出要求 $ER_G > 0$，且受 $R$、$\lambda_1$、$\lambda_2$、$P_1$、$C_{G1}$

等因素影响。宅基地退出收益越高、农民阻挠概率越小、支付给农民的补偿比例及消除农民阻挠的成本越低，地方政府越倾向于进入宅基地退出市场。

结合上述地方政府和农民的行为决策，概括来说，当前政府主导宅基地退出的博弈均衡主要取决于宅基地上市交易均价 $R$、农民补偿比例 $\lambda_1$、$\lambda_2$，农民阻挠成本 $C_{F1}$ 及概率 $P_1$，政府消除农民阻挠的成本 $C_{G1}$ 等参数。前述对农民自发退出宅基地的博弈均衡产生影响的外部环境或制度等因素，在这里同样发挥作用。经济发展水平越高的区域，$R$ 值越高；农民的物权意识和谈判能力越强，$\lambda_1$、$\lambda_2$ 越高，$P_1$ 与农民的受偿比例成反比；农民的信息获取渠道越通畅及组织化程度越高，$C_{F1}$ 越低；$C_{G1}$ 受农民阻挠程度及中央政府有关农村宅基地退出政策收紧或放松的影响。另外，值得说明的是，虽然政府出让收益越高、支付给农民的补偿比例越低、消除农民阻挠的成本越小，越易形成政府主导模式，但农民受偿比例越低，农民阻挠的可能性进而政府消除阻挠的成本就越大。当消除农民阻挠的成本足够大以及增加对农民的补偿后，政府所获收益小于零时，政府将放弃主导宅基地退出。因此，政府主导宅基地退出的关键是要确定合理的农民受偿比例。

（2）政府主导下不同模式的形成逻辑。政府主导宅基地退出，是实物退出还是指标流转退出，主要取决于地块出让收益，特别是受地块地理区位的影响。在博弈论分析框架下，不同模式或制度安排的形成，其实是各种互相冲突的力量互相抗衡和妥协的过程[①]。因此，分析直接相关利益主体的行为趋向，即可大致勾画出不同模式的形成逻辑。

在天津模式和新乡模式中［见图 3 - 6（a）］，项目实施限定在城市近郊或周边，此处土地具有较高的收益潜力。因此，政府和农民都有进入土地市场的动力。通过宅基地复垦产生的建设用地指标与具体地块相捆绑，对于单个农户来说，其退出的地块面积有限，细碎化的地块也影响开发商的购买意愿，从而将直接影响退出农户在市场上的竞争力。为

---

① 马凯、梁流涛：《我国集体非农建设用地市场演化的逻辑》，《农村经济》2009 年第 3 期。

了使退出的地块形成规模化，集体经济组织的村民要签订集体退地的契约，无疑面临很大的交易成本。这既包括退地前搜寻具有退地意愿农户的成本，也包括所退出的建设用地能否实现交易以及交易中的"小数目问题"。这将打破农民的先期优势，降低农民的收益预期。而通过政府主导城乡建设用地置换，推动农村宅基地拆迁、复垦和农民集中居住来获得建设用地指标，一方面，政府既能实现耕地保护目标，也可以通过将节余的土地进行出让与经营开发等市场运作以满足经济社会发展对建设用地的需求，获取资金收益，增加财政收入，推动小城镇建设；另一方面，对农民而言，既可以获得较多的实物和货币补偿，还可以优先获得就业岗位，享受相关社保服务。

在重庆模式中［见图 3 - 6（b）］，项目实施将远郊农村用地纳入置换范围，而边远地区的土地不具有区位优势，土地潜在收益低。相比天津模式和新乡模式，考虑到宅基地复垦所需资金、对退地农民的拆迁补偿等，此时政府直接实施实物退出的动力明显不足。但通过将远郊宅基地复耕来置换城市近郊建设占用耕地的指标，无疑为政府获得土地发展权收益提供了新的契机。对地方政府而言，既可以在避免农村建设用地闲置浪费的同时缓解城市建设用地的压力，也能够实现耕地保护，促进农村地区经济发展，同时还可以参与农村宅基地退出的增值收益分配。对农民而言，因其处于经济发展较为落后的地区，市场需求不足，以建设用地指标跨区域流转为特征的"地票"交易为其获得相应的土地资本化收益提供了一种途径。同时，由于这些地区原有的闲置土地本身并不能提供任何收益，农民退地的机会成本很低，农民具有置换的动力和激励。以上分析可以解释：城市远郊地方政府的补偿标准较低，而农民在仅能获得建设指标出让收益却无法获得土地未来增值收益时，依然愿意接受这一模式下的利益补偿标准。

当然，正如前文所述，在地方政府和农民追求自身效用最大化的假设前提下，地方政府往往初期预设降低补偿标准，而农民也将进行阻挠以争取更多利益。因此，政府主导下两种不同模式的形成也将经历讨价还价过程，特别是部分地区的农户直接以宅基地上所建房屋、厂房等形

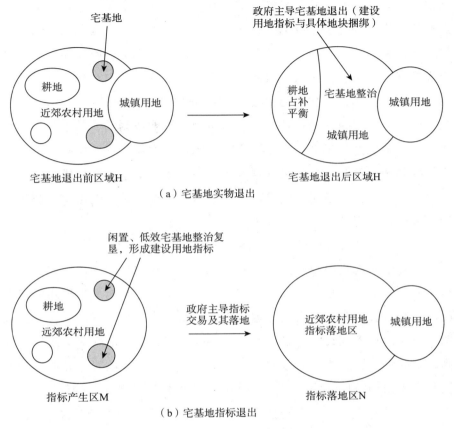

（a）宅基地实物退出

（b）宅基地指标退出

**图 3 - 6　政府主导宅基地退出**

式进行出租流转，能够获取较高收益且具有可持续性，此时政府强制主导宅基地退出将会受到农民阻挠，其双方博弈过程及可能结果如前文分析。

## 五　分析结果及启示

农村宅基地退出因具体操作方法或路径不同演绎为不同的实践模式。从时间维度来考察，农村宅基地退出具有农民自发退出、"宅基地换房"、指标捆绑挂钩和"地票"交易等基本模式。通过对各实践模式在配置广度、交易机制、权属变化、农民权益保障等方面进行横向对比，本书认为，各地因采取的方法与路径不同，所产生的效应及显著程度也不同。从实践模式的纵向演进过程来看，农村宅基地退出形成了一条从禁止退出到探索主导退出，从近距离的实物退出到远距离的指标退出的演进路径。宅基地退出治理也经历了政府治理边界收缩而市场治理边界扩张，最终收敛于市场机制主导交易的过程，其内在动力是经济主体寻求土地报酬最大化，也是土地收益分配格局调整的结果。实际上，农村宅基地退出模式的变迁轨迹受多重因素影响或制约，其不仅是经济主体寻求最优经济机会的结果，也是市场经济发展、资源稀缺性以及政府偏好和选择性政策的结果，这些影响因素成为宅基地退出模式变迁的外部推力。根据上述研究结果以及基于博弈论对宅基地退出模式演进机理的分析，可得到以下启示。

1. 农村宅基地退出模式的选择应因地制宜

农村宅基地退出模式的形成受多种因素的影响与制约。不同地区经济发展水平、农民权益诉求等的差异，决定农村宅基地退出模式的选择应因地制宜，以充分实现宅基地退出的总收益或社会福利。前述分析表明，在城市近郊或经济发达地区，地方政府与农民对宅基地退出均有较高的积极性，因各影响参数向度和力度的差异，形成政府主导退出和农民自发退出两种博弈均衡。但在政府主导模式下，最终策略组合为政府进入、农民阻挠，造成宅基地退出收益被各种阻挠成本所损耗。因此，在城市近郊或经济发达地区可探索市场主导模式，允许农民与用地单位直接谈判交易；而城市远郊或经济欠发达地区因不具备区位优势，宅基地需求潜力不足，此时可发挥政府的信息优势与引导作用，采取政府主导推动模式。

2. 农村宅基地退出模式演进应遵循利益平衡

农村宅基地退出模式是围绕利益博弈而形成的。实践顺利推进及土地资源优化配置目标实现的关键是要协调与平衡各种利益关系，尤其是要保护好退地农民的利益。但实践证明，虽然政府主导宅基地退出能够为城市远郊的农民获得土地资本化收益提供途径，但退地农民仅能一次性获得出让建设指标的收益，农民与政府作为宅基地退出收益分配主体的地位差异较大，可能引起农民的抵触情绪。因此，农村宅基地退出模式的演进应遵循利益平衡，特别是在政府主导模式下，应充分保障农民的土地财产权益，提高农民房屋拆迁补偿标准，以实现土地资源可持续利用和社会和谐发展。

3. 构建城乡统一建设用地市场是改革方向

农民追求自身收益最大化以及政府监督成本高昂致使农民自发退出宅基地的现象普遍存在，而隐形交易必然存在大量风险。随着农民物权意识的觉醒和维权能力的增强，政府主导或强制宅基地退出将可能遭受农民的强力阻挠，也必将损耗宅基地退出收益。因此，农村宅基地市场化退出、构建城乡统一建设用地市场是未来农村土地制度改革的方向和目标；农村宅基地退出制度改革不仅应强调以农民为交易主体的市场竞争性原则，还应突出建设用地异地退出，以充分发挥土地资源的区位优势，实现土地报酬的最大化。

## 第二节　"三块地"改革背景下宅基地退出模式

### 一　宅基地退出模式总结

按照党中央、国务院的部署要求，2015 年国土资源部正式启动农村土地征收、集体经营性建设用地入市、宅基地制度改革试点，俗称"三块地"试点改革。自 2015 年开展宅基地制度改革试点以来，全国共有 33 个县（市、区）被列入试点地区。截至 2018 年，33 个试点县（市、区）共腾退零星、闲置的宅基地约 14 万户、8.4 万亩，办理农房抵押贷款 5.8 万宗、111 亿元[①]。根据《关于农村土地征收、集体经营性建设用地入市、宅基地制度改革试点工作的意见》中有关"允许进城落户农民在本集体经济组织内部自愿有偿退出或转让宅基地"的要求，试点地区结合本地实际情况，坚守改革底线，坚持"一户一宅、

---

① 《国务院关于农村土地征收、集体经营性建设用地入市、宅基地制度改革试点情况的总结报告》，中国人大网，2018 年 12 月 28 日。

面积法定"的基本原则，统筹推进农村各项改革和加快推进新型城镇化发展，探索和建立了宅基地自愿有偿退出机制，形成了可借鉴的宅基地有偿退出实践经验。其中，受到政府部门和学术界较多关注的有西部的宁夏平罗，中部的河南长垣、江西余江，以及东部的浙江义乌，它们在实践中形成了颇具特色的改革模式，分别被誉为"平罗经验"、"河南经验"、"余江样板"与"义乌智慧"。

**（一）宁夏平罗：宅基地收储式退出**

1. 实践背景

宁夏回族自治区平罗县地处宁夏北部引黄灌区。为了落实自治区插花安置的工作要求，结合自治区为每户移民提供 12 万元安置资金和本地农村房屋闲置十分普遍的现实，2013 年平罗县先后制定了《平罗县农民宅基地、房屋、承包地收储参考价格暂行办法》《平罗县农民集体土地和房屋产权自愿永久退出收储暂行办法》，详细说明农村宅基地退出的程序、收储补偿、资金管理与保障机制等内容，并由县人民政府出资 500 万元设立农村宅基地和房屋退出收储基金，启动了收储式宅基地退出试点工作。平罗县在 2015 年 4 月启动的新一轮农村改革试验工作方案中，提出了探索建立农村土地承包经营权、宅基地使用权、房屋所有权"三权"在集体经济组织内部自愿转让和村集体收储的农村土地退出机制，以盘活农村宅基地和房屋资源，促进外出务工农民的市民化。结合本地实际情况，2016 年平罗县先后出台《平罗县农村宅基地制度改革试点工作实施方案》《平罗县农村闲置宅基地处置管理暂行办法》《平罗县农村宅基地自愿有偿退出管理暂行办法》等，为宅基地退出提供了相对完整的制度保障。历经多年探索，平罗县逐渐形成了以村集体主导的收储式宅基地有偿退出模式，且被外界称为"平罗经验"。2018 年，全县新退出 54 宗闲置、零星宅基地，腾退建设用地指标 112.9 亩，累计清理腾退闲置建设用地 790 宗、1300 亩[①]。

---

① 余永和：《农村宅基地退出试点改革：模式、困境与对策》，《求实》2019 年第 4 期。

2. 操作程序

依据《平罗县农村宅基地自愿有偿退出管理暂行办法》以及其他配套法规政策，平罗县农村宅基地退出的具体程序包括申请前提、申请审核、价值评估、交易鉴证、收储补偿、注销登记，具体如图 3 - 7 所示。

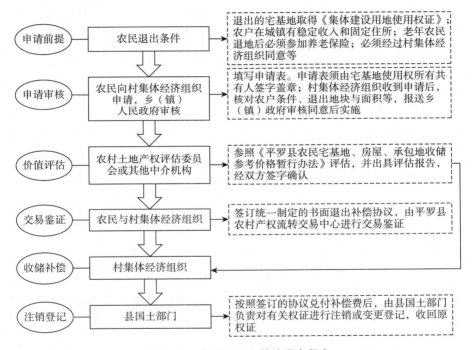

图 3 - 7 宁夏平罗宅基地退出程序

3. 特点与问题

该模式具有以下四个突出特点。

（1）根据《平罗县农村产权确权登记颁证工作实施方案》，完成农村土地和房屋确权发证工作成果，做好宅基地有偿退出的前期基础工作。

（2）农民自愿有偿退出宅基地与移民易地搬迁安置相结合，采取"大分散小集中"、闲置宅基地整队退出安置移民等方式，盘活利用进城农民的闲置宅基地，将生态移民插花安置在现有村组，形成了"本

地农民自愿有偿退出、生态移民分散插花安置"的格局。

（3）制定多元有偿退出方式，注重分层分类有序推进，满足多种需求。其中，农民如果选择永久退出全部"三权"落户城镇，就必须同时放弃村集体经济组织成员的身份，可一次性享受村集体收益的分配权。

（4）政府完善农民向市民转变所需的住房、就业、养老等保障政策，积极探索"以地养老"机制。依据《平罗县老年农民自愿退出转让集体土地和房屋产权及社会保障暂行办法》，允许老年农民自愿退出"三权"，再利用退出"三权"的补偿费换取养老服务。

该模式具有以下三个讨论焦点。

（1）退出补偿资金缺口。平罗县由村集体经济组织收储宅基地，但所需的大量资金主要依靠政府垫资，包括移民安置资金和收储资金。最初开展农村宅基地退出和政府收储工作，其主要目的是解决生态移民的插花安置问题。自治区政府为每户移民提供12万元的安置资金，这些移民安置资金大大缓解了平罗县土地收储的财政压力。平罗县最初能够顺利实施土地收储政策，实际上也是利用了宁夏回族自治区插花安置生态移民的有利政策。当2016年插花安置工作全部完成后，平罗县的土地收储模式立即陷入资金短缺的窘境，导致集体收储的不可持续性。

（2）20%机动地留下政策投机的隐患。考虑到退地农民进城可能遇挫，平罗县为彻底退地的农民制定了重新承包保障办法，即村集体经济组织预留20%的收储土地作为机动地，对确实无法在城市生活而想回村务农的原村民，可以经批准按照协议退回补偿款后，重新承包不大于原面积的土地。这固然可以减少改革的政治风险，但也可能留下政策投机的隐患。另外，如果允许退地进城的农民再次承包土地，则与《土地管理法》规定的农民退出宅基地后，不得再次申请宅基地在政策上难以耦合。如何处理好平稳性与彻底性的关系，需要在推进改革时深入思考。

（3）政府收储式退出面临资金缺口，以地养老模式难以为继，无法满足老年农民"离农弃地"后老有所养的需求,老年农民参与的积极性不高。

### (二) 河南长垣:差异化退出与复垦券

#### 1. 实践背景

河南省作为传统农业大省,不仅属于人口大省,也是全国粮食生产核心区,这就使得快速城镇化过程中的人地矛盾更为突出。因此,在河南省探索"三块地"改革,对于在不破坏耕地、不危及粮食安全的前提下推进农村土地制度改革,具有十分重要的试点意义①,而长垣是国家选取的 33 个"三块地"改革试点中代表河南省的唯一试点。长垣地处河南省东北部,隶属新乡市。在宅基地改革前,同中部地区大多数农村一样,长垣普遍存在面积超标、"一户多宅"、生活环境脏乱差等现象。为深化农村宅基地制度改革,促进美丽乡村建设,长垣开展农村宅基地退出和整治,充分盘活农村闲置宅基地资源,在远郊村、城郊村、城中村和黄河滩区村等不同类型的村,实施差异化农村闲置宅基地利用策略。对于远郊村,严格按照"一户一宅"政策,推动农村宅基地有偿退出,提高宅基地利用效率。对于城郊村,通过"统规统建"实施村庄整合,建设新型农村社区,落实"一户一宅",引导农民适度集中居住,改善农村公共服务设施。截至 2018 年,已整合村庄 42 个,建设新型农村社区 18 个,节约腾退土地 4300 亩②。对于城中村,以改造和入市为抓手,推动农村宅基地退出入市,引入外部资本,对旧村实施改造,改善农村居民的居住环境。对于黄河滩区村,根据国家滩区迁建政策,结合宅基地制度改革,实施易地搬迁,将黄河滩区 22 个村庄搬迁至县城周边集中安置。另外,在宅基地退出过程中,如果农民选择自愿无偿退出,其农户资格权(宅基地分配权)予以保留;农民有偿退出

---

① 陈卫华、吕萍:《产粮核心区农村土地三项改革:经验、难题与破解》,《农村经济》2019年第 9 期。

② 刘俊杰等:《深化农村宅基地制度改革亟须解决的几个问题》,《农村经营管理》2020年第 1 期。

或转让宅基地后，其农户资格权不再保留。退出的宅基地按照村级规划重新合理安排使用或进行复垦。

2016 年河南省颁布《关于我省宅基地复垦券在省域内公开交易全力支持易地扶贫搬迁等工作有关问题的通知》，创造性地建立了宅基地复垦券制度。宅基地复垦券是指贫困县和黄河滩区居民迁建规划地区腾退的宅基地扣除自身安置用地后节余的农村建设用地指标，其实质仍是城乡建设用地增减挂钩节余指标。2016 年，长垣被河南省确定为黄河滩区居民迁建第二批试点区域之一。长垣实行"以奖代补"，激发群众自主搬迁的主动性。黄河滩区居民迁建后宅基地拆旧复垦所产生的增减挂钩节余指标，扣除自身安置用地后，形成复垦券在全省范围内进行交易。这为脱贫攻坚和黄河滩区居民迁建筹集了资金，把贫困地区"沉睡"的土地资源转换为助力乡村振兴的资本。

2. 操作程序

根据 2018 年《长垣县农村宅基地有偿使用、流转和退出暂行办法（试行）》，宅基地退出程序具体如图 3 - 8 所示。

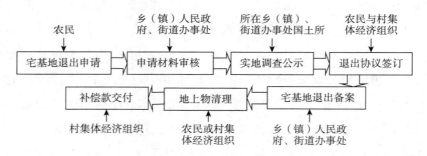

**图 3 - 8 河南长垣宅基地退出程序**

《长垣县农村宅基地有偿使用、流转和退出暂行办法》明确规定，"棚户区、城市拆迁、滩区迁建范围内的村庄不适用本办法"。实际上，滩涂移民迁建是典型的政府行为。前期涉及调查摸底、安置区设计建设等，之后发布迁建公告，在农民退出宅基地、搬入政府安置点后，长垣市国土部门按照有关规定统一将腾退的宅基地复耕，长垣市级政府将产生的节余指标作为宅基地复垦券在省级平台交易。复垦券拍卖交易的溢价部分可以直接通过专用账户拨付至易地扶贫搬迁群众。

3. 特点与问题

该模式具有以下两个突出特点。

（1）宅基地整宗自愿退出的实行有偿退出，未整宗自愿退出的不进行补偿，但退出面积超过 167 平方米的实行有偿退出。宅基地退出只对土地进行补偿，对地上房屋原则上不再补偿。宅基地自愿退出的农民，可享受优先保障性住房的优惠政策。

（2）宅基地复垦券的本质是农村集体建设用地变更用途后的土地发展权转移。村集体把农民退出的宅基地复垦为一定数量的耕地，这部分耕地就转化成相应数量的复垦券，复垦券经由市场化机制转移到城市，成为获取相应数量国有建设用地的前提[1]。

该模式具有以下四个讨论焦点。

（1）对于自愿有偿退出，大多数农民的积极性不高。少数宅基地退出后，由于位置不动，复垦出的耕地依然分散，不能形成集中连片耕地，质量上也难以达到同等耕地标准[2]。

（2）农村路、水、电等基础设施建设缺口依然存在，加上乡村规划的滞后或缺失，导致农村基础设施建设存在较大短板。

（3）滩区移民迁建是典型的政府行为。尽管各地在制度推行中均比较强调自愿搬迁原则，但在宅基地退出过程中，集体经济组织和地方政府等为了实现移民迁建目标，容易忽视农民的知情权和参与权。

（4）农村宅基地复垦券的产生要经历复垦、验收、申报、拍卖等一系列环节，落地周期较长。这就使得如果用复垦券交易所获收益去统筹解决安置区建设、原村庄拆除复垦、耕地提质改造等项目，将可能面临资金不到位、项目实施滞后的情况。

---

[1]　梁迪等：《河南省宅基地复垦券价格形成机制研究》，《中国物价》2018 年第 1 期。

[2]　陈卫华、吕萍：《产粮核心区农村土地三项改革：经验、难题与破解》，《农村经济》2019 年第 9 期。

### （三）江西余江：置换货币和住房优惠

#### 1. 实践背景

江西余江（2018年5月余江撤县设区）地处赣东北，下辖19个乡（镇、场）、116个行政村、1040个自然村。截至2018年末，全区户籍总人口39.98万，其中农业人口29.36万，约占73.44%。根据2015年余江区的调查，全区7.3万农户中，"一户一宅"的4.4万户，"一户多宅"的2.9万户，"一户多宅"比例约为40%。在开展试点的乡（镇）范围内，宅基地67433宗，总面积1232.43万平方米，其中闲置宅基地8156宗，面积131.94万平方米，闲置面积比例为10.71%[①]。与此并存的是，村庄新增宅基地没有空间，新分户家庭难以再申请获得宅基地。

作为全国33个农村宅基地制度改革试点县（市、区）之一，从2015年8月起，余江开始以纵深推进宅基地制度改革为主抓手，力促乡村全面振兴，先后出台《余江县农村宅基地有偿使用、流转和退出暂行办法》等22项宅基地管理制度，乡（镇）制定《村民事务理事会管理办法》等11项运行办法，村组拟定了《集体经济组织成员资格的认定》等7项操作实施办法，初步形成了区、乡、村宅基地管理制度体系。截至2018年底，余江共退出宅基地34161宗、4568亩，其中无偿退出26474宗、3495亩，有偿退出7687宗、1073亩，村集体收回的宅基地可满足未来10～15年村民的建房需求[②]。通过宅基地退出改革，解决了全区宅基地的历史遗留问题，盘活了集体建设用地，显化了农民宅基地的财产权益。余江对农村宅基地退出机制的探索和创新，为改革完善宅基地管理制度提供了可借鉴的实践经验，为欠发达地区加强宅基地管理提供了"余江样板"。

#### 2. 操作程序

余江农村宅基地退出的程序具体如图3-9所示。

---

① 浙江省农村宅基地制度改革政策研究课题组：《农村宅基地"三权分置"的实践探索》，《浙江经济》2019年第24期。

② 余永和：《农村宅基地退出试点改革：模式、困境与对策》，《求实》2019年第4期。

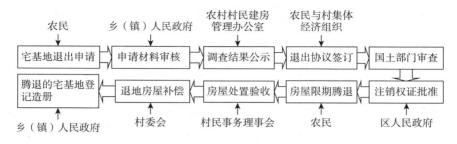

图 3 - 9 江西余江宅基地退出程序

3. 特点与问题

该模式具有以下两个突出特点。

（1）对于农民自愿有偿全部退出宅基地或放弃申请建房资格进城落户的，保留原有农村待遇不变，其土地承包经营权、林权、自留山、自留地可委托集体经济组织流转，除了宅基地退出补偿标准可上浮20% 外，还可以根据《余江县深化农村宅基地制度改革促进农业转移人口市民化实施方案（暂行）》《农村村民退出宅基地进城购买安置房方案》等政策，享受政府在住房、教育等方面的优惠政策。同时，余江也在探索以"空间换时间"的土地配置模式，即退出全部宅基地的农户，15 年后仍可重新获得宅基地使用"权证"。

（2）村民自治组织即村民事务理事会在宅基地管理和改革中发挥了巨大的作用。由群众民主推荐、民主协商，在全区 1040 个自然村组建了村民事务理事会，推选出 8752 名由村两委成员、村乡贤和村民共同组成的理事会成员，并赋予理事会在宅基地管理方面的职权，发挥理事会在有偿使用费收取、宅基地退出、宅基地管理等方面的作用，集体讨论、集体决策、集体执行。村民事务理事会主要负责推进宅基地制度改革事宜。在具体实施过程中，村民事务理事会在了解本集体经济组织情况的基础上，因地制宜地制定和实施适合本集体经济组织特色的改革方案。根据本村实际，经村民事务理事会商讨确定住房补偿标准，出台鼓励措施。村民事务理事会的建立是余江宅基地制度改革的重要成果之一，不仅为农村宅基地制度改革提供了保障，也强化了农村基层组织建设在农村发展中的地位和作用，规范和完善了农村发展的社区组织、乡村文化和村规民约等。

该模式具有以下两个讨论焦点。

（1）余江主要由村民事务理事会负责涉及宅基地制度改革的资金平衡与管理事宜，但仅靠村集体经济组织的力量，要做到收支平衡并不容易。其中，余江宅基地制度改革的资金来源主要包括宅基地有偿使用费、宅基地择位竞价费和村民自筹（包括村民集资、社会捐资与乡贤垫资等）；宅基地制度改革的资金支出主要包括宅基地有偿退出补偿费用、"一户多宅"和违规建筑物强制拆除清理费用和宅基地增值收益分红。从上述收支项目可看出，单靠村民事务理事会的财务能力，很难承担宅基地顺利退出的开支。实际上，地方政府的增减挂钩和土地整治项目、美丽乡村计划等涉农项目，也为宅基地制度改革提供了重要的资金来源。

（2）余江为退地后进城遇挫的农民预留了后路，为其颁发15年后生效的宅基地使用"权证"。这固然可以减少改革的政治风险，但也增加了政策投机隐患。同时余江通过宅基地制度改革，现有宅基地能够满足村民未来 10~15 年的建房需求。如果已经进城的农民返乡申请宅基地，则15年后的宅基地可能会趋于紧张。如何实现改革的平稳性和可持续性需要继续思虑。

**（四）浙江义乌：从城乡新社区集聚建设到"集地券"市场化**

1. 实践背景

义乌市地处浙江省中部，是以商贸服务业等第三产业为主、城镇化率高达 77.6% 的国际商贸城市。长期以来，义乌市的小商品经济发达，许多村民进入城市生活和居住，导致城市土地资源捉襟见肘，大量外来务工人员的增加、经济结构调整和转型升级步伐的加快，使城乡建设用地供需矛盾日益突出，并出现了城乡两头争地的局面。如何立足于存量挖掘，破解城市发展用地日益紧张而农村建设用地闲置低效的僵局，成为义乌市经济社会发展急需解决的问题。自 2015 年以来，义乌市以宅基地制度改革为战略契机，结合地方经济社会发展实际，在颁布实施《关于推进农村宅基地制度改革试点工作的若干意见》的基础上，先后出台《义乌市"集地券"管理暂行办法》《义乌市"集地券"管理细则（试行）》《"集地券"挂牌交易细则（试行）》等配套文件，逐步完善了"集地券"管理制度，积极探索宅基地减量化管理路径和宅基地有偿退出机制。在探索宅基地有偿退出机制的过程中，义乌市先后实施了城乡新社区集聚建设与"集地券"制度，促进了城乡统一建设用地市场的形成和城乡协调发展。截至 2017 年 12 月，义乌市已累计回购"集地券" 130.24 公顷，统筹用于民生和产业项目，为村集体和农民累计增加收入近 4 亿元，让村集体和农民都分享了宅基地制度改革中的土地收益[①]。

2. 操作程序

（1）城乡新社区集聚建设。依据义乌市《城乡新社区集聚建设实施办法（试行）》《城乡新社区集聚建设实施细则》，义乌市城乡新社区集聚建设主要是指针对农民散居导致宅基地浪费的现状，通过多部门配合协作，将许多零散的村庄进行集中联建[②]（见图 3 - 10）。农民将自己的宅基地置换为"高层公寓加产业用房、商业用房、商务楼宇、货币"等多种形式，政府将农民纳入城镇保障体系，使之与城镇居民享受同等待遇，从而推动农村向社区转变、农民向市民转变。该模式宅基地的退出范围包括义乌市城镇规划红线范围内的 281 个村，由多村集中联建安置到 55 个集聚区。上述两个文件详细规定了城乡新社区集聚建设的实施程序（见图 3 - 11）。

（2）"集地券"变现。根据《义乌市"集地券"管理暂行办法》等文件，"集地券"是在符合规划的前提下，将农民退出的宅基地复垦为耕地等农用地，经验收合格后折算为建设用地指标，在预留农村发展需要

---

① 张勇：《农村宅基地有偿退出的政策与实践》，《西北农林科技大学学报》（社会科学版）2019 年第 2 期。

② 王婧：《城乡建设用地统筹置换机理与模式》，科学出版社，2017。

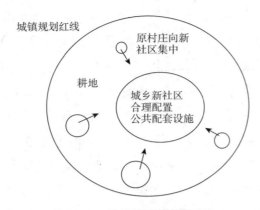

**图 3 - 10　城乡新社区集聚建设**

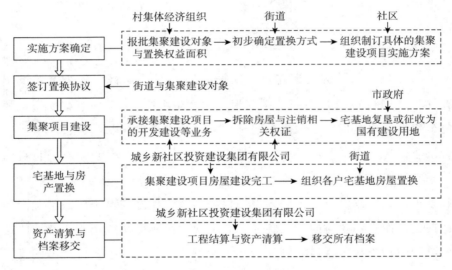

**图 3 - 11　城乡新社区集聚建设实施程序**

用地后，节余部分由市自然资源和规划局发放"集地券"，即建设用地指标凭证。"集地券"可以在全市资源要素交易平台上进行交易，在符合规划与用途管制的前提下，"集地券"可以在市域范围内统筹使用。义乌市的"集地券"制度实际上是城乡建设用地增减挂钩制度的新形态，是在积极借鉴实施城乡建设用地增减挂钩政策和重庆"地票"交易模式经验的基础上形成的。"集地券"的具体实施程序如图 3 - 12 所示。

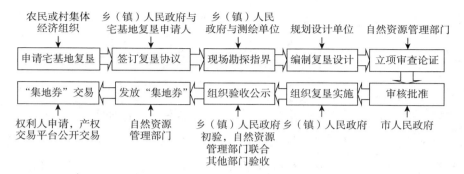

**图 3 - 12　"集地券"实施程序**

3. 特点与问题

该模式具有以下两个突出特点。

（1）相比于重庆的"地票"交易模式，义乌的"集地券"政策在吸收增减挂钩政策经验的基础上发展而成，"集地券"在政府设定的交易平台上，可以通过挂牌或者拍卖方式自由交易，制度设计的市场化程度更高。针对农民退出宅基地所形成的"集地券"，由政府按每平方米600元的保护价兜底回购，最大限度地保障农民的土地权益。

（2）按照不同条件，"集地券"分别归农民、村集体经济组织与政府所有。政府通过"集地券"获得的收益用于社区住房建设、宅基地复垦和土地开发。

该模式具有以下两个讨论焦点。

（1）在城乡新社区集聚建设中，农民置换后的居住用房、产业用房与商业用房都属于国有土地，腾退后的村庄也被征收为国有土地，这也就意味着将集体土地转变为国有土地。这种土地权属的转变一旦实施就几乎难以逆转，因此在更多地区推广要慎之又慎。

（2）义乌市属于东部发达地区，建设用地指标经常供不应求，通过"集地券"交易能保证宅基地制度改革具有稳定的资金来源；市政府拥有相对雄厚的财政实力，也可以为"集地券"兜底。上述两点在许多中西部地区难以满足，要在中西部地区特别是距离城市较远的中西部地区推广此模式具有较大难度。

## 二 宅基地退出模式比较

以上对宁夏平罗、河南长垣、江西余江和浙江义乌四个地区的农村宅基地退出实践模式进行了总结，接下来进一步从实施目标、实施主体、实施对象、资金来源等方面分析它们存在的差异，具体如表3-3所示。

从实施目标和实施成效来看，宁夏平罗以盘活农民进城后的闲置宅基地及插花安置从其他县迁移过来的生态移民为目标，借助自治区移民补贴进行收储，较好地发挥了移民搬迁安置资金的撬动作用，实现了宅基地有偿退出与农业人口转移进城的有机联动，为涉及移民搬迁的地区提供了借鉴。河南长垣为建设美丽乡村和实施黄河滩区移民迁建，通过探索宅基地退出机制，改善了农村社会基础设施建设和农民居住环境。复垦券为黄河滩区移民迁建筹集了资金，改善了生态环境。江西余江以遏制农村"多、大、乱、空、违"，即"一户多宅"、农民建房面积大、散乱无序、空心化严重、违章建房等乱象为目标，通过村民自治组织有效推动宅基地退出，解决了宅基地的历史遗留问题，盘活了农村闲置宅基地和农房，增加了农民的财产性收入。余江的宅基地制度改革为欠发达地区加强宅基地管理提供了"余江样板"，受到原国土资源部领导的充分肯定，认为其试点改革"走在了全国前列，发挥了示范作用"。浙江义乌以盘活农村存量建设用地和破解城市发展用地供给紧张难题为核心目标，通过创新统筹城乡建设用地，实现了农民的宅基地财产权收益，也为东部发达地区盘活农村存量建设用地、突破城镇发展空间瓶颈提供了有益的借鉴。

从实施主体和资金来源来看，宁夏平罗在县政府插花安置生态移民政策下，由村集体经济组织具体负责组织实施宅基地退出。宅基地退出补偿资金由政府承担，主要来源于自治区政府提供的移民安置资金和土地收储资金。河南长垣一般农村宅基地退出，由村集体经济组织负责相关事宜如房屋拆除及补偿款支付，补偿资金来源于村集体收取的宅基地有偿使用费及政府的财政补贴，而黄河滩区移民迁建则由地方政府负

表 3 – 3 "三块地"改革背景下宅基地退出模式比较

| 退出模式 | 实施主体 | 实施目标 | 实施对象 | 资金来源 | 突出特征 | 实施成效 |
| --- | --- | --- | --- | --- | --- | --- |
| 宁夏平罗：宅基地收储式退出 | 村集体经济组织 | 盘活闲置宅基地和插花安置移民 | 在城镇有稳定收入和固定住所的农民 | 移民安置及土地收储资金 | 退出"三权"须放弃集体经济组织成员身份 | 农民宅基地退出与进城的联动，为涉及移民搬迁的地区及地区提供了借鉴 |
| 河南长垣：差异化退出与复垦券 | 村集体经济组织、地方政府 | 建设美丽乡村和实施黄河滩区移民迁建 | 违规用地、自愿退出和黄河滩区的农民 | 宅基地有偿使用费及政府财政 | 依不同区位实施差异化退出和复垦策略 | 为中部地区农村土地制度改革提供了鲜活样板 |
| 江西余江：置换货币和住房优惠 | 村民事务理事会 | 遏制宅基地使用乱象 | "一户多宅"、面积超标的农民 | 宅基地有偿使用费及乡镇垫资等 | 以空间换时间 | 助推美丽乡村建设，为欠发达地区提供经验借鉴 |
| 浙江义乌：从城乡集聚建设到新社区建设"集地券"市场化 | 地方政府 | 统筹城乡建设用地 | 自愿退出宅基地及旧村改造中的农民 | 政府财政 | 市场化运行，政府保护价 | 破解城乡建设用地供需矛盾，为欠发达地区提供借鉴 |

责督导实施。在江西余江，村民自治组织即村民事务理事会为宅基地改革的实施主体。宅基地退出补偿资金主要来源于宅基地有偿使用费、宅基地择位竞价费、社会捐资、乡贤垫资以及政府的涉农项目资金等。在浙江义乌，由地方政府主导推动实施"集地券"政策，宅基地有偿退出补偿资金主要来源于地方政府财政。

从实施对象和突出特征来看，宁夏平罗明确规定农民申请宅基地有偿退出时应符合"在城镇有稳定收入和固定住所"的前提条件，这表明平罗宅基地退出的实施对象是已经在城镇拥有固定住所并有稳定非农业收入来源的农民。这是其区别于其他宅基地退出实践地区的一个特征。另外，其实施的突出特征还表现在如果农民选择永久退出"三权"落户城镇，就必须同时放弃农村集体经济组织成员的身份。河南长垣规定，如有违规建房、不缴纳使用费、宅基地闲置一年未建设、房屋长期闲置或坍塌两年以上等情况，农民必须无偿退出，其他情况自愿退出。河南长垣宅基地退出模式的突出特征是按照城中村、城郊村、远郊村和黄河滩区村实施差异化农村宅基地退出策略。江西余江为了遏制农村宅基地使用和建房乱象，主要针对"一户多宅"、面积超标的农民实施宅基地有偿退出，但"一户一宅"的农民也可以自愿申请有偿退出。相比于其他地区，余江的突出特征是"以空间换时间"的土地配置模式，反映在为退出全部宅基地进城的农民提供宅基地使用"权证"，允许其15年后仍可重新获得村庄宅基地权利。浙江义乌模式的实施对象主要是自愿退出宅基地的农民以及旧村改造所涉及的农民，其突出特征是将宅基地退出后形成的建设用地指标即"集地券"进行挂牌或者公开拍卖，实施的市场化程度较高，且政府对"集地券"实施保护价兜底回购。

# 第三节 "三权分置"背景下宅基地退出模式

## 一 "三权分置"实施背景

长期以来，农村大量宅基地和农房闲置，"一户多宅"、面积超标等现象较为普遍。在城乡增减挂钩政策和"三块地"改革背景下，很多地区积极探索农村宅基地有偿退出机制。这虽然对盘活农村闲置宅基地发挥了积极作用，但是由于"惜地"情节、对宅基地潜在价值的高期待以及对未来风险的预期等，大部分农民不愿意退出闲置的宅基地。面对此困境，宅基地制度改革如何盘活闲置宅基地、提高其利用效率，同时保障农民"户有所居"并增加其财产性收入呢？实际上，由于既有宅基地实行"两权分离"即宅基地所有权和宅基地使用权分离，其制度设计存在宅基地所有权主体虚置、宅基地使用权兼具身份性和保障性等缺陷，不能达到盘活闲置宅基地的政策目标①。在"两权分离"制度设计不能实现新时期政府预期政策目标的情况下，宅基地"三权分置"应运而生。2018年中央一号文件《中共中央国务院关于实施乡村振兴战略的意见》提出，探索宅基地所有权、资格权、使用权"三权分置"，落实宅基地集体所有权，保障宅基地农户资格权和农民房屋财产权，适度放活宅基地和农民房屋使用权。农村宅基地"三权分置"正式提出，为深化农村宅基地制度改革指明了方向。2018年9月，中共中央、国务院印发的《乡村振兴战略规划（2018~2022年)》再次强调了宅基地"三权分置"的改革要求和宅基地"三权分置"对盘活农村存量建设用地的重要作用。

先前农村宅基地的主要权能有两项，即农民集体所有权和农民使用权，现在细化为三项，即集体所有权、集体经济组织成员资格权及在此资格权上派生出来的使用权。通过"三权分置"，宅基地的成员资格权与使用权分离。宅基地"三权分置"的制度设计在保证宅基地归农民集体所有和保障农民居住权的前提下，通过延长权利配置的链条和增加权利主体的种类，达到合理流转宅基地的效果，既不会对现行宅基地制度造成较大冲击，又能满足各方主体的合理需求。

---

① 陈广华、罗亚文：《宅基地"三权分置"之法教义学分析》，《农村经济》2019年第2期。

## 二 "三权分置"的地方实践

2018 年 12 月 23 日在第十三届全国人民代表大会常务委员会第七次会议上,国务院公布《关于农村土地征收、集体经营性建设用地入市、宅基地制度改革试点情况的报告》。该报告指出:"2018 年中央一号文件作出探索宅基地所有权、资格权、使用权'三权分置'的改革部署后,山东禹城、浙江义乌和德清、四川泸县等试点地区结合实际,探索了一些宅基地'三权分置'模式。但是,目前试点范围比较窄,试点时间比较短,尚未形成可复制、可推广的制度经验,且各有关方面对宅基地所有权、资格权、使用权的权利性质和边界认识还不一致,有待深入研究。因此,建议在实践中进一步探索宅基地'三权分置'问题,待形成比较成熟的制度经验后再进行立法规范。"① 实际上,据相关学者统计,截至 2019 年末,大部分试点地区还处于试点方案出台阶段②。

### (一)山东省与四川泸县的"三权分置"做法

2018 年 7 月,山东省出台《关于开展农村宅基地"三权分置"试点促进乡村振兴的实施意见》,提出积极推进农村宅基地所有权、资格权和使用权"三权分置"试点工作,充分发挥宅基地改革对乡村振兴的促进作用。其核心内容包括:完善集体经济组织对宅基地所有权实现方式,探索保障宅基地农户资格权和农民房屋财产权,探索放活宅基地和农民房屋使用权。在农村宅基地退出方面,强调鼓励有条件的农民自愿有偿退出资格权;对有退出意向但又不想彻底失去宅基地资格权的农民,探索采取"留权不留地"、颁发"地票"期权等方式保留其资格权。探索建立宅基地资格权重获制度,因自然灾害造成宅基地使用权灭失的、进城落户农民自愿将宅基地无偿退给集体的,可以重新获得宅基地资格权。本着"对非法占用的行政强制退出、对合法闲置的经济杠

① 《关于农村土地征收、集体经营性建设用地入市、宅基地制度改革试点情况的报告》,中国人大网,2018 年 12 有 23 日。

② 李悦等:《宅基地"三权分置"的文献综述》,《当代经济》2020 年第 1 期。

杆调节、对自愿退出的合理补偿激励"的原则,探索有偿转让、有偿调剂、有偿收回等方式,引导农村宅基地以多种形式规范有序退出。

在 2018 年中央一号文件提出宅基地"三权分置"前,四川省国土资源厅在《关于服务保障农业供给侧结构性改革加快培育农业农村发展新动能的意见》中创新性地提出:选取有条件的地方试点探索农村宅基地所有权、使用权、占有权"三权分置"办法,培育农村房屋(含宅基地)租赁市场,对进城落户农民自愿退出宅基地予以合理补偿。这里的占有权实质即资格权。泸县作为四川省宅基地"三权分置"的改革试点,积极探索农村宅基地共建共享及退出节余指标调整入市。通过实施农村宅基地退出,将腾退宅基地复垦形成结余建设用地指标,然后将建设用地指标通过规划布局落地为集体经营性建设用地,在土地使用年限内可以出租、转让和流转,保障了农村产业项目落地,也带动了农民投身农业产业。同时,泸县探索将村民合法的宅基地与"第三方"共建共享,在土地使用期限内第三方可以出租、转让。具体做法是,村民自愿申请拆除旧房,将其复垦为耕地,以法定的宅基地使用面积与"村股份合作社"合作建设。这里的村股份合作社实际上是出资建设的社会自然人、社会团体或企事业单位等。村民提供宅基地使用权,建成后按建筑面积平分使用,分割办理产权。在宅基地"三权分置"的共建共享模式中,其产权安排为:农户可以按商业 40 年、住宅 70 年"部分转让"宅基地使用权,第三方的产权在使用期限内可以转让、租赁和抵押,使用期满后宅基地使用权归还农民[①]。

**(二)浙江义乌的"三权分置"做法**

实际上,早在 2016 年 4 月,浙江义乌印发《关于推进农村宅基地制度改革试点工作的若干意见》,明确在落实宅基地所有权和保障集体经济组织成员资格权的前提下,允许宅基地使用权通过合法方式有条件转让。义乌市在全国率先提出农村宅基地所有权、资格权、使用权

---

① 参见《泸县农村宅基地共建共享暨综合开发的指导意见(试行)》第六、七、九条。

"三权分置"的制度设计，明确规定宅基地归农村集体经济组织成员，固化宅基地的资格权，放活使用权，以充分发挥市场和政府的作用，实现空间布局和资源配置优化。首先，落实集体土地所有权。其做法是将宅基地集体所有权主体界定为农民集体，农民集体行使土地民主管理职责；明晰宅基地所有权权能，对宅基地的取得和置换、村庄规划编制、土地复垦、宅基地有偿调剂和有偿选位以及对超标占用收取有偿使用费等进行民主决策。其次，固化资格权。农民的宅基地资格权即宅基地分配获得权，对分配获得的宅基地实行有偿调剂、有偿选位，可以解决资格权分配的不公平问题。根据《义乌市"集地券"管理细则（试行）》，农民选择退出宅基地后，其资格权折成建设用地指标，产生的"集地券"归农民所有。"集地券"可以抵押融资贷款或在义乌市资源要素交易平台公开交易。最后，放活宅基地使用权。在确保"户有所居"的前提下，按照自愿、有偿的原则，在不改变宅基地所有权性质和不改变集体经济组织成员资格的前提下，允许宅基地使用权通过买卖、赠与、互换或其他合法方式在集体经济组织内部流转或跨集体经济组织流转。

浙江义乌宅基地退出政策的突出特点是，根据《义乌市农村宅基地使用权转让细则（试行）》规定，已完成新农村建设的村庄允许宅基地使用权在本市行政区域范围内跨集体经济组织转让，也就是说宅基地使用权受让人可以是本市行政区域范围内的村集体经济组织成员，但跨集体经济组织的转让的使用年限最高为70年。相比其他地区的宅基地退出，义乌市的政策打破了农民宅基地退出必须限定在本集体经济组织内部的规定，将宅基地使用权的需求方扩大到全市范围内的村集体经济组织成员。这可视为宅基地有偿退出的未来发展方向，实现不同行政村在更新改造时因地制宜地流转宅基地使用权。另外，宅基地使用权转让成为非永久性转让，这主要是为了防止使用权的转让导致宅基地面积差异化带来的贫富差距扩大，保障转让方的基本居住权利。

# 本章小结

本章分析认为农村宅基地退出模式的演进不仅是经济主体寻求最优经济机会的结果，也是市场经济发展、资源稀缺性以及政府偏好和选择性政策的结果，这些影响因素成为宅基地退出模式变迁的外部推力。通过对不同时期、不同制度下的农村宅基地退出模式进行归纳总结，可以看出在不同外部环境下政府对宅基地制度的改革导向存在差异，进而地方政府的实践模式也存在差别。农村宅基地退出模式与农村城镇化发展、社会经济条件等具有相适应的内在规律，具体如图 3 - 13 所示。

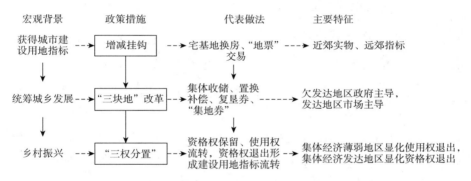

**图 3 - 13　不同背景下农村宅基地退出模式变迁特征**

从横向来看，在上级政府宏观政策调控环境下，因地理位置、社会经济条件、城镇化发展水平等不同，各地宅基地退出模式在退出主体、市场化程度等方面存在差异。一般来说，城市近郊的城镇化水平较高，农民的土地资产意识较强，这决定了近郊宅基地退出的市场化程度较高，农民自主性较大。城市远郊农村宅基地的潜在市场需求不足，为避免远郊农村宅基地的闲置、低效利用，一方面需要提升当地的土地市场化程度，另一方面可以宅基地发展权置换城市近郊的房屋或建设用地指标，而这些都需要地方政府发挥主导、引领作用。在东部经济发达地区，为了实现土地的资产价值，宅基地的用益物权属性体现得更为明显，农村宅基地退出的市场化程度也更高。相比于其他地区的"三权

分置"探索实践，浙江义乌允许农民宅基地资格权退出，且退出的资格权可以形成"集地券"归农民所有。而中西部地区更多的是为了实现某一政策目标，如将农村宅基地退出与移民搬迁、扶贫搬迁、农民进城等相结合，更多的是地方政府主导农村宅基地退出。

从纵向来看，农村宅基地退出模式由早期政府主导逐渐过渡到农民土地权利的机会公平。针对农村宅基地闲置低效利用，而城市建设用地指标不足等供求结构矛盾，2004年国务院发布《关于深化改革严格土地管理的决定》，2008年国土资源部颁发实施《城乡建设用地增减挂钩试点管理办法》。在这一政策框架下，各地宅基地退出实践模式如天津的"宅基地换房"模式、重庆的"地票"交易模式等，多是在地方政府主导推动城乡建设用地增减挂钩的过程中实施宅基地退出，获取城镇建设用地指标是其主要动力①，农民的土地财产权未受到充分尊重，与传统土地征收制度相比无实质改变。因此，上述政策框架下的实践成果并没有对完善农村宅基地制度、深化农村改革发挥有力的推动作用。随着农村工业化、城镇化的发展，农村宅基地资源的稀缺性凸显，尊重农民权益成为实现城乡统筹发展的基本要求。2014年《关于农村土地征收、集体经营性建设用地入市、宅基地制度改革试点工作的意见》提出，探索进城落户农民在本集体经济组织内部自愿有偿退出宅基地。各地统筹推进农村各项改革和加快推进新型城镇化发展，部分试点地区探索和建立了宅基地自愿有偿退出机制，完善了宅基地管理制度。农村城镇化不仅是人口城镇化，更是要改变传统经济社会发展格局，纠正城乡二元经济反差。作为乡村振兴的重要战略措施，2018年中央一号文件《中共中央国务院关于实施乡村振兴战略的意见》提出探索宅基地的所有权、资格权、使用权"三权分置"改革。其中，浙江义乌和德清、四川泸县等试点地区结合实际，在尊重农民意愿的前提下，探索在保留农民宅基地资格权的前提下，允许农民退出宅基地使用权，实现了农民

---

① 张勇：《农村宅基地有偿退出的政策与实践》，《西北农林科技大学学报》（社会科学版）2019年第2期。

土地权利的机会公平。其中，浙江义乌和德清的宅基地退出打破了限制在本集体经济组织内部的规定，宅基地使用权可以跨集体经济组织流转。总体来看，随着社会经济进步，城乡二元结构向城乡一体化转变，农村宅基地退出制度改革逐步深化，农民宅基地的用益物权属性逐渐彰显，农民权益和意愿得到更大限度的保障。

# 第四章　农民宅基地退出的意愿与
方式选择

在快速城镇化和工业化进程中，建设用地指标紧缺已经成为制约社会经济发展的重要瓶颈①。而农村地区宅基地粗放利用、"空心村"、面积超标等现象普遍存在②③。对中央政府而言，为适应社会发展需要以及遵循资源优化配置的经济逻辑，引导农民科学退出宅基地已然成为统筹城乡发展过程中的现实路径选择。从地方政府的做法来看，在城乡土地供需矛盾和土地资产增值效应凸显的双重驱动下，引导农民拆迁腾退宅基地、集中居住于城镇或新型农村社区的宅基地置换退出模式正普遍被地方政府所实践。面对各级政府对农村宅基地退出机制的积极探索，国家政策文件强调"农村村民依法自愿有偿退出宅基地"，这表明尊重农民意愿是宅基地退出实践中所要遵循的首要原则④。当然，这不仅是农户是否愿意退出的问题，更多的是农民愿意接受何种方式退出以及哪些因素影响其退出方式选择的问题。本章将统计分析农民宅基地退出意愿及其影响因素、宅基地退出方式选择及其影响因素等。需要强调的

① 晏志谦等：《农户分化视角下宅基地退出方式选择影响因素分析》，《中国农业资源与区划》2018 年第 6 期。
② 刘润秋等：《基于乡村韧性视角的宅基地退出绩效评估研究》，《中国土地科学》2019 年第 2 期。
③ 曾旭晖、郭晓鸣：《传统农区宅基地"三权分置"路径研究》，《农业经济问题》2019 年第 6 期。
④ 龙开胜等：《农民接受闲置宅基地治理方式的意愿及影响因素》《中国人口·资源与环境》2012 年第 9 期。

是，本书所指农民宅基地退出是指宅基地退出可以置换货币、房屋或社保等形式的有偿退出。因此，后续行文中的宅基地退出有时也称为宅基地置换退出。另外，在全国范围内，无论是东部发达地区如浙江、江苏、福建、天津等，还是中西部欠发达地区如安徽、河南、湖北、四川、甘肃等，都在广泛进行宅基地退出实践。相比前面章节提到的宅基地退出试点地区或典型实践模式，本章选取其他宅基地退出实践区域来具体分析农民宅基地退出意愿与退出方式及其影响因素，也许更具有普遍意义。

## 第一节　农民宅基地退出的意愿

从稀缺资源有效配置的经济学原理理解，农村闲置宅基地退出、宅基地使用权流转对优化城乡土地资源配置、实现农村城镇化发展大有裨益，是实现宅基地资产属性的必要条件[1][2]。但现行土地制度赋予宅基地浓厚的福利色彩，在农村社会保障机制尚不完备的情况下，宅基地还发挥着保障安居、以房养老以及就业生产等功能[3]。农村宅基地具有保障性和资产性双重功能，使其是否应该退出、退出方式、农民意愿以及路径选择等受到广泛讨论[4][5][6]。而随着就业状况、收入水平等的分化日益明显，不同阶层农民对宅基地的价值认知和依赖程度必然出现差异，从而表现出宅基地福利认同差异，这些会对农民的宅基地退出意愿产生直接影响。因此，为满足不同阶层农民的制度需求，顺利推进宅基地退出制度改革，应深入分析异质性农民对宅基地福利功能的认同差异以及由此产生的对宅基地退出意愿的影响。

---

[1]　王丹秋等：《微观福利视角下农户宅基地置换意愿及其驱动因素研究》，《中国土地科学》2015年第11期。

[2]　关江华等：《不同生计资产配置的农户宅基地流转家庭福利变化研究》，《中国人口·资源与环境》2014年第10期。

[3]　张怡然：《农民工进城落户与宅基地退出影响因素分析》，《中国软科学》2011年第2期。

[4]　黄文秀：《农户"就地城镇化"选择的影响因素研究》，《浙江社会科学》2015年第1期。

[5]　张梦琳：《农村宅基地流转模式分析与制度选择》，《经济体制改革》2014年第3期。

[6]　胡方芳等：《欠发达地区农民宅基地流转意愿影响因素》，《中国人口·资源与环境》2014年第4期。

已有文献将农民分化作为影响宅基地退出意愿或退出补偿模式选择的重要变量①②。但对农民分化影响宅基地退出的内在逻辑仍缺乏深入分析，未能深入探讨不同阶层农民对宅基地福利功能的认同差异所导致的宅基地退出意愿的差异。因此，有必要从理论上构建农民阶层分化影响宅基地退出的统一分析框架，并对此进行实证检验。鉴于此，本节在现有研究的基础上，通过理论阐明农民分化影响宅基地退出的内在机理，形成统一分析框架，利用江苏常州 249 份农民调查数据实证研究农民分化、福利认同与宅基地退出意愿的内在关系，观察影响宅基地退出的关键因素，从理论上丰富对农村宅基地退出问题的研究，为宅基地退出政策制定或其他地区的改革探索提供参考。

## 一　农民宅基地退出差异化意愿的理论基础

### （一）分析逻辑

依据现行农村土地制度的规定，农民可以通过集体经济组织成员的身份无偿获得宅基地，体现了宅基地的福利分配性质。作为农村社会保障供给机制的补充，农村宅基地具有居住福利、养老福利、就业福利等福利功能。其中，宅基地提供居住福利是指宅基地能够为农民提供建造房屋所需的土地；养老福利是指宅基地具有为农民提供养老住所的辅助养老功能；就业福利是指宅基地具有为农民提供畜禽养殖、家庭经营等所需场所的直接就业功能③。作为一种生产要素，随着我国市场经济的深入发展，农村宅基地的商品属性及其固有的经济财产功能被激活且日益凸显。现实中政府推动宅基地拆迁腾退，进而引导农民集中居住于城镇或新型农村社区的宅基地退出模式被众多地区所实践。

随着城镇化进程的加快，以职业选择和经济收入为特征的农民阶层

---

①　彭长生：《农民分化对农村宅基地退出补偿模式选择的影响分析》，《经济社会体制比较》2013 年第 6 期。

②　李伯华等：《城市边缘区不同类型农户对宅基地流转的认知与响应》，《资源科学》2015 年第 3 期。

③　成程等：《农民非农化对宅基地福利性认同的影响分析》，《财经问题研究》2014 年第 7 期。

分化日益明显①。不同阶层农民对宅基地的情感依赖不同，导致其对宅基地的福利认同存在差异，进而影响其宅基地退出意愿（见图4-1）。按照理性选择理论，农民对宅基地的功能诉求是其综合权衡的结果，取决于农民根据自身状况和外部条件做出的理性决策。当农民因自身能力拥有比通过宅基地获得居住、养老等福利更好的选择时，就会减弱对宅基地的福利认同，而偏好通过退出宅基地以获得安置补偿，从而实现宅基地资产性功能。因此，宅基地退出是一种典型的经济决策行为，在农民分化对宅基地退出意愿的影响机制中，基于宅基地价值认知形成的福利认同差异成为重要的中间变量。

**图4-1　农民宅基地退出意愿的分析逻辑**

**（二）农民宅基地退出意愿的影响因素**

1. 农民分化特征

已有文献较多地将农民分化描述为职业分化和经济分化等层面②③。随着城镇化进程的推进，越来越多的农民进城务工后因收入增加和居住稳定而融入城市，农民群体分化成市民化农民、农村留守农民等。据此，本节将农民分化分为就业分化、收入分化和居住分化，具体采用农民是否非农就业、收入差距、是否拥有城镇住房作为上述维度的衡量指标。理论上，以农就业为主和收入水平较低的农民对宅基地福利功能的诉求较强烈，宅基地退出意愿较低；随着农业劳动力向非农就业转移和农民收入水平的提高，农民对宅基地的情感依赖会降低，从而弱化宅基

---

① 徐美银：《农民阶层分化、产权偏好差异与土地流转意愿》，《社会科学》2013年第1期。
② 李逸波、彭建强：《农民职业分化的微观影响因素实证分析》，《中国农村观察》2014年第3期。
③ 谢治菊：《农村经济利益分化对农民政治心理的影响分析》，《南京农业大学学报》（社会科学版）2014年第6期。

地的保障功能而强化其资产功能，也更倾向于宅基地退出；当农民具有城镇住房而不再以宅基地为常住地时，其对宅基地居住福利的诉求降低，宅基地退出意愿增强。

2. 养老保障特征

不可否认，以宅基地为依托的农村住房承担了重要的养老保障功能。但如果农民拥有较为完善的社会养老保障，比如新型农村养老保险、城镇养老保险或商业养老保险等，无疑将会对宅基地的养老福利形成替代效应，从而弱化农民对宅基地的福利认同，使其更加关注土地的经济财产功能，而非福利保障功能。

农民作为宅基地退出的微观主体，其退出意愿受多种因素影响。为保证以宅基地退出意愿为因变量的回归模型的整体预测效果较理想，应较全面地将影响相关变量纳入模型。基于研究目的和实地调查情况，本节拟选择农民个体特征、家庭特征、分化特征、福利认同、养老保障等变量进行研究，各变量定义及赋值详见表 4 - 1。

## 二 数据来源与研究方法

本节所用数据来源于 2015 年 11 月在江苏常州所做的实地调研①。常州市位于江苏省南部，与南京、上海、杭州等相邻，属于长江三角洲核心区域。在快速城镇化过程中，常州市农民的非农就业机会较多，职业多样化和收入多元化趋势明显；土地要素价格彰显，宅基地的福利属性与财产属性分化程度较高。调查采取随机抽样的方式，在预先不通知调查对象的情况下进村调查，并根据事先设计好的调查问卷与农户面对面座谈。调查结束共得到调查问卷 280 份，剔除信息缺损及奇异数据的样本后，得到有效样本 249 份，问卷有效率为 88.9%。调查的基本情况如表 4 - 1 所示。

---

① 此数据是基于江苏师范大学舒帮荣副教授主持的课题"农村集体建设用地流转收益分配机制研究"的调研成果，本书作者是该课题参与人员。

**表 4 - 1 自变量定义及统计描述**

| 变量类别 | 具体变量 | 定义及赋值 | 均值 | 标准差 |
|---|---|---|---|---|
| 个体特征 | 年龄 | 25 岁及以下 = 1，26 ~ 35 岁 = 2，36 ~ 45 岁 = 3，46 ~ 55 岁 = 4，55 岁以上 = 5 | 3.18 | 1.243 |
| | 受教育程度 | 小学及以下 = 1，初中 = 2，高中 = 3，大专及以上 = 4 | 2.98 | 1.102 |
| | 健康状况 | 差 = 1，中 = 2，良 = 3，优 = 4 | 3.19 | 0.951 |
| 家庭特征 | 人口总数 | 实际值（人） | 4.16 | 1.446 |
| | 是否有村干部 | 没有 = 0，有 = 1 | 0.40 | 0.499 |
| | 主要收入来源 | 农业 = 0，非农业 = 1 | 0.87 | 0.335 |
| 分化特征 | 就业状况 | 以农就业为主 = 0，以非农就业为主 = 1 | 0.53 | 0.500 |
| | 家庭总收入 | 5 万元及以下 = 1，5 万 ~ 10 万元 = 2，10 万 ~ 15 万元 = 3，15 万 ~ 20 万元 = 4，20 万元以上 = 5 | 2.61 | 1.358 |
| | 是否拥有城镇住房 | 没有 = 0，有 = 1 | 0.34 | 0.475 |
| 福利认同 | 居住福利 | 不认同 = 1，部分认同 = 2，完全认同 = 3 | 2.18 | 0.492 |
| | 养老福利 | 不认同 = 1，部分认同 = 2，完全认同 = 3 | 2.07 | 0.815 |
| | 就业福利 | 不认同 = 1，部分认同 = 2，完全认同 = 3 | 1.88 | 0.851 |
| 养老保障 | 是否参加城镇或商业养老保险 | 没有参加 = 0，参加 = 1 | 0.65 | 0.478 |
| | 是否参加新型农村养老保险 | 没有参加 = 0，参加 = 1 | 0.61 | 0.490 |

注：表中家庭总收入的赋值区间，为不包含最小数据端点，而包含最大数据端点的半开半闭区间。全书其他赋值区间同此。

表 4 - 1 显示，在所有样本农户中，户主的平均年龄大于 45 岁，平均家庭总收入在第二和第三等级之间，53% 的户主以非农就业为主，34% 的家庭在城镇拥有住房，65% 的户主参加了城镇或商业养老保险，61% 的户主参加了新型农村养老保险。农民对宅基地居住福利的认同程度最高，对就业福利的认同程度最低。

对上述数据采用 SPSS 19.0 统计软件包进行统计分析，其中描述性分析应用交叉列联表，影响因素分析应用 Logistic 回归模型。Logistic 回归模型是广义线性模型中的一种，被广泛运用于分析微观个体的意愿及其影响因素并发挥了重要作用[①]。调查问卷设计如下问题：您是否愿意

---

① 王济川、郭志刚：《Logistic 回归模型：方法与应用》，高等教育出版社，2001。

将宅基地置换为房屋、货币或社保等？答案设置为"愿意"或"不愿意"。此处农民宅基地退出意愿为两分变量，具体可以建立 Binary Logistic 回归模型对其影响因素进行量化分析。通过研究包括农民不同阶层特征在内的一系列因素与农民宅基地退出意愿之间的相关关系，可以发现各影响因素对宅基地退出意愿的贡献量。具体模型如下：

$$p = \frac{e^{\beta_0 + \beta_1 x_1 + \beta_2 x_2 + \cdots + \beta_n x_n}}{1 + e^{\beta_0 + \beta_1 x_1 + \beta_2 x_2 + \cdots + \beta_n x_n}}$$

式中，$p$ 表示农民愿意退出宅基地的概率，愿意退出取值为 1，不愿意退出取值为 0。$x_i (i = 1, 2, \ldots, n)$ 表示影响农民宅基地退出意愿的变量因子；$\beta_0$ 为常数项，$\beta_1, \beta_2, \ldots, \beta_n$ 为解释变量的回归系数，表示诸变量 $x_i$ 对 $p$ 的贡献量。

### 三 农民分化、福利认同差异与宅基地退出：交叉列联表分析

以农民分化为分层变量，分别将宅基地退出意愿与居住福利、养老福利和就业福利进行交叉列联表分析，结果如表 4 - 2 至表 4 - 4 所示。

#### (一) 就业分化、福利认同差异与宅基地退出

由表 4 - 2 可见，农民对宅基地福利的认同与宅基地退出呈负相关关系，即福利认同程度越低，宅基地退出意愿越强烈。相对于以农就业为主的农民，以非农就业为主的农民对宅基地的福利认同程度偏低，且在不同福利认同程度上都更倾向于宅基地退出。以宅基地就业福利为例，以非农就业为主的农民中对此福利表示不认同和完全认同的比例分别为 56.5% (74/131) 和 17.6% (23/131)，而以农就业为主的农民的相应比例分别为 27.12% (32/118) 和 45.8% (54/118)。以非农就业为主的农民完全认同就业福利且愿意退出的比例为 60.9%，而以农就业为主的农民此比例为 22.2%。农民对宅基地居住、养老福利的认同与其宅基地退出意愿间也呈相同的关联趋势。

表 4 - 2　就业分化下宅基地退出意愿与福利认同交叉情况

单位：人，%

| 宅基地退出意愿 | | 以农就业为主 | | | 以非农就业为主 | | |
|---|---|---|---|---|---|---|---|
| | | 不认同 | 部分认同 | 完全认同 | 不认同 | 部分认同 | 完全认同 |
| 不愿意 | 居住福利 | 0 (0.0) | 6 (17.6) | 55 (82.1) | 0 (0.0) | 0 (0.0) | 11 (28.9) |
| 愿意 | | 17 (100.0) | 28 (82.4) | 12 (17.9) | 42 (100.0) | 51 (100.0) | 27 (71.1) |
| 不愿意 | 养老福利 | 1 (4.8) | 11 (29.7) | 49 (81.7) | 0 (0.0) | 1 (2.2) | 10 (31.3) |
| 愿意 | | 20 (95.2) | 26 (70.3) | 11 (18.3) | 53 (100.0) | 45 (97.8) | 22 (68.8) |
| 不愿意 | 就业福利 | 1 (3.1) | 18 (56.3) | 42 (77.8) | 0 (0.0) | 2 (5.9) | 9 (39.1) |
| 愿意 | | 31 (96.9) | 14 (43.8) | 12 (22.2) | 74 (100.0) | 32 (94.1) | 14 (60.9) |

注：（有效）例数总计 249 例。其中，以农就业为主的有效例数为 118 例，以非农就业为主的有效例数为 131 例。表中数据表示，在就业分化下，因福利认同差异，农民对宅基地退出进行选择的样本量，括号内为样本占比。

## （二）收入分化、福利认同差异与宅基地退出

农民收入分化为五个层级，但因篇幅所限，本部分选择 5 万元及以下与 10 万～15 万元两个层级为例进行分析说明，最终结论不受影响。由表 4 - 3 可见，收入越低的农民对宅基地福利的认同程度越高，收入越高的农民对宅基地福利的认同程度越低，其宅基地退出意愿越强。以养老福利为例，10 万～15 万元的收入层级中有 20.5%（8/39）的农民完全认同此福利，而 5 万元及以下收入层级的农民中此比例为 61.9%（39/63）。同样是完全认同宅基地养老福利，10 万～15 万元和 5 万元及以下两个收入层级的农民愿意退出宅基地的比例分别为 75.0% 和 12.8%。低收入农民的福利认同程度与其退出意愿呈明显负相关关系，而高收入农民在不同福利认同程度上都更偏向于宅基地退出。

表 4 - 3　收入分化下宅基地退出意愿与福利认同交叉情况

单位：人，%

| 宅基地退出意愿 | | 5 万元及以下 | | | 10 万～15 万元 | | |
|---|---|---|---|---|---|---|---|
| | | 不认同 | 部分认同 | 完全认同 | 不认同 | 部分认同 | 完全认同 |
| 不愿意 | 居住福利 | 0 (0.0) | 3 (20.0) | 35 (85.4) | 0 (0.0) | 0 (0.0) | 4 (40.0) |
| 愿意 | | 7 (100.0) | 12 (80.0) | 6 (14.6) | 16 (100.0) | 13 (100.0) | 6 (60.0) |

续表

| 宅基地退出<br>意愿 | | 5万元及以下 | | | 10万~15万元 | | |
|---|---|---|---|---|---|---|---|
| | | 不认同 | 部分认同 | 完全认同 | 不认同 | 部分认同 | 完全认同 |
| 不愿意 | 养老福利 | 0（0.0） | 4（28.6） | 34（87.2） | 0（0.0） | 2（14.3） | 2（25.0） |
| 愿意 | | 10（100.0） | 10（71.4） | 5（12.8） | 17（100.0） | 12（85.7） | 6（75.0） |
| 不愿意 | 就业福利 | 1（7.1） | 11（68.8） | 26（78.8） | 0（0.0） | 2（22.2） | 2（33.3） |
| 愿意 | | 13（92.9） | 5（31.3） | 7（21.2） | 24（100.0） | 7（77.8） | 4（66.7） |

注：（有效）例数总计249例。其中，5万元及以下的有效例数为63例，10万~15万元的有效例数为39例。表中数据表示，在收入分化下，因福利认同差异，农民对宅基地退出进行选择的样本量，括号内为样本占比。

## （三）居住分化、福利认同差异与宅基地退出

根据表4-4数据发现，没有城镇住房的农户对宅基地各项福利的认同程度较高，也更不愿意宅基地置换退出。以居住福利为例，没有城镇住房的农民中完全认同此福利的比例为43.9%（72/164），而有城镇住房农民的此比例为38.8%（33/85）。没有城镇住房且完全认同宅基地居住福利的农民中仅有27.8%愿意退出，而不认同和部分认同居住福利的农民中愿意退出宅基地的比例分别为100%和92.7%。而有城镇住房农民的相应比例分别为57.6%、100%和93.3%，即有城镇住房的农民在不同福利认同程度上都更倾向于选择退出宅基地。

表4-4 居住分化下宅基地退出意愿与福利认同交叉情况

单位：人，%

| 宅基地退出<br>意愿 | | 没有城镇住房 | | | 有城镇住房 | | |
|---|---|---|---|---|---|---|---|
| | | 不认同 | 部分认同 | 完全认同 | 不认同 | 部分认同 | 完全认同 |
| 不愿意 | 居住福利 | 0（0.0） | 4（7.3） | 52（72.2） | 0（0.0） | 2（6.7） | 14（42.4） |
| 愿意 | | 37（100.0） | 51（92.7） | 20（27.8） | 22（100.0） | 28（93.3） | 19（57.6） |
| 不愿意 | 养老福利 | 0（0.0） | 8（14.0） | 48（73.8） | 1（3.1） | 4（15.4） | 11（40.7） |
| 愿意 | | 42（100.0） | 49（86.0） | 17（26.2） | 31（96.9） | 22（84.6） | 16（59.3） |
| 不愿意 | 就业福利 | 1（1.5） | 15（36.6） | 40（72.7） | 0（0.0） | 5（20.0） | 11（50.0） |
| 愿意 | | 67（98.5） | 26（63.4） | 15（27.3） | 38（100.0） | 20（80.0） | 11（50.0） |

注：（有效）例数总计249例。其中，没有城镇住房的有效例数为164例，有城镇住房的有效例数为85例。表中数据表示，在居住分化下，因福利认同差异，农民对宅基地退出进行选择的样本量，括号内为样本占比。

## 四 农民分化与宅基地退出：计量回归分析

### （一）模型估计结果

本部分运用 SPSS 19.0 软件进行 Logistic 回归分析。在进行回归分析前，对上述解释变量间的相关性进行统计分析。变量相关分析矩阵显示，变量之间的相关系数均小于 0.7。根据 Mitchell H. Katz 所著《多变量分析》，相关系数为 0.8~0.9 可能会引起问题，低于 0.8 不大会出现问题①。因此基本可以认为上述变量间不存在严重的多重共线性问题。

为考察回归结果的稳健性，首先单独对农民分化特征变量（模型Ⅰ）进行回归，其次将所有解释变量进行回归（模型Ⅱ），模型运行结果见表 4-5。结果显示，两个模型中农民分化参数估计量的方向和显著性基本相同，表明回归结果较稳健。模型整体预测结果显示，回归模型拟合度良好且具有较强的解释能力。

表 4-5 模型参数估计结果

| 解释变量 | | 模型Ⅰ | | | 模型Ⅱ | | |
| --- | --- | --- | --- | --- | --- | --- | --- |
| | | B | Wald | Exp（B） | B | Wald | Exp（B） |
| 个体特征 | 年龄 | | | | -0.892*** | 6.213 | 0.410 |
| | 受教育程度 | | | | 0.032 | 0.006 | 1.033 |
| | 健康状况 | | | | 0.025 | 0.007 | 1.026 |
| 家庭特征 | 人口总数 | | | | -0.151 | 0.466 | 0.860 |
| | 是否有村干部 | | | | 0.006 | 0.000 | 1.006 |
| | 主要收入来源 | | | | 2.362** | 4.061 | 10.613 |
| 分化特征 | 就业状况 | 1.750*** | 19.784 | 5.756 | 1.232* | 3.505 | 3.429 |
| | 家庭总收入 | 0.949*** | 22.558 | 2.583 | 0.593** | 3.846 | 1.809 |
| | 是否拥有城镇住房 | 0.135 | 0.101 | 0.874 | 0.236 | 0.116 | 1.266 |
| 福利认同 | 居住福利 | | | | -2.308*** | 6.993 | 0.099 |
| | 养老福利 | | | | -1.207* | 3.801 | 0.299 |
| | 就业福利 | | | | -0.730 | 1.738 | 0.482 |

---

① 〔美〕Mitchell H. Katz：《多变量分析》，姚晨等译，中国科学技术出版社，2000。

续表

| 解释变量 | | 模型 I | | | 模型 II | | |
|---|---|---|---|---|---|---|---|
| | | B | Wald | Exp (B) | B | Wald | Exp (B) |
| 养老保障 | 是否参加城镇或商业养老保险 | | | | 1.221* | 3.366 | 3.391 |
| | 是否参加新型农村养老保险 | | | | -0.831 | 1.585 | 0.436 |
| -2Log Likelihood | | 207.027 | | | 85.424 | | |
| 模型 $\chi^2$ 检验 | | 92.468 (p = 0.000) | | | 214.071 (p = 0.000) | | |
| Nagelkerke R² | | 0.443 | | | 0.824 | | |

注：***、**、*分别表示在 1%、5% 和 10% 的水平下显著。

### （二）影响因素分析

1. 个体特征和家庭特征的影响分析

农民的年龄对宅基地退出意愿具有显著负向影响，即农民年龄越大，其选择宅基地退出的意愿越小。这主要是因为农民年龄越大，对老宅的感情越浓厚且对抗外界风险能力越弱，从而对宅基地保障功能的诉求增加，因此越不愿意将宅基地退出。家庭主要收入来源在模型 II 中通过了 5% 水平下的显著性检验且系数为正，表明相对于主要收入来源于农业的农民，收入主要来源于非农业的农民对土地的依赖性降低，从而选择宅基地退出的意愿更大。个体特征和家庭特征中的其他变量虽然没有通过显著性检验，但从回归系数的正负可以发现，受教育程度、健康状况、是否有村干部对宅基地退出具有正向影响。受教育程度越高，越容易掌握非农就业技能、获取非农就业机会，对土地的依赖性越低。人口总数对宅基地退出具有负向影响，原因在于人口数越多，对宅基地住房保障功能的诉求越大，因而其选择宅基地退出的意愿越低。

2. 分化特征的影响分析

就业状况和家庭总收入对宅基地退出具有显著正向影响，估计结果在模型 II 中分别通过 10% 和 5% 水平下的显著性检验。模型结果表明，农民的就业状况越偏离农业，越倾向于宅基地退出，且宅基地退出的概率是以农就业为主农民的 3.429 倍。原因在于，主要从事非农产业的农民因生产生活方式改变，对宅基地提供农业生产资料等保障功能的依赖性较低，也就更愿意退出宅基地。在其他条件不变的情况下，家庭总收入越高，选择宅基地退出的概率越大，且农民收入每提高一个层级，其选择宅基地退出的发生比将提高 0.809 倍。从本书研究来看，相对于单纯提高农民的非农就业率，提高农民的家庭总收入，特别是非农业收入比重更能促进宅基地退出。农民是否拥有城镇住房变量在模型 Ⅱ 中的影响系数为正，但没有通过显著性检验，说明农民在城镇拥有住房并不必然提高其退出宅基地的意愿。原因在于，虽然城镇住房对宅基地的住房保障功能具有替代作用，能够增加宅基地退出的概率，但随着现代社会的经济发展，越来越多的城镇居民期望在城市繁忙工作之余能够在农村拥有一处休闲放松之地，其也就不愿意退出原有宅基地。

3. 福利认同的影响分析

农民福利认同对其宅基地退出意愿具有负向影响，说明对宅基地的福利认同程度越高，农民越不愿意退出宅基地。这与前述交叉列联表分析的结论是一致的。其中，居住福利和养老福利分别通过了 1% 和 10% 水平下的显著性检验。就业福利没有通过显著性检验，说明对就业福利认同程度高并不必然导致宅基地退出，还要取决于家庭总收入和主要收入来源等因素。

4. 养老保障的影响分析

农民是否参加城镇或商业养老保险变量在模型 Ⅱ 通过了 10% 的显著性水平检验且系数为正，表明在其他条件不变的情况下，参加城镇或商业养老保险的农民选择宅基地退出的概率较大。回归结果表明，参加城镇或商业养老保险的农民选择宅基地退出的发生比是没有参加上述养老保险农民的 3.391 倍。能够参加城镇或商业养老保险说明农民在城镇拥有稳定工作或收入较高，其对宅基地保障功能的诉求较低，因此更倾向于宅基地退出。

## 五　分析结果及启示

在理论分析的基础上，本节通过运用江苏常州 249 份农民问卷调查数据对农民分化、福利认同差异和宅基地退出意愿进行实证检验。研究结果表明，对宅基地的福利认同与宅基地退出意愿呈负相关关系，即福利认同程度越低，宅基地退出意愿越强烈。相对于以农就业为主、低收入层级和无城镇住房的农民，以非农就业为主、高收入层级和有城镇住房的农民对宅基地的福利认同程度偏低，更愿意选择宅基地退出。另外，通过影响因素的回归分析还发现，年龄、主要收入来源、就业状况、家庭总收入、居住福利、养老福利和是否参加城镇或商业养老保险对农民宅基地退出意愿具有显著影响。其中，主要收入来源、就业状况、家庭总收入、是否参加城镇或商业养老保险与宅基地退出意愿显著正相关，而年龄、居住福利、养老福利与宅基地退出意愿显著负相关，即农民年龄越大，对宅基地的居住、养老福利认同程度越高，越不倾向于宅基地退出。

基于以上研究结论，在政府主导推动宅基地退出过程中，为保障农民权益，顺利推进宅基地制度改革，应注意以下三点：第一，应充分考虑农民分化对宅基地退出改革所带来的影响，制定多元化的宅基地退出模式，以适应异质性农民的差异性选择；第二，推动农民向非农就业转移，提升农民非农就业技能，增加农民非农就业收入，减少农民对宅基地的依赖，实现宅基地的资产功能；第三，实现城乡统筹发展，完善农村社会保障体系，提高农民的社会保障程度，逐步减弱农民对宅基地保障功能的诉求，强化宅基地的资产功能。

## 第二节　农民宅基地退出的方式选择

本节数据来源于 2018 年 7～9 月对河南荥阳、商丘和安阳三地的农户问卷调查。调查区域分别位于河南省中部、东部和北部，兼顾了不同地理位置的样本。样本选择依据随机抽样原则，同时考虑经济发展水平、村庄到最近城镇的距离等因素，具体样本点覆盖荥阳市 A 镇 4 个村、B 镇 2 个村，商丘永城市 C 乡 2 个村，安阳汤阴县 D 乡 4 个村。根据 2017 年的县（市）人均 GDP 水平，荥阳市、汤阴县和永城市三地的经济发展水平依次降低。所选择的村庄到最近城镇的距离也有差异，分别为 1 千米及以下、1～3 千米、3～5 千米以及 5 千米以上。调研农户随机选择，调查对象主要是户主或其配偶，共发放问卷 300 份，剔除数据不全和明显失真的问卷后，最终获得 252 份有效样本。其中，被调查者的年龄集中在 25～50 岁（占 71.43%），受教育程度主要为初中及以下（占 57.94%），多数农民（占 55.95%）从事的主要职业是农业且没有稳定城镇住房（占 73.81%），这与河南省为农业大省且经济水平较低的现实相符。在具体分析农民宅基地退出方式选择之前，先对所研究区域农民宅基地退出意愿做一个整体分析。

## 一　所研究区域农民宅基地退出意愿

根据调查问卷所设问题"总体而言，您是否愿意参加宅基地置换退出"，利用李克特五级量表，对应设置五个层次的答案：非常愿意、比较愿意、说不清、不愿意、非常不愿意。调研结果表明，农民非常愿意退出宅基地的比重仅为 9.30%，其他依次为 23.26%、27.91%、37.21% 和 2.33%。很明显，不愿意退出宅基地的农民比重（共 39.54%）大于愿意退出的农民比重（共 32.56%），还有很多农民（27.91%）处于观望犹豫状态。对于那些明确表示（非常）不愿意退出宅基地的农民，其主要的影响因素（多选）是退出补偿低（63.77%）、生活成本变高（46.38%）及置换政策不透明等（42.03%）。各项影响农民不愿意宅基地退出的具体原因如图 4-2 所示。

为进一步了解哪些因素能够鼓励农民退出宅基地。设置问题"您认为下列哪些因素能够鼓励您退出宅基地"，并对每项因素的影响程度设置五级：非常重要、重要、说不清、不重要、非常不重要。各具体因素对农民宅基地退出意愿的影响程度如表 4-6 和图 4-3 所示。统计数据表明，补偿标准高（57.32%）、改善住房条件（43.66%）、子女有更好受教育机会（37.84%）和解决就业问题（37.04%）等因素，对提高农民宅基地退出意愿的影响程度较大。

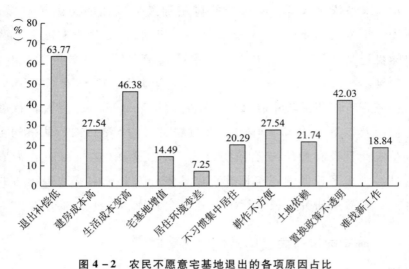

图 4 - 2　农民不愿意宅基地退出的各项原因占比

表 4 - 6　鼓励农民退出宅基地的因素的影响程度

单位：%

| 影响因素 | 非常重要 | 重要 | 说不清 | 不重要 | 非常不重要 |
|---|---|---|---|---|---|
| 改善住房条件 | 43.66 | 38.03 | 11.27 | 7.04 | 0.00 |
| 补偿标准高 | 57.32 | 25.61 | 17.07 | 0.00 | 0.00 |
| 交通更便利 | 29.73 | 45.95 | 22.97 | 0.00 | 1.35 |
| 改善区位条件 | 12.68 | 40.85 | 45.07 | 0.00 | 1.41 |
| 子女有更好受教育机会 | 37.84 | 45.95 | 12.16 | 2.70 | 1.35 |
| 生活设施改善 | 11.43 | 47.14 | 37.14 | 4.29 | 0.00 |
| 邻里关系更紧密 | 8.45 | 33.80 | 40.85 | 12.68 | 4.23 |
| 解决社保问题 | 21.92 | 36.99 | 30.14 | 8.22 | 2.74 |
| 获得城镇户口 | 10.96 | 23.29 | 28.77 | 26.03 | 10.96 |
| 解决就业问题 | 37.04 | 29.63 | 20.99 | 4.94 | 7.41 |
| 预期有商机 | 7.04 | 36.62 | 36.62 | 11.27 | 8.45 |
| 家人亲戚赞同 | 9.72 | 27.78 | 38.89 | 15.28 | 8.33 |
| 腾退成功者赞同 | 7.25 | 21.74 | 40.58 | 21.74 | 8.69 |

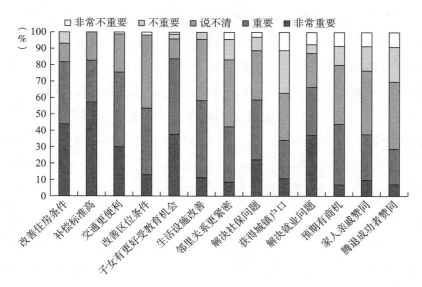

图例：□ 非常不重要　□ 不重要　□ 说不清　■ 重要　■ 非常重要

**图 4 - 3　鼓励农民退出宅基地的因素的影响程度**

## 二　退出方式选择：变量设置与研究方法

实际上，现有文献对农民宅基地退出意愿已展开了深入探讨。研究视角主要是基于农民宅基地退出意愿的分化特征，选取农户层面的变量，运用 Logistic 或 Probit 模型对宅基地退出意愿的影响因素进行分析[1][2][3][4]。然而，有研究表明，农民的行为决策普遍受到村层次特征的同质影响[5]，不同区域农民宅基地退出意愿的影响因素差异较大[6]。这说明农民的个体和家庭特征等微观因素在不同区域背景下对农民意愿的

---

① 杨雪锋等：《不同代际农民工退出宅基地意愿差异及影响因素》，《经济理论与经济管理》2015 年第 4 期。
② 邹伟等：《农户分化对农村宅基地退出行为影响研究》，《中国土地科学》2017 年第 5 期。
③ 张梦琳、舒帮荣：《农民分化、福利认同与宅基地流转意愿》，《经济体制改革》2017 年第 3 期。
④ 于伟等：《城镇化进程中农户宅基地退出的决策行为及影响因素》，《地理研究》2016 年第 3 期。
⑤ 黎洁、邰秀军：《西部山区农户贫困脆弱性的影响因素》，《当代经济科学》2009 年第 5 期。
⑥ 夏敏等：《不同经济发展水平地区农民宅基地退出意愿的影响因素》，《资源科学》2016 年第 4 期。

作用不同①，也意味着影响农民选择的不仅有其自身层面的因素，还有来自区位背景层面的因素。当前研究较多地停留在农民是否愿意退出宅基地，对哪些因素影响退出方式选择等的研究尚显不足。特别是利用相关数据研究农民宅基地退出方式的问题时，普遍忽视了数据的分层聚类性，对多尺度下村庄层面特征（如地理位置、居住环境）等区域背景如何影响农民的个体和家庭特征等微观因素，进而对农民退出方式的选择产生影响缺乏深入考察。因此，对上述问题进行研究，将会丰富对当前宅基地退出方式选择及相关影响因素的认识，为相关政策制定提供有价值的参考。

**（一）变量设置**

作为社会科学研究中较为前沿的方法，分层计量模型专注于解决数据结构分层问题，能分析不同层面变量间的相互关系②，为探索不同层面的因素如何影响农民宅基地退出方式提供了有效方法。基于此认识，本节利用河南荥阳、商丘和安阳三地的问卷调查数据，综合运用交叉列联表与分层模型，分析农民退出方式选择的分化异质特征，从农民和村庄两个层面选择解释变量，对农民退出方式选择的影响因素进行探讨并定量分析村级因素对农民因素的作用，以丰富对农民宅基地退出方式选择及其影响因素的认识，为制定相关的宅基地退出政策提供有价值的参考依据。具体相关变量设置情况如下。

1. 因变量

此处的因变量是农民宅基地退出方式。现有文献对宅基地退出方式的界定，一般分为货币方式与非货币方式③。从退出模式层面总结，有

---

① 舒帮荣等：《发达地区农户宅基地置换意愿多水平影响因素研究》，《长江流域资源与环境》2018 年第 6 期。

② 赵小风等：《江苏省开发区土地集约利用的分层线性模型实证研究》，《地理研究》2012 年第 9 期。

③ 彭长生：《农民分化对农村宅基地退出补偿模式选择的影响分析》，《经济社会体制比较》2013 年第 6 期。

"地票"交易模式、"宅基地换房"模式等①。也有学者认为从宅基地退出制度改革的初衷与今后的发展趋势来看，把退出方式界定为完全退出（进城居住）和不完全退出（集中居住）更为合理②③。通过宅基地退出助推农民市民化或者建设新型农村社区引导农民集中居住，更加契合我国推进新型城镇化和乡村振兴的要义。因此，本书沿用前述学者的界定，将农民宅基地退出方式区分为完全退出和不完全退出。

2. 自变量

根据研究需要且考虑数据的可获取性，本节从农民和村庄两个层面选择变量作为农民宅基地退出方式选择的影响因素。农民层面（层一）涉及的解释变量主要是农民的个体和家庭特征、农民对宅基地功能及退出后就业风险的认知等；村庄层面（层二）主要选取该村到最近城镇的距离以及村庄环境平均满意度。各变量说明及描述性统计情况如表4-7所示。

表4-7 变量定义及描述性统计

| 变量类别 | 具体变量 | 定义及赋值 | 均值 | 标准差 |
|---|---|---|---|---|
| 被解释变量 | 退出方式 | 不完全退出（集中居住）=0，完全退出（进城居住）=1 | 0.36 | 0.482 |
| 农民层面解释变量 | 年龄 | 25岁及以下=1，26~35岁=2，36~45岁=3，46~55岁=4，55岁以上=5 | 2.95 | 1.343 |
| | 受教育程度 | 初等教育（初中及以下）=1，中等教育（高中或中专）=2，高等教育（大专及以上）=3 | 1.64 | 0.831 |
| | 就业状况 | 以农就业为主=0，以非农就业为主=1 | 0.43 | 0.498 |
| | 家庭总收入 | 0.5万元及以下=1，0.5万~1万元=2，1万~3万元=3，3万~5万元=4，5万元以上=5 | 3.36 | 0.997 |
| | 权属认知 | 个人=1，村集体=2，国家=3，不清楚=4 | 2.32 | 1.282 |

① 魏后凯、刘同山：《农村宅基地退出的政策演变、模式比较及制度安排》，《东岳论丛》2016年第9期。

② 晏志谦等：《农户分化视角下宅基地退出方式选择影响因素分析》，《中国农业资源与区划》2018年第6期。

③ 李建强等：《政策激励与农户宅基地退出方式选择》，《四川农业大学学报》2019年第5期。

续表

| 变量类别 | 具体变量 | 定义及赋值 | 均值 | 标准差 |
|---|---|---|---|---|
| 农民层面解释变量 | 对宅基地居住养老功能的认知 | 不重要 = 1，重要 = 2，非常重要 = 3 | 2.31 | 0.640 |
| | 是否拥有城镇住房 | 无 = 0，有 = 1 | 0.26 | 0.442 |
| | 对退出宅基地后就业是否更容易的认知 | 更困难 = 1，和以前一样 = 2，更容易 = 3 | 1.83 | 0.534 |
| 村庄层面解释变量 | 村庄到最近城镇的距离 | 1 千米及以下 = 1，1~3 千米 = 2，3~5 千米 = 3，5 千米以上 = 4 | 2.47 | 1.179 |
| | 村庄环境平均满意度 | 分值 0~100，60 分以下 = 1，60~70 分 = 2，70~80 分 = 3，80~90 分 = 4，90 分以上 = 5 | 2.50 | 0.837 |

### （二）研究方法

首先，运用交叉列联表，通过农民个体和家庭特征及村庄层面特征对农民退出方式选择进行描述性统计，分析农民退出方式选择的分化异质特征。其次，根据数据结构选择模型对农民退出方式选择进行实证模型分析。因农民样本嵌套于村庄区域中，农民选择何种退出方式受到农民及村庄因素两层嵌套数据的影响。这类数据具有明显的分层聚类性，难以满足传统 OLS 回归模型对样本独立性的假设。分层模型能够分析不同层次的解释变量对因变量的影响份额，已被广泛运用于诸多领域[1][2]。本研究中因变量是二分变量，即农民宅基地完全退出或不完全退出。因离散型因变量与自变量之间并非简单线性关系，故可采用广义分层线性模型（Hierarchical Generalized Linear Model，HGLM）。分层模型主要包括零模型、随机效应回归模型和完整模型等[3]。

1. 零模型

根据因变量为二分变量的特点，采用 Logit 链接函数，本书中两层

---

[1] 舒帮荣等：《发达地区农户宅基地置换意愿多水平影响因素研究》，《长江流域资源与环境》2018 年第 6 期。

[2] 莫旋等：《分层异质视角下流动人口收入决定研究》，《财经理论与实践》2018 年第 2 期。

[3] 张雷等：《多层线性模型应用》，教育科学出版社，2005。

模型对应的零模型表达式如下：

$$\text{Prob}（y_{ij} = 1）= p_{ij} \tag{①}$$

农民层面：$\qquad \log[p_{ij}/（1 - p_{ij}）] = Y_{ij}，Y_{ij} = \beta_{0j} \tag{②}$

村庄层面：$\qquad \beta_{0j} = \gamma_{00} + \mu_{0j} \tag{③}$

组合模型：$\qquad Y_{ij} = \gamma_{00} + \mu_{0j} \tag{④}$

式中，$y_{ij} = 1$ 表示第 $j$ 个村庄第 $i$ 个农民选择完全退出；$p_{ij}$ 表示第 $j$ 个村庄第 $i$ 个农民选择完全退出的概率；$Y_{ij}$ 表示第 $j$ 个村庄第 $i$ 个农民的因变量函数，即选择完全退出与不完全退出的发生比对数；式②中 $\beta_{0j}$ 是第 $j$ 个村庄的农民层面模型的截距；式③中 $\beta_{0j}$ 是预设的村庄特征解释农民退出方式选择的概率；$\gamma_{00}$ 和 $\mu_{0j}$ 分别为村庄层面 $\beta_{0j}$ 的截距和随机成分。利用该组模型的分析结果，可得村庄层面的方差分量 $Var（\mu_{0j}）$。根据以往学者的研究经验，Logit 回归方程的残差方差为 $\pi^2/3$[1][2]。由此，组内相关系数 $ICC = Var（\mu_{0j}）/[Var（\mu_{0j}）+ \pi^2/3]$。根据建模的经验判断准则，当 $ICC$ 大于 0.059 时，就需要考虑分层进行检验[3]。

2. 随机效应回归模型

首先，在农民层面模型中增加自变量来构建单一变量的随机效应回归模型，实现对第一层解释变量的初步筛选。其次，通过该模型来判断农民层面的回归效应在村庄层面是否有显著差异。模型中随机效应方差成分的显著与否是建立第二层模型的依据[4]。

农民层面：$\qquad Y_{ij} = \beta_{0j} + \sum_{p=1}^{P} \beta_{pj} X_{pij} \tag{⑤}$

村庄层面：$\qquad \beta_{0j} = \gamma_{00} + \mu_{0j}，\beta_{pj} = \gamma_{p0} + \mu_{pj} \tag{⑥}$

3. 完整模型

根据随机效应回归模型的分析结果，进一步将村级因素纳入回归效

---

① 杨菊华：《多层模型在社会科学领域的应用》，《中国人口科学》2006 年第 3 期。

② 刘立光、王金营：《流动人口城市长期居留意愿的理性选择》，《人口学刊》2019 年第 3 期。

③ 叶青青等：《基于多层线性模型的湖北省县域建设用地集约利用影响因素研究》，《中国土地科学》2014 年第 8 期。

④ 赵小风等：《江苏省开发区土地集约利用的分层线性模型实证研究》，《地理研究》2012 年第 9 期。

应具有显著村级差异的农民层面因素的斜率模型中，从而建立完整模型，进而综合分析两个层面的因素对宅基地退出方式选择的作用。具体的统计模型如下：

农民层面：
$$Y_{ij} = \beta_{0j} + \sum_{p=1}^{P} \beta_{pj} X_{pij} \qquad ⑦$$

村庄层面：
$$\beta_{0j} = \gamma_{00} + \sum_{q=1}^{Q} \gamma_{0q} W_{qj} + \mu_{0j} , \beta_{pj} = \gamma_{p0} + \sum_{q=1}^{Q} \gamma_{pq} W_{qj} + \mu_{pj} = \gamma_{pj} \qquad ⑧$$

组合模型：
$$Y_{ij} = \gamma_{00} + \sum_{q=1}^{Q} \gamma_{0q} W_{qj} + \sum_{p=1}^{P} \gamma_{pj} X_{pij} + \mu_{0j} \qquad ⑨$$

式中，$X_{pij}$、$W_{qj}$ 分别为农民层面第 $j$ 个村庄第 $i$ 个农户第 $p$ 个变量和村庄层面第 $j$ 个村第 $q$ 个变量；$\mu_{0j}$、$\mu_{pj}$ 分别为 $\beta_{0j}$、$\beta_{pj}$ 的随机成分；$\beta_{pj}$ 为农民层面变量的回归斜率，$\gamma_{p0}$ 为第 $j$ 个村庄层面变量对 $\beta_{pj}$ 回归的截距；$\gamma_{0q}$、$\gamma_{pq}$ 分别为第 $j$ 个村庄层面变量对 $\beta_{0j}$ 和 $\beta_{pj}$ 的回归斜率。为简化方程，令 $\beta_{pj} = \gamma_{pj}$，得到组合模型如公式⑨所示。

## 三 退出方式选择的分化异质性：交叉列联表分析

本部分运用交叉列联表，通过农民个体和家庭特征及村庄特征分析农民宅基地退出方式选择的分化异质特征。由于涉及变量较多，受篇幅所限，具体选择村庄层面的村庄到最近城镇的距离以及农民层面的受教育程度、就业状况及对宅基地居住养老功能的认知等为分化指标，将这些变量与农民宅基地退出方式选择进行交叉列联表分析。各变量的交叉结果如表4-8所示。

根据表4-8的数据，在两种宅基地退出方式选择中，更多农民（64.29%）偏好不完全退出。另外，随着村庄到最近城镇的距离增加，农民宅基地退出方式选择中不完全退出所占比重分别为79.5%、68.18%、50.0%和17.9%；与此对应，完全退出所占比重分别为20.5%、31.82%、50.0%和82.1%。这表明村庄到最近城镇的距离越远，农民越倾向于选择宅基地完全退出；反之，农民越倾向于选择宅基地不完全退出。这可能是因为距离城镇较远的村庄，其经济发展水平和交通便利度相对较低，该类村庄的农民更渴望改善居住环境，因而选择宅基地完全退出的意愿较强。农民宅基地退出方式选择的地理位置差异明显，表明宅基地退出方式选择可能与村级背景因素有关。

表4－8 农民宅基地退出方式选择的分化异质性

单位：人，%

| 变量 | 完全退出\不完全退出 | 村庄到最近城镇的距离 | | | | |
|---|---|---|---|---|---|---|
| | | 第一梯次 | 第二梯次 | 第三梯次 | 第四梯次 | 合计 |
| 受教育程度 | 初等教育 | 69 (95.8) | 24 (100.0) | 15 (48.4) | 4 (21.1) | 112 (76.7) |
| | | 3 (4.2) | 0 (0.0) | 16 (51.6) | 15 (78.9) | 34 (23.3) |
| | 中等教育 | 14 (56.0) | 9 (100.0) | 8 (100.0) | 1 (16.7) | 32 (66.7) |
| | | 11 (44.0) | 0 (0.0) | 0 (0.0) | 5 (83.3) | 16 (33.3) |
| | 高等教育 | 6 (40.0) | 12 (36.4) | 0 (0.0) | 0 (0.0) | 18 (31.0) |
| | | 9 (60.0) | 21 (63.6) | 7 (100.0) | 3 (100.0) | 40 (69.0) |
| 就业状况 | 以农就业为主 | 53 (86.89) | 25 (89.3) | 17 (50.0) | 3 (16.7) | 98 (69.5) |
| | | 8 (13.11) | 3 (10.7) | 17 (50.0) | 15 (83.3) | 43 (30.5) |
| | 以非农就业为主 | 36 (70.59) | 20 (52.6) | 6 (50.0) | 2 (20.0) | 64 (57.7) |
| | | 15 (29.41) | 18 (47.4) | 6 (50.0) | 8 (80.0) | 47 (42.3) |
| 对宅基地居住养老功能的认知 | 不重要 | 3 (33.3) | 12 (100.0) | 0 (0.0) | 0 (0.0) | 15 (65.2) |
| | | 6 (66.7) | 0 (0.0) | 2 (100.0) | 0 (0.0) | 8 (34.8) |
| | 重要 | 38 (77.6) | 12 (44.44) | 20 (58.8) | 2 (12.5) | 72 (57.1) |
| | | 11 (22.4) | 15 (55.56) | 14 (41.2) | 14 (87.5) | 54 (42.9) |
| | 非常重要 | 48 (88.89) | 21 (77.78) | 3 (30.0) | 3 (25.0) | 75 (72.8) |
| | | 6 (11.11) | 6 (22.22) | 7 (70.0) | 9 (75.0) | 28 (27.2) |
| | 总计 | 89 (79.5) | 45 (68.18) | 23 (50.0) | 5 (17.9) | 162 (64.29) |
| | | 23 (20.5) | 21 (31.82) | 23 (50.0) | 23 (82.1) | 90 (35.71) |

注：表中是农民对不同宅基地退出方式选择的样本量，括号内为样本占比。为表述方便，研究区域村庄到最近城镇的距离的1千米及以下、1～3千米、3～5千米、5千米以上分别用第一、第二、第三、第四梯次代表。

在农民受教育程度分化中，整体来说，无论村庄距离城镇远近，各村庄中接受初等教育者所占比重较大（除第二梯次范围内村庄中接受高等教育者所占比重稍高）；随着受教育程度不断提高，农民选择宅基地完全退出的比重随之提高，从23.3%提高到33.3%和69.0%。虽然前述分析表明，所研究区域内距离城镇越远的村庄，其农民越倾向于完全退出，但从受教育程度与村庄到最近城镇的距离的交叉结果可知，第三梯次范围内的村庄中接受初等教育的农民选择完全退出的比例（51.6%），低于处于第一、第二梯次范围内的村庄中接受高等教育的农民选择完全退出的比例（分别为60.0%和63.6%）。这说明受教育程度对农民退出方式的选择影响显著。但随着距离增加，第四梯次范围内的村庄中接受初等教育的农民选择完全退出的比例（78.9%）高于处于第一、第二梯次范围内村庄中接受高等教育的农民选择完全退出的比例，这意味着村庄到最近城镇的距离对农民退出方式选择的影响开始凸显，村庄到最近城镇的距离可能会弱化受教育程度与农民退出方式选择间的关系。

在农民就业状况分化中，整体来说，到最近城镇越远的村庄，其农民从事非农业的比重越低（除第二梯次范围内村庄中从事非农业者所占比重稍高）；相比于主要从事农业的农民，主要从事非农业的农民更倾向于选择完全退出（42.3%）。从就业状况和村庄到最近城镇的距离的交叉结果可知，第三梯次范围内的村庄中主要从事农业的农民选择完全退出的比例（50.0%），高于处于第一、第二梯次范围内的村庄中主要从事非农业的农民选择完全退出的比例（分别为29.41%和47.4%）。这说明相比于就业状况，村庄到最近城镇的距离对农民退出方式选择的影响更大。

在对宅基地居住养老功能的认知分化中，随着村庄到最近城镇的距离增加，农民中认为宅基地具有非常重要的居住养老功能的比重呈现先下降后上升的趋势，特别是第四梯次范围的村庄，其所有被调研农民均认为宅基地具有（非常）重要的居住养老功能。其中，认为宅基地的居住养老功能非常重要，选择不完全退出的比重最大（72.8%）。从对宅基地居住养老功能的认知和村庄到最近城镇的距离的交叉结果来看，处于第四梯次范围内村庄的农民，其认为宅基地具有重要或非常重要的居住养老功能但依然选择完全退出的比重（87.5%和75.0%），明显高于处于较低梯次范围内村庄的农民认为居住养老功能不重要进而选择完全退出的比重（66.7%）。这也显示，在农民退出方式选择中，村庄到最近城镇的距离的影响作用要超过农民对宅基地居住养老功能的认识。

总之，村庄到最近城镇的距离、受教育程度、就业状况及对宅基地居住养老功能的认知等不同，农民宅基地退出方式的选择表现出分化异质特征。同时，这也表明，农民退出方式的选择不仅受个体特征的影响，还会受到村级特征的影响。受教育程度、就业状况和对宅基地居住养老功能的认知，这些个体特征在不同的村庄到最近城镇的距离背景下，对农民宅基地退出方式选择的影响有所不同。但上述判断是针对村庄到最近城镇的距离和相应的个体特征变量而言，并没有控制其他因素，农民宅基地退出方式的选择还受到许多其他个体特征和村级特征变量的影响，在研究农民宅基地退出方式选择时，需要对这些变量加以控制。因此，还需要通过更为严谨的实证分析来处理数据的分层聚类性，以得到较为精确可靠的分析结论。

## 四　退出方式选择的影响因素：分层模型分析

本部分基于广义分层线性模型对农民宅基地退出方式选择的影响因素进行实证分析，具体采用零模型判断农民宅基地退出方式选择是否存在村庄层面的差异；采用随机效应回归模型分析农民层面影响因素的回归效应，并判断该回归效应是否存在村庄层面的水平差异；采用完整模型解释村庄层面因素对农民层面因素和农民退出方式选择间关联的影响方式和影响程度。

### （一）零模型

零模型是各层方程中都不设自变量的模型，其目的在于判断分层数据中的各个层次是否对因变量具有显著影响[①]。组内相关系数值越大，说明村庄层面变量对因变量的影响越大。这意味着如果仅对农民退出方式的选择进行农民个体层面的自变量常规回归，分析结果将存在较大偏

---

① 叶青青等：《基于多层线性模型的湖北省县域建设用地集约利用影响因素研究》，《中国土地科学》2014 年第 8 期。

差。在这种情况下，就需要建立非线性分层模型进行分析。依据前述研究方法，零模型的估计结果见表4-9。

表4-9　零模型估计结果

| 固定效应及显著性检验 | | | | 随机效应及显著性检验 | | | | |
|---|---|---|---|---|---|---|---|---|
| 参数 | 回归系数 | T检验 | P | 参数 | 标准差 | 方差成分 | $\chi^2$ | P |
| 截距（$\gamma_{00}$） | -0.5878 | -2.581 | 0.012 | 村庄间变异（$\mu_{0j}$） | 0.991 | 0.983 | 19.28 | 0.002 |

由表4-9可以看出，固定效应及随机效应均通过显著性检验，村庄差异即村庄层面方差 $Var(\mu_{0j}) = 0.983$，组内相关系数 $ICC = Var(\mu_{0j})/[Var(\mu_{0j}) + \pi^2/3] = 22.96\%$。这说明农民宅基地退出方式选择差异有22.96%由村庄层面的特征差异导致，77.04%是由农民个体及其家庭层面的特征差异导致。虽然农民层面的特征是影响退出方式选择的主要因素，但村庄层面的背景因素对宅基地退出方式选择的影响也不容忽视。因此，在研究农民宅基地退出方式选择时，采用分层模型将村庄层面的因素纳入模型中，有助于提高相关参数估计的精确性。

### （二）随机效应回归模型

随机效应回归模型除可判断农民层面的因素是否显著外，还可确定农民层面的回归系数在村庄层面是否具有显著差异。依据前述研究方法，对第一层解释变量进行初步筛选。结果表明，权属认知（$\beta = 0.1223$，$P = 0.233$）、城镇住房（$\beta = 0.0651$，$P = 0.844$）以及对退出宅基地后就业是否更容易的认知（$\beta = 0.0807$，$P = 0.694$）对退出方式的选择有正向影响，对宅基地居住养老功能的认知（$\beta = -0.4412$，$P = 0.150$）对退出方式选择有负向影响，但以上因素均没有通过显著性检验。受访者的年龄、受教育程度、就业状况和家庭总收入的回归系数通过显著性检验，具体随机效应回归模型的系数估计和统计显著性检验见表4-10。

表4－10　随机效应回归模型估计结果

| 农民层面解释变量 | 回归系数及显著性检验 | | | | 方差成分及显著性检验 | | |
|---|---|---|---|---|---|---|---|
| | 回归系数 | 标准误差 | T检验 | P | 方差成分 | $\chi^2$检验 | P |
| 年龄斜率，$\beta_1$<br>截距，$\gamma_{10}$ | －0.8472 | 0.1428 | －5.931 | 0.002 | 0.1588 | 2.1436 | ＞0.500 |
| 受教育程度斜率，$\beta_2$<br>截距，$\gamma_{20}$ | 0.7441 | 0.2495 | 2.981 | 0.031 | 0.7151 | 9.93320 | 0.076 |
| 就业状况斜率，$\beta_3$<br>截距，$\gamma_{30}$ | 0.5631 | 0.2474 | 2.276 | 0.072 | 0.0268 | 4.4899 | ＞0.500 |
| 家庭总收入斜率，$\beta_4$<br>截距，$\gamma_{40}$ | 0.2768 | 0.0375 | 7.384 | ＜0.001 | 0.0033 | 0.8944 | ＞0.500 |

根据表4－10结果可知，年龄对退出方式选择的影响是反向的（$\beta_1 = -0.8472$，$P = 0.002$），即年龄越大，越不倾向于选择宅基地完全退出。受教育程度（$\beta_2 = 0.7441$，$P = 0.031$）、就业状况（$\beta_3 = 0.5631$，$P = 0.072$）及家庭总收入（$\beta_4 = 0.2768$，$P < 0.001$）对宅基地退出方式的选择具有显著正向作用，即受教育程度越高、就业状况越偏离农业、家庭总收入越高的农民，越倾向于选择宅基地完全退出。原因可能在于，受教育程度越高的农民，对生活水平的期望越高，完全退出宅基地进城居住后也越容易找到工作；就业状况越偏离农业的农民在邻近城镇打工或就业的可能性越大，其越适应城市生活；家庭总收入越高，越能为城市的高消费提供有力的保障，因此其越愿意完全退出宅基地进城居住，从而享受城市较好的福利。

从方差成分及显著性检验来看，年龄、就业状况和家庭总收入回归系数的卡方检验均不显著，说明其在村庄层面上没有显著差异，即年龄、就业状况和家庭总收入对所研究区域农民退出方式选择的影响不依赖村的变化而改变。而受教育程度的随机效应通过10%的显著性检验（$P = 0.076$），表明该变量的回归系数在不同村庄间存在显著差异，即受教育程度对农民退出方式选择的影响依赖于村庄层面的因素。因此，需要进一步构建完整模型以揭示受教育程度和村庄层面变量对退出方式选择的影响方式和影响程度。

### （三）完整模型

根据随机效应回归模型结果，把受教育程度变量纳入第一层模型中，将村庄层面两个变量纳入第二层模型中，构建完整模型。完整模型的运行结果可以反映不同的村庄层面特征对农民退出方式选择的影响差异。最终结果体现出村庄层面指标对农民层面指标的交互作用，当第二层变量结果与第一层变量结果符号一致时就会强化农民退出方式选择，反之会弱化。完整模型估计结果如表 4-11 所示。

表 4-11 完整模型估计结果

| 固定效应 | | 回归系数 | 标准差 | T 检验 | P |
|---|---|---|---|---|---|
| 因变量：退出方式选择 | 截距 1，$\beta_0$<br>截距 2，$\gamma_{00}$ | -6.8285 | 2.0236 | -3.374 | 0.001 |
| | 村庄到最近城镇的距离，$\gamma_{01}$ | 1.8031 | 0.6425 | 2.806 | 0.006 |
| | 村庄环境平均满意度，$\gamma_{02}$ | 0.3939 | 0.9947 | 0.396 | 0.693 |
| 自变量：受教育程度 | 斜率，$\beta_1$<br>截距 2，$\gamma_{10}$ | 2.4653 | 0.9449 | 2.609 | 0.011 |
| | 村庄到最近城镇的距离，$\gamma_{11}$ | -0.6608 | 0.33327 | -1.986 | 0.051 |
| | 村庄环境平均满意度，$\gamma_{12}$ | 0.0057 | 0.5465 | 0.010 | 0.992 |
| 随机效应 | 方差成分 | $\chi^2$ 检验 | | P | |
| 截距 1，$\mu_0$ | 4.1594 | 7.0217 | | 0.070 | |
| 受教育程度斜率，$\mu_1$ | 0.2668 | 6.6015 | | 0.084 | |

整体上看，在村庄层面的指标中，村庄到最近城镇的距离对农民宅基地退出方式选择的作用显著（P < 0.01）且回归系数为正（$\gamma_{01}$ = 1.8031），说明村庄到最近城镇的距离会强化农民完全退出方式的选择。村庄环境平均满意度对农民退出方式的选择有正向影响，但这种影响并不显著（P > 0.1）。

为研究村庄层面特征和农民层面特征的交互作用对农民宅基地退出方式选择的影响，还需要具体分析村庄层面指标对农民层面指标的影响。在村庄层面指标与受教育程度的交互中，村庄到最近城镇的距离会显著弱化（$\gamma_{11}$ = -0.6608，P = 0.051）受教育程度和退出方式选择的正向关联（$\beta=2.4653$），即村庄到最近城镇的距离每增加 1 单位，受教育程度对退出方式的正向作用将减少 0.66 单位，说明到最近城镇越远或区位条件较差的村庄，受教育程度对退出方式选择的影响较弱，而到城镇距离较近或区位条件较好的村庄，受教育程度对退出方式选择的影响相对较强。这可能是因为距离城镇较近的村庄，农民的受教育程度相对较高，退出方式对受教育程度的敏感度提升；反之，到最近城镇较远的村庄，退出方式对受教育程度的敏感度降低。因此，村庄到最近城镇的距离通过改变农民的受教育程度对退出方式选择的影响程度，使具有相同特征的农民在不同村庄具有不同的宅基地退出方式选择，进而引致村庄间退出方式选择的差异。村庄环境平均满意度对受教育程度和退出方式选择之间的正向关联影响不显著（$P>0.1$）。这说明虽然所研究区域内各村庄的环境平均满意度存在差异，但尚未通过受教育程度对农民退出方式的选择产生间接影响。

从随机效应来看，在增加村庄到最近城镇的距离和村庄环境平均满意度两个村庄层面的变量后，受教育程度的随机效应依然通过了 10% 的显著性检验，这说明受教育程度在村庄层面没有得到较好的解释，需要在模型中添加县级或市级等更高层面的变量进行解释。进一步地，为说明层一变量的相关性在层二上的变异在多大程度上是由村庄层面变量导致的，可以计算方差消减比例。具体可用公式：村庄层面变量对农民水平回归系数变异所解释的方差比例 =（原始方差 - 条件方差）/原始方差。其中，原始方差为不包括第二层变量的随机效应中的方差成分，条件方差为包括第二层变量后随机效应中剩余的方差成分。表 4-12 显示，农民宅基地退出方式选择均值的参数方差中只有 50.06% 能被村庄到最近城镇的距离所解释，即这一变量只能解释村庄层面变量对农民宅基地退出方式选择作用的 50.06%；受教育程度与农民宅基地退出方式选择的正向关系有 62.69% 能被村庄到最近城镇的距离所解释。总之，受制于模型数据的可获得性，村庄层面随机因素的变异仍非常显著。这表明还需进一步考虑其他重要的村庄层面因素或更高层面的因素，目前的研究结果可为调查问卷的完善、研究理论与模型的发展提供相关参考依据。

表 4 – 12　完整模型的方差消减比例

| 变量 | 无条件方差 | 条件方差 | 方差消减比例（%） |
|---|---|---|---|
| $\mu_0$ | 8.3292 | 4.1594 | 50.06 |
| $\mu_1$ | 0.7151 | 0.2668 | 62.69 |

## 五　分析结果及启示

本部分利用交叉列联表与广义分层线性模型，对农民宅基地退出方式选择的分化异质特征进行描述性分析，从农民和村庄两个层面对农民退出方式选择的影响因素进行计量分析。研究表明以下四点。

第一，因村庄到最近城镇的距离和农民的受教育程度、就业状况及对宅基地居住养老功能的认知等不同，宅基地退出方式选择表现出分化异质特征。具体表现为：村庄到最近城镇的距离越远、受教育程度越高、就业状况越偏离农业的农民越倾向于选择完全退出；越认为宅基地具有非常重要的居住养老功能，越倾向于选择不完全退出。第二，农民个体层面和村庄层面的因素对农民退出方式的选择都具有影响，其中退出方式选择的差异有 22.96% 由村庄层面因素的差异导致。第三，年龄与农民退出方式的选择呈显著反向关系，受教育程度、就业状况及家庭总收入对退出方式的选择具有显著正向关系。受教育程度对退出方式选择的影响显著依赖于村庄层面的变量，其他农民层面的变量与退出方式选择的关系不依赖于村庄层面变量的变化。第四，村庄到最近城镇的距离会显著弱化受教育程度和退出方式选择的正向关联，但村庄环境平均满意度对受教育程度和退出方式选择之间的正向关联的影响不显著。

基于上述研究结论，为科学推进农村宅基地退出，得出以下三点启示。第一，农村宅基地退出方式的制定需要综合考虑农民层面和村庄层面因素的综合影响，因地制宜、因户施策，方能最大限度地保障农民的选择偏好及其宅基地权益。第二，促进村庄到最近城镇的距离较远的农民以及其他有条件如受教育程度高、非农就业能力强或家庭经济水平高的农民完全退出宅基地，制定相应的扶持政策鼓励其进入城镇居住、就业；对于老龄农民、贫困农民以及对宅基地的居住养老功能具有较高诉求的农民，应关注其既有的农村生产和生活方式，选择基于宅基地不完全退出的原村调整、邻村合并等多样化集中居住模式；相对于农民的受教育程度这个因素，宅基地退出方式的选择要更多地考虑村庄区位即村庄到最近城镇的距离。第三，设计完善的配套政策体系，进一步提高农民的受教育程度，强化进城居住农民的非农就业培训；完善农村社会保障体系，对于以货币或实物置换的宅基地不完全退出，提高置换补偿标准，解决农民宅基地退出的后顾之忧。

本书主要探讨农民层面和村庄层面的因素对农民宅基地退出方式选择的影响。事实上，农民宅基地退出方式选择的影响因素很多，受制于数据的可获得性，模型中可能遗漏了一些对农民退出方式选择至关重要的农民层面特别是村庄层面的变量，抑或是更高层面的变量。因此，有待进一步完善调查问卷，挖掘合适的变量以丰富和完善模型。

# 本章小结

在农村宅基地退出过程中，尊重农民意愿是需要考虑的首要原则，这直接影响相关政策的推行和实施效果。农民宅基地退出意愿不仅指农民是否愿意退出宅基地，而且包含农民愿意以何种方式退出宅基地。在目前农民的就业状况、收入及居住等分化日益明显的情况下，农民对宅基地功能及其福利的认同也开始分化，进而影响其宅基地退出意愿及行为决策。实证分析表明，相对于以农就业为主、低收入层级和无城镇住房的农民，以非农就业为主、高收入层级和拥有城镇住房的农民对宅基地居住和养老福利的认同度偏低，也更愿意选择宅基地置换退出。具体而言，年龄、对宅基地福利的认同与宅基地退出显著负相关，主要收入来源、就业状况、家庭总收入、是否参加城镇或商业养老保险与宅基地退出意愿显著正相关。从农民和村庄两个层面对农民退出方式选择的影响分析表明，年龄与退出方式的选择呈显著反向关系，受教育程度、就业状况、家庭总收入对退出方式的选择具有显著正向关系。受教育程度

对退出方式选择的影响显著依赖于村庄层面的变量，主要表现为村庄到最近城镇的距离会显著弱化受教育程度和农民退出方式选择的正向关联。

基于上述分析结果，农村宅基地退出政策的制定要考虑农民退出意愿及退出方式选择的影响因素。如考虑农民分化及所处村庄的区位等差异因素，提高退出置换补偿标准，制定多元化的宅基地退出方式，以适应异质性农民的差异性选择。另外，还需要继续完善配套制度，如对农民进行非农就业培训，提高农民的非农就业技能，增加农民的非农就业收入，完善农村社会保障体系，提高农民的社会保障程度等。这些不仅影响农民的宅基地退出意愿，关系到宅基地退出能否顺利推行，而且对于提高城镇化水平、实现城乡统筹发展也是不可缺少的。

# 第五章　农村宅基地退出的效应

在城市化快速推进以及城乡建设用地供需失衡激化的背景下，我国广大农村地区普遍存在"一户多宅"、面积超标、闲置粗放利用等现象，成为优化土地资源配置和统筹城乡协调发展的主要障碍。这是政府探索农村宅基地退出机制，积极鼓励农民将闲置宅基地退出的驱动力所在。因此，宅基地退出的目的是要提高宅基地利用效率以及实现农民的土地财产权益，进而满足社会经济发展和乡村振兴需要。从资源配置角度看，农村宅基地退出实质上是土地资源的再配置，而效率和公平是评估资源配置效果的两大方面。因此，农村宅基地退出能否提高资源配置效率和促进收益分配公平就成为评价宅基地退出有效性及其是否符合社会经济发展需要的重要依据。与此同时，在乡村振兴战略背景下，农村宅基地退出对乡村发展的影响也应受到关注。

## 第一节　农村宅基地退出效应的理论分析

### 一　宅基地退出的效率和公平：福利经济学视角

虽然福利不等同于价值，但所有的价值都必须由福利来解释。实现社会福利最大化是每一个经济社会追求的主要目标。因此，农村宅基地退出效应评估应集中体现在对农民福利的影响。福利经济学是从资源配置（效率）和国民收入（公平）两个方面来研究市场经济国家实现最大的社会福利所需要具备的条件，以及为了增进社会福利所应当采取的政策措施①。

资源配置效率要求消除资源闲置，杜绝资源浪费，并要求资源顺畅地流向生产组织完善的高效企业。通俗地说，宅基地配置效率就是要求把土地交给最有能力的人使用，不浪费土地资源。

上述资源配置效率原则同样适用于宅基地退出的资源配置效率评价。但依据新制度经济学原理，宅基地退出不能以制度不变为假设来研究资源配置，而必须把制度视为一个内生变量，分析制度对资源配置的制约。诺斯从制度变迁的角度，提出了制度效率。判定一种制度是否有效率，主要应看制度结构能否拓展人类选择的空间、能否获得一个正确价格②。因此，宅基地配置效率要求制度安排能够使资源有效地配置于最适宜的方向上或最有能力的使用主体，最终形成正确的土地价格。在市场机制下，实现国有土地和集体建设用地同地、同权、同价是提高城乡土地要素配置效率的关键③。

在福利经济学中，效率指的是帕累托效率。虽然帕累托效率只是在理论上给人们描绘了资源优化配置的理想状态，在现实经济运行中，帕累托效率实现的前提条件诸如完全竞争、信息完善、交易费用为零等不可能完全达到，但它依然为人们判断资源配置效率提供了一个逻辑标准。具体而言，虽然土地资源配置的帕累托效率无法实现，但调整宅基地配置制度使之尽量满足帕累托效率的实现条件，实现帕累托改进则具有可行性。因此，我们认为，宅基地退出制度安排能够促进市场有序竞争、降低退出的交易费用且有利于市场信息传递等，从而有利于正确价格的形成。从制度变迁或安排的资源配置结果来考察，若制度变迁的结果是使社会总福利增加，由此形成的资源配置状态则是具有效率的，或是向

---

① 彭开丽：《农地城市流转的社会福利效应》，华中农业大学博士学位论文，2008。
② 李风圣、吴云亭：《公平与效率——制度分析》，经济科学出版社，1995。
③ 程世勇、李伟群：《农村建设用地地权交易和要素组合效率》，《江西财经大学学报》2009年第5期。

效率演进的。另外，诺贝尔经济学奖获得者阿马蒂亚·森用严密的数学方式研究了可行能力与社会福利问题。

本书对资源配置公平的讨论侧重结果公平，而把机会公平作为配置效率和结果公平的实现条件。机会公平是注重竞争规则的无差别性的公平，即所有的人都遵循同样的规则。结果公平要求在资源配置活动中，政府对在社会财富的再分配过程中处于不利地位的人予以一定的补偿或救济，从而在一定程度上实现结果公平。通过结果公平，使更多的人提高主体选择能力，充分发挥每个人的能动性，从而促进整个社会福利的提高。因此，本书主要关注的是农村宅基地退出中资源配置的结果公平，即在农村宅基地退出中，资源配置格局调整后所产生的经济福利的增加额在不同利益主体之间分配，应保障处于弱势地位农民的权益。

## 二 不同宅基地退出模式的理论模型与福利效应

根据前文分析，农村宅基地退出经历了由最初农民自发退出到基于城乡增减挂钩政策的政府主导退出，以及由实物退出到指标退出等不同的演变历程。下面将基于上述宅基地退出模式，建立微观经济模型，观察不同模式下宅基地退出的社会福利效应，即基于效率角度的社会总福利以及基于公平角度的福利分配。

### （一）宅基地退出模式演进中的资源配置与收益分配

1. 农民自发转向政府主导：政府介入下收益分配格局的改变

土地要素相对价格的上涨使土地产生巨大的增值空间。在土地资产收益的经济激励下，农民自发地退出宅基地以实现利益最大化，规避了政府通过征收土地获取级差收益，从而将该收益留在农民集体内部。政策安排能够改变权利主体的行为和收益分配格局。城乡建设用地增减挂钩政策激发了地方政府主导农村宅基地退出的热情，这为偏远地区农民获得土地资本化收益提供了可能的途径。政府主导宅基地退出的收益分配涉及农民、农民集体和政府。但在实践操作中，三者作为收益分配主体地位差异较大，农民所获收益不足总额的 $1/10$①，收益分配欠合理。

2. 实物退出转向指标独立流转，双边垄断转向多方竞争：交易空间和交易机制调整下土地收益的扩大

受具体地块的区位限制，宅基地实物退出的适用范围较窄，对缓解城市建设用地需求压力作用有限。鉴于远郊农村的宅基地利用更为粗放，在土地整治方面往往具有成本优势，通过将远郊农村宅基地整治获得的建设用地指标独立出来用于城市近郊，将获得更大收益。建设用地指标多方参与竞争，自由选择交易对象，更能发挥区域之间的比较优势，而土地交易所的出现，能够发挥中介机构的作用以降低信息不对称而产生的交易成本，从而提高土地配置效率和增加土地收益。

**（二）基于供求均衡模型的宅基地退出模式的总福利及其分配**

总体来看，可以认为，不同宅基地退出模式变迁的内在基本动力是经济主体寻求最优经济机会以实现土地报酬或福利最大化。进一步采用经济学供求均衡模型对此进行具体分析，如图 5 - 1 （a）（b）（c）所示，其中横轴代表农村宅基地退出数量，纵轴表示农村宅基地退出价格。假设农村宅基地入市流转合法化，进而形成城乡统一建设用地市场，此时宅基地需求曲线为 $D$，供给曲线为 $S$，两者相较于衡点 $E$，均衡价格和均衡数量分别为 $P_0$、$Q_0$，社会总福利为 $P_AEO$ 围成的面积。在农民自发或政府主导宅基地退出模式中，存在交易费用和城乡土地市场二元分割等因素，使得宅基地的供给和需求相对于城乡统一建设用地市场来说都有所下降，作用主体不同以及供给和需求的变化影响土地退出的总福利及其分配格局。

在农民自发退出宅基地的模式下，因缺乏法律保障，农民和开发商作为供求双方均面临较大的交易风险和交易成本，此时宅基地供求数量相对于城乡统一建设用地市场情况会大幅减少，即供给曲线 $S_f$ 高于 $S$，需求曲线 $D_f$ 低于 $D$，此时宅基地退出均衡点为 $E_1$，均衡价格和均衡数

① 王权典、吴次芳：《城乡统筹视阈中建设用地增减挂钩"土地新政"法治检讨》，《社会科学战线》2013 年第 5 期。

量分别为 $P_1$、$Q_1$，土地退出的总福利为 $M_1E_1N_1$ 围成的面积，其中 $P_1E_1$ $N_1$ 为农民福利，剩余部分为开发商福利，具体如图 5-1（a）所示。

政府依据城乡建设用地增减挂钩思想，通过两个阶段完成农村宅基地退出。一方面，通过支付价格 P′ 完成对农民的拆迁补偿（简洁起见，不考虑地块差异等因素带来的补偿标准的不同）；另一方面，通过宅基地整治复垦，将节余建设用地或指标出让给开发商。政府主导的规模效应使宅基地（或宅基地整治形成的建设用地指标）供给增加，且因属于体制内交易，开发商的交易风险降低、需求增加。因此，政府主导宅基地退出模式下的供给和需求均高于农民自发退出宅基地模式下的供给和需求。假设政府主导宅基地实物退出的供给和需求曲线分别为 $S_{g1}$、$D_{g1}$，在图 5-1（b）中表现为供给曲线 $S_{g1}$、需求曲线 $D_{g1}$ 向右移动，且相对图 5-1（a），供给曲线 $S_{g1}$ 低于 $S_f$，需求曲线 $D_{g1}$ 高于 $D_f$。此时宅基地退出均衡点为 $E_2$，均衡价格和均衡数量分别为 $P_2$、$Q_2$，总福利为 $M_2E_2N_2$ 围成的面积，且 $M_2E_2N_2$ 的面积大于 $M_1E_1N_1$ 的面积。其中，$P′GN_2$ 为政府支付给农民的拆迁补偿，$P′P_2E_2G$ 为政府福利，剩余部分为开发商福利。因此，由农民自发退出到政府主导退出，土地总福利增加且因政府介入带来福利分配格局的变化。

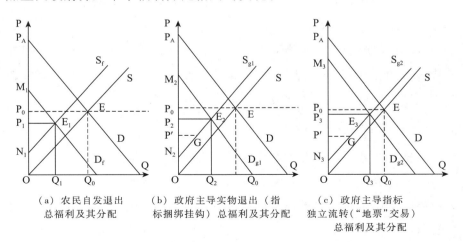

（a）农民自发退出　　　（b）政府主导实物退出（指　　　（c）政府主导指标
　　总福利及其分配　　　　标捆绑挂钩）总福利及其分配　　　独立流转（"地票"交易）
　　　　　　　　　　　　　　　　　　　　　　　　　　　　总福利及其分配

**图 5-1　不同宅基地退出模式总福利及其分配的理论模型**

进一步地，如前文所说，指标独立流转能够带动远郊农村宅基地入市，可以为政府和开发商增加更多的选择权。因此，指标独立流转模式下的供给和需求都不同程度地高于实物退出模式下的供给和需求。假设建设用地指标独立流转的供给和需求曲线分别为 $S_{g2}$、$D_{g2}$，在图 5 - 1（c）中表现为供给曲线 $S_{g2}$、需求曲线 $D_{g2}$ 进一步向右移动，且相对于图 5 - 1（b），供给曲线 $S_{g2}$ 低于 $S_{g1}$，需求曲线 $D_{g2}$ 高于 $D_{g1}$。此时宅基地退出均衡点为 $E_3$，均衡价格和均衡数量分别为 $P_3$、$Q_3$，总报酬或社会总福利为 $M_3E_3N_3$ 围成的面积，$M_3E_3N_3$ 的面积大于 $M_2E_2N_2$ 的面积。其中，$P'GN_3$ 为政府支付给农民的拆迁补偿，$P'P_3E_3G$ 为政府福利，剩余部分为开发商福利。

指标独立流转包括指标捆绑挂钩下的双边垄断模式和"地票"交易下的多方竞争模式。相对于前者，"地票"交易模式下有更多开发商进入且受到地块选择权的激励，因此宅基地需求增加，从而促使农村建设用地指标向城市转移的供给增加。因此，"地票"交易模式下的供给和需求都不同程度地高于指标捆绑挂钩模式下的供给和需求，其演进关系类似于由政府主导实物退出到政府主导指标独立流转。据此可将图 5 - 1（b）、图 5 - 1（c）分别作为指标捆绑挂钩和"地票"交易模式下的供求模型进行分析，其结果是"地票"交易模式下的总福利大于指标捆绑挂钩模式下的总福利。

因此，从政府主导实物退出到政府主导指标独立流转，从指标捆绑挂钩（双边垄断）到"地票"交易（多方竞争），不同模式的演进表现为经济主体追求土地福利或报酬最大化的结果。

### （三）实证检验分析的必要性

根据以上分析，随着宅基地退出模式的演进，其带来的社会总福利不断提高，也可以认为资源配置效率提高。但从福利分配来看，农民作为弱势群体，其福利水平是否得到提高具有不确定性。这是因为，农民自发退出属于隐形交易，具有交易风险，农民的谈判能力及宅基地的资产价值因此降低；而在政府主导宅基地退出的模式下，农民福利如货币或实物房屋等，取决于政府对农民退出宅基地的置换补偿政策。实际上，农民退出宅基地后还面临房屋居住、周边环境、生产生活方式等方面的改变，这些也影响农民退出宅基地后的福利水平。为了真实了解宅基地退出后农民的福利变化，需要从实践角度结合具体数据来分析。

## 第二节　农村宅基地退出效应的实证分析

### 一　研究思路与样本特征

#### （一）研究思路

为适应新时期社会发展需要以及遵循资源优化配置的经济逻辑，作为稀缺生产要素的农村宅基地应在遵循价值规律的前提下实现流动或转让。相关研究结果表明，农村宅基地退出可以提高宅基地利用效率，满足城乡新增建设用地需求，以及促进土地集约利用和农村城镇化发展[1][2]。在强调保障失地农民权益、促进社会成员福利公平的背景下，宅基地退出能否提高农民福利、缩小农民间的福利差距以及哪些因素影响农民的福利变化更有待论证和探究。在此基础上制定有针对性的、合理有效的宅基地退出政策措施，方能促进宅基地退出的良性发展。

针对宅基地退出的农民福利效应，已有研究主要采用模糊综合评价法实证测算宅基地退出后农民家庭的福利水平，或基于理论层面分析农民退出宅基地后所获福利的影响因素。对于宅基地退出前后农民的福利如何变化、农民间的福利分配是否合理，以及引起农民福利变化差异的因素有哪些等，目前研究尚显不足，特别是对各因素如何随着农民福利变化程度的改变而对其产生不同的影响缺乏深入考察。传统 OLS 回归方法只能得到各因素对农民福利变化的平均影响，忽略了各因素对农民福利变化的影响程度会随着福利变化的分布位置改变（根据分位数不

---

[1]　郭贯成、李金景：《经济欠发达地区农村宅基地流转的地域差异研究》，《资源科学》2014年第 6 期。

[2]　黄文秀等：《农户"就地城镇化"选择的影响因素研究》，《浙江社会科学》2015 年第 1 期。

同点位来判断）而有所不同的问题。研究这种变化规律，将会丰富对当前宅基地退出前后农民福利变化差异及其中相关制度影响的认识，为相关政策制定提供有价值的参考。

基于上述认识，本部分利用河南省四市退地农民的问卷调查数据，首先，对宅基地退出后农民的经济福利和非经济福利变化状况进行描述性统计分析，并运用对应模型分析农民个体差异与其经济福利变化的关系；其次，基于阿马蒂亚·森的可行能力原理，采用模糊综合评价法测度宅基地退出前后农民的福利变化，参照基尼系数思想计算农民间福利差异系数，采用分位数回归方法分析导致农民福利变化程度各异的影响因素，从而得到完善宅基地退出相关政策、提升农民福利的政策启示。

**（二）样本特征**

本部分所用数据来源于 2015 年对河南省新乡、焦作、新郑、信阳四市宅基地退出项目区退地农民的随机入户访谈。四市分别位于河南省北部、西北部、中部和南部，调查样本点的选择在一定程度上考虑了农民自然经济特征与经济发展水平的差异，具有一定的代表性。依据国务院《关于支持河南省加快建设中原经济区的指导意见》，2012 年河南省积极探索以宅基地退出为核心的人地挂钩政策试点，其中，新郑、新乡、信阳是全省范围内确定的首批试点单位。2013 年，焦作市依据国土资源部与河南省政府签订的《共同推进土地管理制度改革促进中原经济区建设合作协议》，开始探索宅基地退出创新管理模式。研究区域范围的选择与当前农村土地管理制度改革试点相结合，体现了调研地区的典型性。整体而言，四市都是通过对农村宅基地的整治获得建设用地指标，农民通过建设用地指标交易获得拆旧补偿、建新补助（或将补助款折算成相应面积的新型农村社区住宅）。地区人均用地、自然经济特征差异使得宅基地退出补偿标准有所不同。补偿标准高低影响宅基地退出后农民的福利，但并不影响本部分基于农户主观感知的宅基地退出前后的福利比较。本次调查共发放问卷 422 份，最终获得 410 份有效样本。其中，被调查者以男性为主（占 70.2%）；年龄主要为 30～60 岁

（占 65.85%），年龄结构比较合理；受教育程度主要为初中及以下（占 56.10%）；被调查农民主要从事农业生产（占 58.53%）、工作地点主要在省内（占 76.83%）、多数农民没有稳定城镇住房（占 74.39%），这与河南省为农业大省且经济水平较低的现实相符。

## 二　宅基地退出福利效应的描述性统计分析

福利通常被理解为"效用""偏好""幸福度"等不同含义，即某人或集体消费一定的商品或服务而得到的满足程度。传统的福利理论注重经济福利，一般以经济收入作为福利的测度元素。但仅将经济收入作为衡量福利的指标，无法揭示宅基地退出给农民带来的诸如住房及居住环境变化、就业状况改变等重要影响。阿马蒂亚·森阐述了多维度的福利概念，即福利内容不仅包括经济收入，还应该包含食品、住房、健康和心理等因素。

### （一）农民退出宅基地后的经济福利变化

虽然收入无法准确衡量福利，但不同收入水平会影响其他因素产生或转化为福利的过程和效率，即收入是获得福利的一个重要途径。因此，收入水平被看作衡量经济福利的重要指标。特别是在当前农村社会保障系统尚未健全的情况下，农村宅基地不仅为农民提供居住养老保障，而且是庭院种植或养殖的重要场所。因此，宅基地退出前后直接影响农民福利的就是经济收入。根据相关研究对农民经济福利的测度[1][2]，本部分从农业收入、非农业收入、家庭月支出三个方面来分析退出前后农民经济福利的变化。

1. 农业收入和非农业收入变化

虽然当前农民通过外出务工所取得的工资性收入占总收入的比重越

---

[1]　高进云等：《农地流转前后农户福利变化差异分析》，《中国人口·资源与环境》2011 年第 1 期。

[2]　王伟、马超：《基于可行能力理论的失地农民福利水平研究》，《农业技术经济》2013 年第 6 期。

来越大，但是农民利用宅基地进行家庭经营取得的收入仍占总收入的很大比重①。其中，将宅基地用作种植场、养殖场以收获粮食、蔬菜、禽蛋和水产等成为不少地区农民获取经济收入的一种方式。宅基地退出后，通过宅基地获得的上述各种农业经营性收入将会减少。

图5-2为农民退出宅基地前后农业收入分组对比情况。由图5-2可以看出，宅基地退出后，农业收入各分组区间在整个农业收入分组中所占比例整体呈下降趋势。相对于退出前，宅基地退出后低农业收入分组中农业收入占总收入的比例整体表现为上升现象。例如，宅基地退出前，农业收入在4000元以下、4001~8000元的分组中农业收入占总收入比例分别为52.5%和13.75%，在宅基地退出后分别上升到62.5%和20%。相对于退出前，宅基地退出后高农业收入分组中农业收入占总收入的比例整体呈下降趋势。例如，农业收入在8001~12000元、16001~20000元、20000元以上的分组中农业收入占总收入的比例分别由退出前的21.25%、6.25%和3.75%，下降到退出后的7.5%、3.75%和2.5%。宅基地退出后农民的农业收入普遍减少。

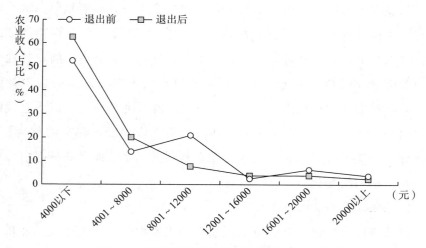

图5-2 宅基地退出前后农民的农业收入对比

① 陈利根等：《农民宅基地福利水平影响因素的理论分析》，《农村经济》2011年12期。

农民的非农业收入主要包括打工收入和非农业经营收入，如房屋租赁收入以及手工业、经商等个体经营收入。对农民而言，宅基地是其最重要的财产之一。在很多地方特别是城乡接合部，农民往往通过出租自己闲置的房屋获得部分收益，也有的农民把宅基地建造成家庭作坊，形成前店后厂、前厂后宅以获得商业或工业性收入。因此，农民退出宅基地后，基于上述宅基地的财产性或经营性收入将减少。与此同时，出于生存压力，农民将更多地外出打工或投入其他非农业生产中，通过增加非农业收入来维持生计。

图 5-3 为宅基地退出前后农民非农业收入分组对比情况。由图中可以看出，宅基地退出后，低收入分组中非农业收入占总收入的比例整体下降，而高收入分组中非农业收入占总收入的比例整体呈上升趋势。其中，非农业收入在 10000 元以下以及 10001~20000 元的分组中非农业收入占总收入的比例由退出前的 18.75% 和 31.25% 分别下降为 15%和 28.75%；非农业收入在 40001~50000 元以及 50000 元以上的分组中非农业收入占总收入的比例由退出前的 6.25% 和 8.75% 分别上升为11.25% 和 12.5%。

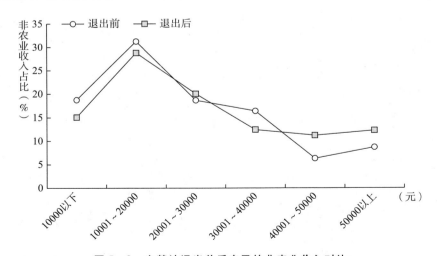

图 5-3　宅基地退出前后农民的非农业收入对比

2. 家庭月支出变化

农民的生活支出主要包括农业生产投入和家庭生活支出,其中农业生产投入主要包括农药、化肥、种子、灌溉、机械等方面的投入,家庭生活支出主要包括食品、衣服、水电、燃气、教育、医疗以及通信等方面的支出。

图 5 - 4 为宅基地退出前后农民的家庭月支出分组对比情况。根据调查数据统计,绝大多数农民认为宅基地退出后月支出增加,主要是因为农民转变为集中上楼居住,粮食、蔬菜、自来水、燃气等购买费用导致家庭生活成本上升。由图 5 - 4 可以看出,在农民的家庭月支出分组区间内,低家庭月支出分组中家庭月支出占总收入的比例整体下降,而高月支出分组中月支出占总收入的比例呈上升趋势。其中,家庭月支出在 500 元以下及 501 ~ 1000 元的分组中家庭月支出占总收入的比例由退出前的 13.75% 和 31.25% 分别下降为 12.5% 和 25%;家庭月支出在 2500 元以上的分组中家庭月支出占总收入的比例由退出前的 13.75%,大幅增长到 26.25%。

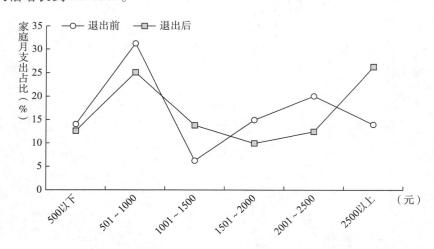

图 5 - 4    宅基地退出前后农民的家庭月支出对比

**（二）宅基地退出后农民的非经济福利变化**

相对于经济福利,非经济福利包含居住条件、教育、健康、心理状况等更为宽泛的内容。这些虽然无法用货币准确衡量，但对提高人们的幸福感无疑具有重要意义。本部分主要从社会福利、住房条件、社区生活、居住环境等方面考察农民的非经济福利变化。

1. 社会福利变化

社会福利是由政府提供的旨在改善人民生活的社会措施，包括文化、教育、医疗卫生和各种服务事业，以及各项福利性财政补贴[①]。本书具体从公共医疗设施、教育设施、娱乐休闲设施等方面进行分析。

表 5-1 显示超过 1/3 的被调查农民认为社会福利状况一般。这表明政府需要改善农民的社会福利，以提高农民满意度。从各部分来看，农民对教育设施和娱乐休闲设施表示满意或非常满意的比例分别为 48.76% 和 45.68%，农民对公共医疗设施的满意度较低，表示满意或非常满意的比例为 41.05%。与此同时，农民对公共医疗设施的不满意度为 12.04%，农民对教育设施和娱乐休闲设施的不满意度也较高，分别为 15.74% 和 18.21%，说明农民对子女教育和健身娱乐有了更高的期待。

表 5-1　退地农民社会福利变化感知

| 满意度（%） | 公共医疗设施 | 教育设施 | 娱乐休闲设施 |
| --- | --- | --- | --- |
| 非常满意 | 3.70 | 1.23 | 3.70 |
| 满意 | 37.35 | 47.53 | 41.98 |
| 一般 | 46.91 | 35.50 | 36.11 |
| 不满意 | 9.57 | 14.51 | 15.74 |
| 非常不满意 | 2.47 | 1.23 | 2.47 |

2. 住房条件变化

随着社会的发展，人们越来越看重住房的视觉感受和舒适程度。"从工具性角度来讲，好的居住条件与好的心理和生理健康密切相关。"[②] 农

---

① 周良才：《中国社会福利》，北京大学出版社，2008。
② R. Ingrid, "Sen's Capability Approach and Gender Inequality: Selecting Relevant Capabilities", *Feminist Economics* 9 (2), 2003, pp. 61-92.

民退出宅基地的同时房屋也被征收,现实的居住条件和农民的心理都发生了变化。本书具体从户型结构、房屋外观、水电供给、厕所以及房屋质量等方面分析农民住房条件的变化。

通过表5-2可以看出,受访农民对宅基地退出后的厕所和水电供给方面的满意度较高。其中厕所的状况较原来有较大改善,48.76%的受访农民对其表示满意或非常满意。农民对房屋质量的满意度较低,21.92%的受访农民对房屋质量表示不满意或非常不满意。同时从整体来看,绝大部分受访农民认为宅基地退出后的住房条件一般,没有表现出明显的满意感,说明政府在改善农民住房条件方面还有很大的空间。

表5-2 退地农民对住房条件变化的感知

| 满意度(%) | 户型结构 | 房屋外观 | 水电供给 | 厕所 | 房屋质量 |
|---|---|---|---|---|---|
| 非常满意 | 6.48 | 6.17 | 5.87 | 11.11 | 8.33 |
| 满意 | 19.14 | 22.53 | 33.64 | 37.65 | 20.37 |
| 一般 | 57.71 | 57.41 | 50.62 | 43.83 | 49.38 |
| 不满意 | 11.42 | 10.19 | 6.17 | 7.41 | 13.58 |
| 非常不满意 | 5.25 | 3.70 | 3.7 | 0 | 8.34 |

3. 社区生活变化

宅基地退出后,散落村庄的居民向社区中心村集中,节余宅基地转变为工厂、学校、道路等城市用地,农民传统的生活方式发生急剧变化。居住区附近道路的开通、厂房的修建等也使当地居住人口变得复杂,影响农民社区的治安、卫生等,从而影响农民福利。本书具体从社区治安、卫生状况、交通状况、生活方式和邻里关系等方面对农民的社区生活变化进行分析。

通过表5-3可以看出,大部分受访农民对宅基地退出后的社区生活表达了不同程度的满意。其中对交通状况的满意度较高,为67.28%。被调查农民表示,因新型社区内安有监控,社区治安和卫生状况较原来明显改善,满意度分别为57.72%和56.49%。值得注意的是,相对于其他方面,受访农民对生活方式、邻里关系的不满意度较高,分别为

21.61%和18.21%。由于当前大部分农民未脱离农业生产，宅基地退出后，农民缺少农具存放、粮食存放和牲畜饲养空间，给农作带来不便。因此，农村社区化应注重农村生产空间，不能片面地用城市的眼光来改造农村。

表 5 - 3　退地农民对社区生活变化的感知

| 满意度（%） | 社区治安 | 卫生状况 | 交通状况 | 生活方式 | 邻里关系 |
| --- | --- | --- | --- | --- | --- |
| 非常满意 | 10.80 | 9.57 | 8.33 | 2.47 | 5.86 |
| 满意 | 46.92 | 46.92 | 58.95 | 31.48 | 32.41 |
| 一般 | 33.64 | 33.64 | 27.78 | 44.44 | 43.52 |
| 不满意 | 3.70 | 3.70 | 3.70 | 20.37 | 15.74 |
| 非常不满意 | 4.94 | 6.17 | 1.24 | 1.24 | 2.47 |

4. 居住环境变化

宅基地退出前，居住地周围可能有很多农田，庭院内也可以种植蔬菜和花卉等，农民可以享受美丽的田园景色，但很多村庄也存在"垃圾靠风刮，污水靠蒸发"等脏、乱、差现象。宅基地退出后，公路、工厂的修建使当地原有自然景观、空气质量等发生改变，这些都影响农民的福利水平。本书具体选取空气质量、居住区景观、噪声三个指标进行分析。

通过表 5 - 4 可以看出，被访农民对宅基地退出后的居住区景观的满意度相对较高，为 41.97%。相对于居住区景观和噪声，宅基地退出后的空气质量不满意度稍高。但整体而言，农民对宅基地退出后的空气质量满意度（29.94%）依然高于不满意度（16.97%）。

表 5 - 4　退地农民对居住环境变化的感知

| 满意度（%） | 空气质量 | 居住区景观 | 噪声 |
| --- | --- | --- | --- |
| 非常满意 | 3.40 | 4.62 | 7.41 |
| 满意 | 26.54 | 37.35 | 34.88 |
| 一般 | 53.09 | 43.21 | 45.68 |
| 不满意 | 12.04 | 12.35 | 10.80 |
| 非常不满意 | 4.93 | 2.47 | 1.23 |

### （三）基于个体特征的农民经济福利差异分析

针对问题"总体来说，您对宅基地置换退出是否满意"，调查结果共分五个层次等级，分别为非常满意（7.07%）、满意（20.00%）、一般（22.35%）、不满意（38.82%）和非常不满意（11.76%）。前述调查表明，相对于总体评价而言，农民对非经济福利的各项评价还是比较高的，那么造成整体满意度偏低的原因无疑与农民退出宅基地后的经济福利变化有较大关系。提高农民的经济福利，既要保证科学合理的拆迁补偿标准，同时也要考虑农民之间的个体差异。农民的性别、年龄、受教育程度、家庭条件以及地域等个体或外在条件的差异，都会影响福利状况。考虑到农民之间的异质性，进一步采用对应分析模型，重点分析被调查农民的性别、年龄、受教育程度等与宅基地退出后农民的经济福利之间的关系，具体数据见表5-5。

表5-5 不同类型农民宅基地退出后的经济福利情况

单位：元

| 个体特征 | 家庭总收入 | 农业收入 | 非农业收入 | 家庭月支出 |
|---|---|---|---|---|
| 男 | 30219.26 | 4085.19 | 26115.56 | 1540.56 |
| 女 | 36785.19 | 5746.3 | 32150 | 2311.57 |
| 青年 | 41130.3 | 5904.55 | 35528.79 | 2365.86 |
| 中年 | 27457.06 | 411912 | 23014.41 | 1585.66 |
| 老年 | 23871.43 | 2917.86 | 20953.57 | 1091.67 |
| 初中 | 26863.33 | 2857.29 | 23985.21 | 1453.98 |
| 高中 | 38614.29 | 6232.14 | 33096.43 | 1877.38 |
| 大学 | 41842.11 | 7965.79 | 33876.32 | 2696.67 |

对应分析，又称为关联分析、R-Q型因子分析，是一种多维图示分析技术，研究变量之间关系的紧密程度。通过对应分析模型，可以在同一个坐标轴中将农民的经济福利与差异性指标同时展现出来，以研究经济福利和各项差异性指标的相互联系和潜在关系。根据表5-5的数据，采用SPSS 19.0软件，得到对应分析结果（见图5-5）。

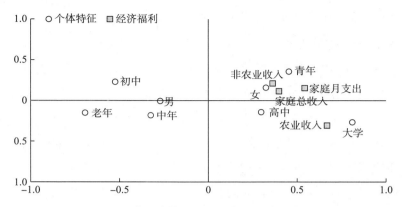

**图 5 - 5　农民个体特征与经济福利的对应分析**

根据图 5 - 5 可以发现以下三点。

其一，非农业收入散点与家庭月支出散点、家庭总收入散点相近，农业收入散点与家庭总收入散点和家庭月支出散点相距较远。这说明非农业收入与家庭月支出、家庭总收入具有较强的相关性，非农业收入是家庭增收的主要途径，仅靠农业收入不足以维持当地农民家庭日常生活的需要。

其二，在图中，不同受教育程度农民的散点距离较远，其中受教育程度为初中的散点比较孤立，与其他经济指标的相关性很弱。这表明不同受教育程度农民的经济福利水平差别较大，其中初中及以下的农民的经济福利水平较低，而受过较高教育的农民，则能够获得更多的非农就业机会，其经济福利水平较高。这也表明科学知识和信息对提升农民的经济福利发挥着越来越重要的作用。

其三，不同年龄阶段农民的散点距离较远。这表明不同年龄农民的经济福利水平有较大差异。其中，受教育程度普遍较高的青年对家庭总收入和家庭月支出都产生重要影响；老年的散点位置比较孤立，与经济福利各指标的相关性很弱。相对于其他农民，老年人比较特殊，特别是宅基地退出后他们与土地的联系被切断，他们应该成为政府重点关注的对象。

### （四）描述性统计分析结果及启示

本部分通过实地调研收集数据，运用描述性统计和对应分析模型，分析了农村宅基地退出对农民经济福利和非经济福利的影响，以及经济福利在农民个体间的差异。通过分析，得出以下结论。

在农民经济福利变化方面，宅基地退出后农民能够从土地上获取的农业收入普遍减少。从农业收入分组区间来看，表现为低农业收入分组中农业收入占总收入的比例整体上升，高农业收入分组中农业收入占总收入的比例整体下降。与此同时，由于脱离农业生产的农民将更多的时间和精力投入非农行业中，农民非农业收入普遍增加，具体表现为低收入分组中非农业收入占总收入的比例整体呈下降趋势，高收入分组中非农业收入占总收入的比例整体呈上升趋势。另外，宅基地退出后农民在粮食、蔬菜、自来水、燃气等方面的费用增加，导致家庭生活成本上升。

在农民非经济福利变化方面，调查显示政府在改善农民住房条件和居住环境方面还有很大的空间。在社会福利方面，相对于公共医疗设施，农民对教育设施和娱乐休闲设施的不满意度较高，说明农民对子女教育和健身娱乐有了更高的期待。在社区生活方面，农民普遍对交通状况、社区治安和卫生状况等的改善表示满意或非常满意，但对生活方式、邻里关系变化的不满意度较高。这启示政府在"村改居"或在推进农民集中居住的过程中，不能片面地用城市的眼光来改造农村，更应注重农村生产空间。在住房条件方面，相对于厕所和水电供给，受访农民对房屋质量的满意度较低。在居住环境方面，相对于空气质量和噪声，农民对居住区景观的满意度较高，而农民对空气质量、噪声和居住区景观的满意度均高于相应指标的不满意度，说明宅基地退出对农村居住环境具有改善作用。

对应分析结果表明，宅基地退出后非农业收入在增加退地农民家庭总收入中的作用越来越重要。为增加农民的非农业收入，政府应该为退地农民免费提供就业培训或指导，对优先招收退地农民的企业给予一定的优惠政策，或者提供职业介绍等公共就业服务，以多渠道促进农民向非农产业转移。另外，农民受教育程度与其收入和支出情况关系密切，较高的受教育程度对提高农民的经济福利发挥着重要影响。政府应该鼓励农民主动继续学习，增加对农民继续教育的经费投入，提升信息透明度，开辟多样化的教育模式，以不断提高农民的就业能力和综合素质。同时，政府还应该重点关注农村老年人、妇女等特殊人群，对他们给予更多的照顾，以维护社会稳定，促进我国和谐社会的构建。

## 三　宅基地退出后农民福利测度及其影响因素

### （一）福利功能性活动及指标选取

在具体计算农民福利变化之前，首先要明确农民福利构成的指标体系。福利是衡量人类生活质量、发展潜力和幸福程度的综合指标。相对于传统效用理论用收入衡量福利的局限性，阿马蒂亚·森的可行能力理论提出的5项功能性活动即政治自由、经济条件、社会机会、透明性保证和政治自由防护性保障[①]，为构建评价农民福利变化的指标体系提供了重要参考。高进云等根据该理论将家庭经济收入、社会保障、居住条件、社区生活、环境和心理6项功能性活动作为衡量农地流转前后农民福利变化的指标[②]；贾燕等从经济状况、社会保障、居住条件、社区生活、环境功能、发展空间和心理状况7个方面[③]，马贤磊等从家庭经济、社会保障、居住条件和环境、社会资本、决策参与自由5个方面分别研究了集中居住前后农民的福利变化[④]。借鉴已有研究成果，并结合本书的研究目的及实地调查情况，本书选取家庭经济、社会保障、房屋居住、社区生活、社区环境和心理状况6个方面共16个评价指标来研究宅基地退出前后农民的福利变化。本书中农民福利的功能性活动及指

---

① 〔印度〕阿马蒂亚·森：《以自由看待世界》，任姬译，中国人民大学出版社，2002。

② 高进云等：《农地城市流转前后农户福利变化差异分析》，《中国人口·资源与环境》2011年第1期。

③ 贾燕等：《农民集中居住前后福利状况变化研究》，《农业经济问题》2009年第2期。

④ 马贤磊、孙晓中：《不同经济发展水平下农民集中居住前后的福利变化研究》，《南京农业大学学报》（社会科学版）2012年第2期。

标选取如表 5 - 6 所示。

1. 家庭经济

农民的家庭经济状况对应阿马蒂亚·森提出的经济条件，衡量宅基地退出前后农民的经济状况变化。传统的福利理论注重的是经济福利，一般以经济收入作为福利的测度元素。收入虽然不能完全替代福利，却是实现福利的一个重要条件，是提高生活品质的重要来源。有统计研究表明，农民利用宅基地进行家庭经营取得的收入仍占总收入的很大比重[1]。农民退出宅基地后，其家庭经济将受到影响。本书选取家庭净收入、家庭农业收入和家庭生活水平三个具体指标衡量农民的家庭经济状况。其中，家庭净收入和家庭农业收入衡量农民家庭经济状况的直接变化；而农民对退出宅基地后家庭生活水平的评价，则衡量了农民的主观感受变化。即使两个家庭处于相似的经济状态，因家庭特征差异，农民对家庭经济状况的主观感受也会不同，从而导致对家庭整体经济状况的满意度存在差异[2]。

2. 社会保障

在我国农村社会保障机制不完善的情况下，农村承包地和宅基地承担着重要的社会保障功能。对农民而言，农村宅基地不仅具有居住养老功能，而且能够为农民提供就业和取得经营收入的机会。例如，在城乡接合部，有的农民把宅基地建造成家庭作坊，出现了前店后厂、前厂后宅等混合用途；在偏远地区，有的农民把宅基地用作养殖场、种植场和加工厂等[3]。农民退出宅基地后，其依赖宅基地的就业能力将受到影响。但通过宅基地退出整理后节余的建设用地指标通常会被用于商业建设或农业产业化发展，从而使就业机会增加[4]。此外，部分农户退出宅

---

[1] 陈利根等：《农民宅基地福利水平影响因素的理论分析》，《农村经济》2011 年第 12 期。

[2] 马贤磊、孙晓中：《不同经济发展水平下农民集中居住前后的福利变化研究》，《南京农业大学学报》（社会科学版）2012 年第 2 期。

[3] 陈利根等：《农民宅基地福利水平影响因素的理论分析》，《农村经济》2011 年第 12 期。

[4] 黄贻芳：《农村宅基地退出中农民权益保护问题研究》，华中农业大学博士学位论文，2014。

基地后也开始享有城镇社保和就业培训等待遇，这也会带来就业机会的改变。因此，我们引入宅基地退出后农民的就业状况是否改善和农民对社保是否满意来衡量社会保障功能的变化。

3. 房屋居住、社区生活和社区环境

居住是农民福利的重要组成部分。农民宅基地退出使农民从传统、分散的农村居住点集中到新型的农村社区。农民在宅基地退出后能否享受更舒适的居住条件和周边居住环境，将会对他们的福利状况产生显著影响。因为从工具性角度来讲，好的居住条件和好的心理、生理健康等都密切相关，我们选取房屋质量、住房设施和住房面积等来衡量农户的房屋居住条件。良好的人际关系、舒适的生活方式将会影响农户的心理和生活状况，从而影响农民福利。因此，选取邻里关系、生活方式和社区治安等来衡量农户的社区生活状况。考察农民宅基地退出前后的福利变化必须将环境因素纳入其中，本书选取居住区的空气质量、噪声状况和景观状况等来衡量居住环境功能的变化。以上这些指标完善与否影响农民生活质量的提高，对这些指标的评价主要从农民主观认识的角度来体现。

4. 心理状况

阿马蒂亚·森的可行能力理论强调以人为本，关注公民能否得到社会尊重、是否拥有平等的政治参与机会、能否享受民主权利。农村宅基地退出后，农民集中居住于新型农村社区或城镇，基础设施便利，生活方式更趋市民化。但每个人对市民化的自我认同感、对生活方式及身份转变后是否受到城里人尊重的认知有差异。另外，农民退出宅基地后对经济、生活的感知最终将反映在农民对未来生活是否有信心、对未来发展前景是否认可等方面。因此，此处心理状况的衡量内容为受尊重以及对未来生活的信心等情况。

（二）研究方法

1. 农民福利的模糊综合评价法

福利不是一个非此即彼的极端概念，而是具有主观性和模糊性。针对诸如公平、福利、贫困等模糊概念，无法运用经典数学方法进行描述，控制论专家 L. A. Zadeh 于 1965 年提出的模糊数学方法为处理这类问题提供了思路。为有效避免分析中的主观性和模糊性带来的影响，模糊综合评价法近年来被广泛应用于对主体福利的测度[1][2]。

（1）隶属函数选择。根据本书内容，将农民福利状况表示为模糊集 $X$，宅基地退出前后可能变化的福利内容为 $X$ 的子集 $W$，则第 $n$ 个农民的福利模糊函数为 $W(n) = \{x, \mu w(x)\}$，其中 $x \in X$，$\mu w(x)$ 是 $x$ 对 $W$ 的隶属度，且 $\mu w(x) \in [0,1]$。隶属值越大表示农民福利状况越好，隶属度为 1 表示福利最好，隶属度为 0 时福利最差，隶属度为 0.5 时福利处于模糊状态。

本书涉及的指标变量类型有 3 类：连续变量、虚拟二分变量和虚拟定性变量。可以根据功能性活动及指标所设定的变量类型选择合适的隶属函数。设 $x_i$ 是农民福利的第 $i$ 个功能子集，$x_{ij}$ 是第 $i$ 个功能的第 $j$ 项评价指标，则农民福利的初级评价指标为 $x = [x_{11}, \cdots, x_{ij}, \cdots]$。

对于连续型指标（$C$），隶属函数定义为：

$$\mu(x_{ij}) = \begin{cases} 0 & 0 \leqslant x_{ij} \leqslant x_{ij}^{\min} \\ \dfrac{x_{ij} - x_{ij}^{\min}}{x_{ij}^{\max} - x_{ij}^{\min}} & x_{ij}^{\min} < x_{ij} < x_{ij}^{\max} \\ 1 & x_{ij} \geqslant x_{ij}^{\max} \end{cases} \qquad ①$$

$$\mu(x_{ij}) = \begin{cases} 0 & 0 \leqslant x_{ij} \leqslant x_{ij}^{\min} \\ \dfrac{x_{ij}^{\max} - x_{ij}}{x_{ij}^{\max} - x_{ij}^{\min}} & x_{ij}^{\min} < x_{ij} < x_{ij}^{\max} \\ 1 & x_{ij} \geqslant x_{ij}^{\max} \end{cases} \qquad ②$$

式①②中，$x_{ij}^{\max}$ 和 $x_{ij}^{\min}$ 分别表示农民第 $i$ 个功能性活动子集中第 $j$ 项初级指标（$x_{ij}$）的最大值和最小值。$\mu(x_{ij})$ 值越大，农民福利水平越

---

高。式①适用于福利与初级指标正相关情况，即 $x_{ij}$ 值越大，农民福利水平越高；式②适用于福利与初级指标负相关情况，即 $x_{ij}$ 值越小，农民福利水平越高。

对于虚拟二分变量（$D$），一般只存在"是"与"否"两种状态，但为了更精确地反映功能性指标的变化，将其定义为三种情况，隶属函数 $\mu$（$x_{ij}$）$=A$（回答"是"，$A=1$；回答"说不清"，$A=0.5$；回答"否"，$A=0$）。

虚拟定性变量（$Q$）主要用于只能定性回答的问题，不涉及定量的数据，其隶属函数可以设定为：

$$\mu(x_{ij}) = \begin{cases} 0 & x_{ij} \leqslant x_{ij}^{\min} \\ \dfrac{x_{ij} - x_{ij}^{\min}}{x_{ij}^{\max} - x_{ij}^{\min}} & x_{ij}^{\min} < x_{ij} < x_{ij}^{\max} \\ 1 & x_{ij} \geqslant x_{ij}^{\max} \end{cases} \quad ③$$

（2）权重确定。将农民福利由初级隶属度指标汇总成综合指标需要确定权重。Cheli 将权重结构定义为：$w_{ij} = \ln\left[\dfrac{1}{\overline{\mu(x_{ij})}}\right]$，其中，$\overline{\mu(x_{ij})}$ 反映 $n$ 个农民第 $i$ 个功能子集中第 $j$ 项指标的均值。该权重公式可保证给予隶属度较小的变量以较大的权重，在福利评价时更关注获得程度较低的指标和功能[①]。

在获得初级指标隶属度和权重的基础上，按照公式 $f(x_i) = \sum\limits_{j=1}^{k} \overline{\mu(x_{ij})} \times w_{ij} / \sum\limits_{j=1}^{k} w_{ij}$，可以计算出各功能的隶属度。

2. 农民间福利差异系数模型

美国统计学家 M. O. 洛伦兹提出使用洛伦兹曲线来反映收入分配的不平等，在此基础上，意大利经济学家 C. 基尼定义了基尼系数（Gini

---

① B. Cheli, "Totally Fuzzy and Relative Measures of Poverty in Dynamic Context: An Application to the British Household Panel Survey, 1991 – 1992", *Metron* 53 （3）, 1995, pp. 183 – 205.

Coefficient）并以此分析居民内部收入分配差异状况[①]。基尼系数用于定量反映一个国家、一个地区或同一地区不同时期居民收入分配的差异程度，其值为 0 ~ 1。基尼系数的数值越低，表明财富在社会成员之间的分配越均匀。社会发展的最终目的是促进社会成员的福利改进和福利公平。因此，为衡量农民间的福利分配，可采用基尼系数思想计算农民间的福利差异系数。

仿照洛伦兹曲线的绘制方法绘制农民福利的洛伦兹曲线：横轴 $OH$ 为退出宅基地的农民累计百分比（按福利功能由低到高排列），纵轴 $OM$ 为农民福利累计百分比，对角线 $OL$ 为绝对平均线，$ODL$ 为退出宅基地的农民福利的洛伦兹曲线。该曲线弯曲程度越大，表示农民内部福利差距越大（见图 5 - 6）。

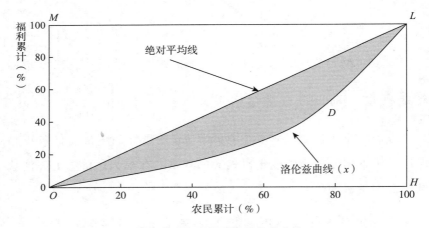

图 5 - 6　农民福利的洛伦兹曲线

具体可用农民福利差异系数 $G$ 表示：其中 $f(x)$ 表示洛伦兹曲线 $ODL$，$S_{\Delta OLH}$ 表示 $\Delta OLH$ 的面积。$G$ 越小表明福利分配越均匀，反之则福利差距越大。

$$G = \frac{S_{\Delta OLH} - \int f(x)\,\mathrm{d}x}{S_{\Delta OLH}} \qquad ④$$

---

### （三）农民宅基地退出福利差异测度

要获得宅基地退出后的农民福利数据，首先要根据变量类型选择合适的隶属函数并计算初级指标隶属度。实地调查中针对虚拟二分变量和虚拟定性变量，问卷设计问题方式均为相对退出前，农民退出后的感知变化，即退出前的状态设定是模糊的，属于"不好不坏"，其隶属值为0.5。退出后根据问卷调查数据，分别按照虚拟二分变量和虚拟定性变量的公式计算。根据前述方法，分别计算410个样本在宅基地退出前后的总福利水平以及农民内部福利差异。

1. 宅基地退出前后农民福利差异的整体测度

采用模糊综合评价法，对调查区域所获样本进行测算，结果如表5-6所示。从表5-6可以看出，宅基地退出后农民总体福利模糊评价值为0.404，比退出前的模糊指数0.426低，表明宅基地退出并没有提升农民的福利水平。

表5-6　宅基地退出前后农民福利水平的模糊评价结果

| 功能性活动及指标 | 变量类型及取值 | 退出前 | 退出后 | 福利变化 |
|---|---|---|---|---|
| 家庭经济 | | 0.321 | 0.319 | -0.002 |
| 家庭净收入 | $C$；家庭年纯收入（元） | 0.170 | 0.161 | -0.009 |
| 家庭农业收入 | $C$；家庭年农业收入（元） | 0.636 | 0.604 | -0.032 |
| 家庭生活水平 | $Q$；非常高=5，较高=4，不变=3，较低=2，非常低=1 | 0.500 | 0.591 | 0.091 |
| 社会保障 | | 0.500 | 0.471 | -0.029 |
| 就业状况是否改善 | $Q$；明显改善=5，改善=4，不变=3，变差=2，明显变差=1 | 0.500 | 0.415 | -0.085 |
| 对社保是否满意 | $Q$；很满意=5，满意=4，一般=3，不满意=2，很不满意=1 | 0.500 | 0.555 | 0.055 |
| 房屋居住 | | 0.347 | 0.409 | 0.062 |
| 房屋质量 | $Q$；非常好=5，较好=4，不变=3，较差=2，非常差=1 | 0.500 | 0.518 | 0.018 |
| 住房设施 | $Q$；非常好=5，较好=4，不变=3，较差=2，非常差=1 | 0.500 | 0.561 | 0.061 |
| 住房面积 | $C$；家庭人均住房建筑面积（平方米） | 0.210 | 0.282 | 0.072 |

| 功能性活动及指标 | 变量类型及取值 | 退出前 | 退出后 | 福利变化 |
|---|---|---|---|---|
| 社区生活 | | 0.500 | 0.557 | 0.057 |
| 邻里关系 | $Q$；非常好 $=5$，较好 $=4$，不变 $=3$，较差 $=2$，非常差 $=1$ | 0.500 | 0.552 | 0.052 |
| 生活方式 | $Q$；很满意 $=5$，满意 $=4$，一般 $=3$，不满意 $=2$，很不满意 $=1$ | 0.500 | 0.512 | 0.012 |
| 社区治安 | $Q$；非常好 $=5$，较好 $=4$，不变 $=3$，较差 $=2$，非常差 $=1$ | 0.500 | 0.628 | 0.128 |
| 社区环境 | | 0.500 | 0.556 | 0.056 |
| 空气质量 | $Q$；非常好 $=5$，较好 $=4$，不变 $=3$，较差 $=2$，非常差 $=1$ | 0.500 | 0.518 | 0.018 |
| 噪声状况 | $Q$；明显改善 $=5$，改善 $=4$，不变 $=3$，变差 $=2$，明显变差 $=1$ | 0.500 | 0.586 | 0.086 |
| 景观状况 | $Q$；非常好 $=5$，较好 $=4$，不变 $=3$，较差 $=2$，非常差 $=1$ | 0.500 | 0.573 | 0.073 |
| 心理状况 | | 0.500 | 0.293 | $-0.207$ |
| 受尊重 | $D$；是 $=1$；说不清 $=0.5$；否 $=0$ | 0.500 | 0.299 | $-0.201$ |
| 对未来生活的信心 | $D$；有 $=1$；说不清 $=0.5$；没有 $=0$ | 0.500 | 0.287 | $-0.213$ |
| 总模糊指数 | | 0.426 | 0.404 | $-0.022$ |

注：$C$ 表示连续变量，$Q$ 表示虚拟定性变量，$D$ 表示虚拟二分变量。计算过程中为符合数学意义，将数值 1 和 0 分别修正为 0.999 和 0.001。

对组成福利的各项功能性活动进行进一步分析，发现房屋居住（0.409）、社区生活（0.557）和社区环境（0.556）的福利水平稍有提升，但与设定的宅基地退出前农民福利的模糊值相差并不明显，综合评价值仅比退出前分别高出 0.062、0.057 和 0.056。而家庭经济（0.319）、社会保障（0.471）和心理状况（0.293）这三项功能的福利水平均有所下降，特别是心理状况与设定的宅基地退出前农民福利状态（0.5）的差距明显，综合评价值比宅基地退出前的模糊值下降 0.207，成为福利总体评价值下降的主要原因。

进一步从各功能指标来看，宅基地退出对家庭净收入影响的隶属度（0.161）低于退出前的模糊值（0.170）。根据调查访谈，宅基地退出后虽然农民能够获得货币或实物补偿，但长期来看家庭收入来源减少，日常支出如水费、电费以及燃气费等大幅增加，最终将带来家庭净收入减少。而就业机会少、就业能力差（0.415）也必将对家庭经济产生不利影响。宅基地退出后家庭生活水平（0.591）稍有提高，这可能与医疗和养老保险水平（0.555）提高等因素有关，但提高并不明显，仅比宅基地退出前的模糊值上升0.091。结合实地调查发现，相比于宅基地退出前各功能指标的模糊福利状态（0.5），宅基地退出后农民的房屋质量（0.518）和住房设施（0.561）得到改善，住房面积增加，房屋普遍由砖混结构变为钢混结构，住房内安装燃气和自来水管道，物业管理使社区治安较之前有较大改善（0.628），农村土路修成水泥路，空气质量（0.518）和景观状况（0.573）得到改善。相对于其他方面，生活方式的福利水平（0.512）提升甚微，仅比退出前提高0.012。主要原因可能与农民由分散居住环境搬到居住紧凑的小区生活环境，农机具摆放和家畜养殖困难有关。

2. 宅基地退出前后农民内部福利分配差异

如果说对农民福利水平的整体测度是基于效率角度来考量宅基地退出的福利效应，那么退出后的福利在不同农民家庭之间的分配是否公平呢？借助洛伦兹曲线和基尼系数的计算方法，本部分研究宅基地退出前后农民内部福利差距的变化情况。

在图5-7中，横轴表示农民累计百分比，纵轴表示福利累计百分比，两条不同虚线分别表示流转前后农民的洛伦兹曲线。根据图5-7所示，宅基地退出后对应的洛伦兹曲线更向右下角凸出，说明宅基地退出带来农民内部福利差距的扩大。

本部分采用公式④，对农民内部福利差异系数进行计算。对公式④中涉及的积分计算，首先要拟合洛伦兹曲线函数，具体可利用 Excel 对散点图添加趋势线，通过回归显示公式获得拟合曲线方程。其中，退出前 $f(x) = 0.218x^2 + 0.799x - 0.014$，退出后 $f(x) = 0.621x^3 - 0.32x^2 + 0.701x - 0.031$。计算结果表明，宅基地退出前农民内部福利差异系数为0.084，宅基地退出后福利差异系数增大为0.264，农民内部福利

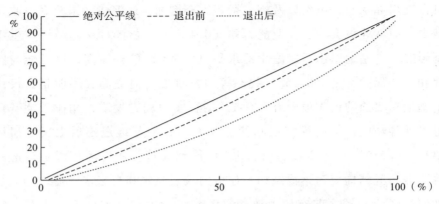

图 5-7　宅基地退出前后农民福利的洛伦兹曲线

差异显著①。总之，根据福利评价结论与福利差异系数计算，农村宅基地退出后农民整体福利水平降低，而且拉大了农民内部福利分配差距。

### （四）宅基地退出前后农民内部福利差异的分位数回归分析

前文测度分析了宅基地退出前后农民的福利变化，如何增进农民福利是宅基地退出必须解决的问题，这需要探究宅基地退出前后农民福利变化产生差异的因素。根据阿马蒂亚·森的理论，相同的资源可被不同的人在不同的环境下转换成不同的功能性活动。因此，农民福利变化除受宅基地退出相关变量的影响，也可能受农民年龄、受教育程度等个体特征以及是否参加社保、宅基地与集市的距离等因素的影响。因此，为增加农户福利，需要具体分析各因素对农民福利变化的贡献，特别是要把握宅基地退出相关变量对农民福利变化的影响程度。

1. 变量选取

受调查数据限制，本部分重点选取农民个体或家庭禀赋特征、宅基地退出相关变量作为农民福利变化的影响因素。其中，农民个体特征主要包括年龄、受教育程度、就业状况，这些因素虽然不直接产生福利，却会对农民的可行能力进而对其福利产生重要影响。宅基地退出相关变

---

① 虽然本书某些设定前提如流转前"不好不坏"的模糊状态，以及通过添加趋势线得到拟合曲线方程，使得此处农民内部福利差异系数的具体数值存在一定的误差，但从拟合曲线本身来看，退出后农民内部福利差异肯定大于退出前。

量主要包括退出意愿、退出满意度等。各变量描述性统计情况见表5-7。

表5-7　变量定义及描述性统计

| 变量因素 | | 变量赋值 | 均值 | 标准差 |
|---|---|---|---|---|
| 农民个体特征 | 年龄 | 实际年龄 | 40.95 | 13.75 |
| | 受教育程度 | 初中以下=1,初中=2,高中或中专=3,大专=4,本科及以上=5 | 2.50 | 1.23 |
| | 就业状况 | 以农就业为主=0,以非农就业为主=1 | 0.41 | 0.49 |
| 家庭禀赋特征 | 是否参加社保 | 否=0,是=1 | 0.54 | 0.50 |
| | 宅基地与集市的距离 | 实际距离 | 2.04 | 1.17 |
| | 是否拥有城镇住房 | 否=0,是=1 | 0.26 | 0.43 |
| | 是否拥有宅基地使用权证 | 否=0,是=1 | 0.82 | 0.38 |
| 宅基地退出相关变量 | 对退出政策是否知情 | 否=0,是=1 | 0.49 | 0.50 |
| | 退出满意度 | 很满意=5,满意=4,一般=3,不满意=2,很不满意=1 | 2.71 | 1.24 |
| | 退出意愿 | 很愿意=5,愿意=4,一般=3,不愿意=2,很不愿意=1 | 2.49 | 1.26 |

2. 农民福利变化影响因素的分位数回归方法

本部分首先采用OLS回归方法探讨宅基地退出前后农民福利变化及其影响因素,进一步运用分位数回归方法分析各种因素如何随着福利差异的变化而对农民福利产生不同的影响。其中:农民退出宅基地前后福利差异的影响因素模型为:$y = \alpha_0 + \alpha_i x_i + \varepsilon$。式中,$y$表示农民退出宅基地前后福利水平差值,$\varepsilon$是随机误差项,$\alpha$是待估参数向量,$x_i$为农民福利差异的影响因素。

OLS回归是对被解释变量的数学期望建模,而分位数回归是对被解释变量的分位数建模,观察不同分位数上的解释变量对因变量的不同效应。具体而言,分位数回归是一种基于被解释变量的条件分布来拟合解释变量与被解释变量关系的线性回归方法,是对在均值上进行普通最小二乘回归的拓展[①]。分位数回归可对整个因变量的条件分布进行完整描

———————————

① 孟凡强、邓保国:《劳动力市场户籍歧视与城乡工资差异》,《中国农村经济》2014年第6期。

述，而且不要求很强的分布假设，即可以对因变量与解释变量之间的各种关系提供一个不受分布假定影响的稳健估计结果①。就本研究而言，分位数回归方程可表示如下：

$$Q_\theta(y \mid x) = x\beta(\theta) \tag{⑤}$$

在式⑤中，被解释变量 $y$ 为宅基地退出前后农民福利水平的变化值，用单个农民在宅基地退出后的福利水平减去退出前的福利水平得到的差值表示。解释变量 $x$ 为福利差值的影响因素，$Q_\theta(y \mid x)$ 为给定解释变量 $x$ 的情况下被解释变量 $y$ 在第 $\theta$ 分位数上的值，$\beta(\theta)$ 为福利差值在第 $\theta$ 分位数上的回归系数。

3. 模型估计结果

本部分利用 EViews 7.0 软件，采用分位数回归方法分析相关因素对农民福利变化分位数的影响，得到回归结果如表 5 - 8 所示。受篇幅所限，表 5 - 8 只列出了农民福利变化程度的第 0.1、0.25、0.5、0.75 和 0.9 分位数的回归结果。为了表示对比，在给出代表性分位数对应回归结果的同时，也给出传统 OLS 方法的回归估计结果，见表 5 - 8 主体部分第一列。

表 5 - 8　农民福利变化的分位数回归结果

| 解释变量 | OLS 估计 | 分位数回归估计 | | | | |
|---|---|---|---|---|---|---|
| | | $\theta = 0.1$ | $\theta = 0.25$ | $\theta = 0.5$ | $\theta = 0.75$ | $\theta = 0.9$ |
| 年龄 | - 0.0002 | - 0.0005 | - 0.0009 | - 0.0004 | - 0.0002 | - 0.0002 |
| 受教育程度 | 0.0116 ** | 0.0202 *** | 0.0085 | 0.0061 | 0.0079 | 0.0168 ** |
| 就业状况 | 0.0290 ** | 0.0160 | 0.02481 ** | 0.0292 ** | 0.0208 | 0.03497 |
| 是否参加社保 | 0.0482 *** | 0.0658 *** | 0.0307 ** | 0.0396 ** | 0.0487 ** | 0.0822 *** |
| 宅基地与集市的距离 | - 0.0004 | 0.0023 | 0.0039 | 0.0066 | - 0.0027 | - 0.0066 |
| 是否拥有城镇住房 | 0.0199 | - 0.0135 | 0.0094 | 0.0164 | 0.0363 | 0.0886 ** |
| 是否拥有宅基地使用权证 | 0.0401 ** | 0.0193 | 0.0449 ** | 0.05423 *** | 0.04639 ** | - 0.0099 |
| 对退出政策是否知情 | 0.0036 | 0.0141 | - 0.0048 | 0.0004 | - 0.0030 | 0.0134 |

---

① 易丹辉：《数据分析与 EViews 应用》，中国人民大学出版社，2014。

| 解释变量 | OLS 估计 | 分位数回归估计 | | | | |
|---|---|---|---|---|---|---|
| | | $\theta = 0.1$ | $\theta = 0.25$ | $\theta = 0.5$ | $\theta = 0.75$ | $\theta = 0.9$ |
| 退出意愿 | 0.0200 *** | 0.0145 | 0.0246 *** | 0.0156 ** | 0.0115 * | 0.0008 |
| 退出满意度 | 0.0273 *** | 0.0315 *** | 0.0274 *** | 0.0257 *** | 0.0440 *** | 0.0356 * |
| 常数项 | − 0.4383 *** | − 0.4809 *** | − 0.4688 *** | − 0.4617 *** | − 0.4290 *** | − 0.3576 *** |

注：*、**、***分别表示在10%、5%和1%的水平下显著。

从回归结果可以看出，OLS 回归除可以观察到变量影响的显著性及系数值外，无法给出更多细节。实际上，各因素对宅基地退出前后农民福利变化不同分位数的影响系数并不是固定值，即随着分位数的改变，各变量对农民福利差异水平的影响呈现不同的变化趋势，并且自变量的显著性也发生了变化。为了更形象地描绘分位数回归在各个分位数上的细节，图 5 - 8 给出了部分变量在各分位数上系数变化的趋势图及其置信区间。

4. 估计结果分析

根据分位数回归结果，变量系数在各个分位数上的变化趋势不尽相同，同时与 OLS 回归系数值也不一致。以下具体分析各个变量对不同分位数上农民福利变化影响的差异。

（1）个体特征对农民福利变化的影响。从表 5 - 8 和图 5 - 8 可知，受教育程度的分位数回归系数值为正，即受教育程度越高，越能提高农民宅基地退出后的福利水平。受教育程度对农民福利变化具有正向影响，但仅在 0.1 和 0.9 分位数上具有显著性，在其他分位数上的影响则不显著。其中，在 0.1 分位数上，农民福利的教育回报率为 2.02%；在 0.9 分位数上，农民福利的教育回报率为 1.68%。两者均高于 OLS 回归模型中参数估计的平均值。这说明，OLS 回归对受教育程度的边际效应有低估的可能；同时，受教育程度对农民福利变化的作用在高分位数上不如低分位数上更大。就业状况的分位数回归系数值为正，说明农民从事非农产业、增加家庭非农收入对其宅基地退出后的福利变化具有正向影响。同时，总体来看，随着农民福利变化分位数的提高，就业状况对

农民福利变化的影响基本呈现上升的趋势，但只有在 0.25 和 0.5 分位数上的影响是显著的，且其作用系数值与 OLS 回归结果相近。

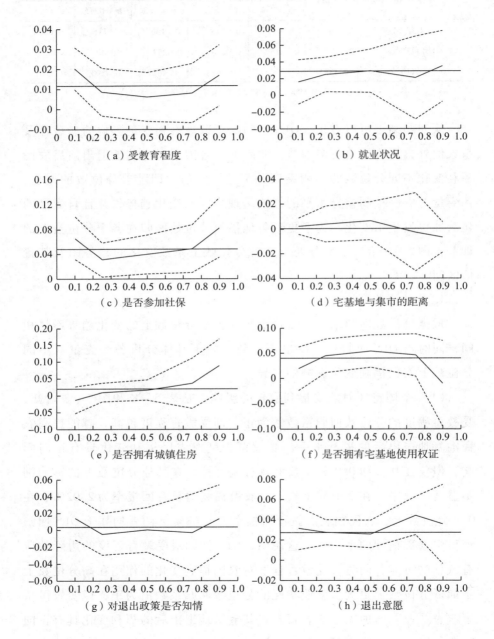

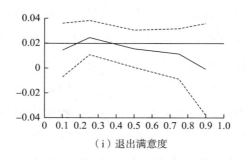

（i）退出满意度

**图 5 - 8　农民福利变化分位数回归的变量系数曲线**

注：①图中黑色直线表示解释变量的 OLS 回归估计值。黑色折线是各个解释变量的分位数回归估计结果，虚折线是分位数回归估计值的置信区间（置信度为0.95）。②图中横轴表示农民福利变化水平的不同分位数，纵轴表示各变量的回归系数。

（2）家庭特征对农民福利变化的影响。是否参加社保对农民福利变化在各个分位数上都有显著的正向影响，说明是否参加社保在农民宅基地退出前后的福利变化中起了关键作用。参加社保能够提升农民宅基地退出后的福利水平，但具体分位数上回归系数值的变化趋势是先下降后上升，即参加社保对农民福利变化的影响呈现 U 形。这说明，社保对提高农民的福利水平具有积极作用，但要发挥其最大效用，还需要协同完善其他措施。宅基地与集市的距离对农民福利变化无显著影响。无论是从传统 OLS 回归结果还是各个分位数来分析，结论都是一致的。从是否拥有城镇住房的影响来看，只有在高分位数（0.9）上其对农民福利变化的影响才是显著的且系数为正，而在其他分位数上是否拥有城镇住房对农民福利变化的影响均不显著。是否拥有宅基地使用权证的分位数回归系数值变化的整体趋势是先上升后下降，即 0.75 分位数之前系数值上升，其后系数值下降。其中，0.1、0.8 和 0.9 分位数上的系数值低于平均值，但这些点并不显著。在其他分位数上，是否拥有宅基地使用权证对农民福利变化具有显著的正向影响，能够提升农民宅基地退出后的福利水平，其影响效应大于平均值。

（3）对退出政策是否知情对农民福利变化的影响。从传统 OLS 回归结果来看，虽然对退出政策是否知情对农民福利变化的影响并不显著，但正的系数值表明此变量对农民福利变化有正向影响。分位数回归结果表明，对退出政策是否知情对农民福利变化的影响在各个分位数上均不显著，而且变量系数有正有负。这说明，对退出政策是否知情对农民福利变化的影响是模糊不清的。可能的原因是，虽然对退出政策知情能够满足农民被尊重的心理需要，但如果实物或货币补偿低于政策规定标准，偏离农民的心理预期，将对其福利产生不利影响。退出意愿的分位数回归结果与 OLS 回归结果都显示，农民的退出意愿越强，退出后的福利水平越能得到提高，福利变化越能向正的方向发展。但分位数回归显著性较差，仅在 0.25、0.5、0.75 分位数上显著，且系数值有下降趋势。这说明，退出意愿对中低分位数上农民福利变化影响的边际效应要大些。无论是从 OLS 回归还是从分位数回归的结果来看，退出满意度对农民福利变化均具有显著的正向影响，表明农民退出满意度越高，其福利优于退出前的幅度越大。退出满意度分位数回归的系数值变化趋势是减少—增加—减少，且除 0.5 分位数外，其余分位数系数值皆大于平均值。

## 四 宅基地退出后的乡村发展及农民身份性认知

### (一) 乡村韧性研究综述

党的十九大报告提出要实施乡村振兴战略，实现乡村产业兴旺、生态宜居、乡风文明、治理有效、生活富裕的目标，对我国乡村社会的建设方向和发展目标做出了规划和要求。乡村社区可持续发展是乡村振兴重要的内容，而韧性 (resilience) 作为一种新的研究视角，能够阐释系统遭遇外界干扰时，仍然保持或超越原有的结构、功能和特性以及实现转型的能力，为实现可持续发展目标提供了新思路和创新路径[1][2]。韧

---

① J. Ahern，"From Fail-Safe to Safe-to-Fail: Sustainability and Resilience in the New Urban World"，*Landscape and Urban Planning* 100 (1)，2011，pp. 341 – 343.

② 邵亦文、徐江:《城市韧性: 基于国际文献综述的概念解析》，《国际城市规划》2015 年第 2 期。

性的概念为乡村发展研究提供了新的分析方法和视野，为乡村发展提供了可选择的政策导向①。

Mcintosh 等认为乡村聚落韧性是乡村聚落在演变成城镇聚落或者消亡前处理和适应外部变化并可持续发展的能力②；Heijman 将乡村韧性定义为农村地区在维持令人满意的生活水平的情况下，适应不断变化的外部环境的能力，包括从管理或政府错误决策中恢复的能力③；Wilson 将中国乡村韧性分为经济韧性、社会韧性、文化韧性、政治韧性和生态韧性五个维度，并测算了四川省青神县胡村的韧性④；Mcmanus 等认为乡村韧性的影响因素包括周边城镇的经济社会发展情况、乡村社区的当地环境、农民就业率及其对社区的归属感等⑤；Heijman 认为乡村韧性包含生态韧性、经济韧性和文化韧性，乡村社区的韧性与农村景观、区域竞争都有关联⑥；Schwarz 认为家庭感知能力、社区凝聚力、良好的领导能力和个人支持集体行动的能力均能够影响乡村社区的脆弱性和韧性⑦；Hegney 等从农民个体层面对乡村社区的韧性进行研究，强调乡村社区韧性的提升主要依靠农民个体脆弱性的减弱和团体合作性的增强⑧。

乡村韧性在国外已成为研究的热点问题，但国内目前对乡村韧性的

① M. Scott, "Resilience: A Conceptual Lens for Rural Studies", *Geography Compass* 7 (9), 2013, pp. 597 – 610.

② A. Mcintosh, R. Stayner, K. Carrington, *Resilience in Rural Communities: Literature Review* (New England: Centre for Applied Research in Social Science, 2008).

③ W. J. M. Heijman, "Rural Resilience as a New Development Concept", *General Information* 2, 2007, pp. 383 – 396.

④ G. A. Wilson, "Community Resilience in Rural China: The Case of Hu Village, Sichuan Province", *Journal of Rural Studies* 60, 2018, pp. 130 – 140.

⑤ P. Mcmanus, et al., "Rural Community and Rural Resilience: What is Important to Farmers in Keeping Their Country Towns Alive?" *Journal of Rural Studies* 28 (1), 2012, pp. 20 – 29.

⑥ W. J. M. Heijman, "Rural Resilience as a New Development Concept", *General Information* 2, 2007, pp. 383 – 396.

⑦ A. M. Schwarz, "Vulnerability and Resilience of Remote Rural Communities to Shocks and Global Changes: Empirical Analysis from Solomon Islands", *Global Environmental Change* 21 (3), 2011, pp. 1128 – 1140.

⑧ D. Hegney, et al., "Building Resilience in Rural Communities: Toolkit", *CARRI* 1, 2008, pp. 10 – 52.

研究较少。张甜等认为乡村韧性是乡村聚落在演变成城镇聚落或者消亡前处理和适应外部变化并可持续发展的能力[1]。从韧性和乡村韧性的研究视角出发，结合考虑宅基地退出后乡村的稳定性、抗风险能力和抗冲击能力，能够较好地解释宅基地退出后整个乡村系统的变化，全面地评估宅基地退出的绩效。X. J. Huang 从工程、生态、经济和社会四个维度测算了宅基地退出前后乡村韧性的变化[2]。刘润秋等借鉴乡村韧性的研究维度，构建了包括经济、社会、生态、基础设施、乡村治理五个维度的宅基地退出绩效评估理论框架[3]。综上所述，乡村韧性涉及经济、社会、生态、基础设施、组织、文化、政治等多个维度，目前关于乡村韧性的主要研究内容及评价方法具体见表 5 - 9。

**（二）基于乡村韧性视角的宅基地退出后的乡村发展**

借鉴已有文献关于乡村韧性的研究维度，结合数据获取情况，本部分构建基于农民视角的，包括经济、社会、基础设施和乡村治理等维度的乡村韧性分析框架。实际上，从上述有关乡村韧性的研究综述中可以发现，乡村韧性的分析维度与农民福利的衡量维度有众多交叉重叠的地方。事实也确实如此，乡村是农民的生活空间，乡村发展振兴与农民福利实现的内在目标是一致的，二者本身是相互融合的。但乡村与农民毕竟是两个不同概念，两者的分析侧重点不同。为突出宅基地退出对乡村发展的影响，且区别前述农民福利基于满意度的衡量指标，此处主要基于宅基地退出后相关指标是否改善进行衡量。

1. 经济和社会维度变化

作为农村社会的基本组成单元，农民的家庭经济状况、社保参与状况、就业状况等在一定程度上决定乡村能否适应外部变化并具有可持续发展的能力。表 5 - 10 的统计结果显示，宅基地退出后多数农民的家庭

---

① 张甜等：《恢复力视角下的乡村空间演变与重构》，《生态学报》2017 年第 7 期。

② X. J. Huang, "Land Use Policy as an Instrument of Rural Resilience: The Case of Land Withdrawal Mechanism for Rural Homesteads in China", *Ecological Indicators* 87, 2018, pp. 47 - 55.

③ 刘润秋等：《基于乡村韧性视角的宅基地退出绩效评估研究》，《中国土地科学》2019 年第 2 期。

表5-9 乡村韧性主要研究内容及评价方法

| 研究者 | 研究对象 | 研究方法 | 主要指标 | 研究结论 |
| --- | --- | --- | --- | --- |
| G. A. Wilson | 工业化和城镇化影响下四川省青神县明村的韧性 | 问卷调查、半结构化访谈 | 经济、社会、自然、政治、文化 | 经济、社会、文化领域的韧性强于自然和政治领域的韧性 |
| P. Mcmanus 等 | 澳大利亚新威尔士州两个乡村地区的韧性 | 面对面访谈、问卷调查 | 社区参与、住房供给、健康服务、工作机会、商业设施、休闲设施、居住环境 | 当地经济发展、环境改善和强烈的个人归属感有助于提升乡村韧性 |
| Q. Amy | 农民的生计韧性 | 问卷调查、深入访谈 | 工资、农业设施数量、家庭健康状况、教育程度、农业组织等 | 人的能动性、资产使用权对提升家庭生计弹性具有重要作用 |
| X. J. Huang | 以广州、重庆和无锡为例，研究土地政策对乡村韧性的影响 | 调查问卷、Delphi法 | 工程（基础设施等）、生态、经济（农业收入比重、非农业收入比重等）、社会（恩格尔系数、人均医生数量等） | 乡村韧性取决于不同地区多样化的经济发展模式、土地市场发育程度及政府监管状况 |
| Y. P. Fang | 自然灾害对乡村韧性的影响 | 结构动力学方法 | 恩格尔系数、人均医生数量、总种植面积、家庭劳动力数量、家庭年收入等 | 农村居民的生计适应能力与灾害压力呈负相关关系 |
| 刘润秋等 | 四川省三水镇宅基地退出绩效 | 问卷调查、综合评价法 | 经济（家庭年收入、农业收入比重等）、社会（社会保险覆盖率等）、生态、基础设施和乡村治理（社会治安等） | 基于乡村韧性视角构建评估指标体系，可用于评价宅基地退出绩效 |
| 岳俞余 | 河南省汤阴县乡村聚落韧性评价 | 定性描述历史演变 | 社会生活、经济生产、自然生态 | 加强乡村人才培养、促进产业多元融合发展有助于提高乡村韧性 |
| 凌子健 | 阜宁龙卷风影响下的乡村韧性 | 问卷调查、层次分析法 | 生态、制度、经济（家庭收入和非农业收入等）、社会（福利保障等）、工程（基础设施建设等） | 乡村韧性与本村所处的地理环境、经济社会发展水平等要素密切相关 |

经济状况维持基本不变（26.75%），有所变差的比例为39.53%。社保多数（70.93%）维持不变，少数（23.26%）有所改善，就业状况多数（70.93%）不变。这表明，宅基地退出需要增加农民的经济收入或提高的农民收入能力，从而增强乡村社区的经济韧性。农民的生活行为总是受限于自身经济条件[①]，经济条件越好、社会保障越强、就业渠道越多，其生活行为越具选择性，乡村发展的韧性就越高。由此，乡村建设的行为逻辑在外部环境制约与升级中不断进行适应性的调整。

表5-10　乡村发展韧性的经济和社会维度指标

单位：%

| 变化情况 | 经济维度 | 社会维度 | | | | | | |
|---|---|---|---|---|---|---|---|---|
| | | 社保 | 就业 | | 退出风险 | | 主要风险（多选） | | 风险规避能力 | |
| 明显改善 | 2.33 | 1.16 | 更难 | 22.09 | 较高 | 58.14 | 住房问题 | 63.41 | 有 | 11.63 |
| 有所改善 | 22.09 | 23.26 | 不变 | 70.93 | 中等 | 23.26 | 补偿问题 | 50.00 | 不一定 | 48.84 |
| 基本不变 | 26.75 | 70.93 | | | | | 财产丧失问题 | 34.15 | | |
| 有所变差 | 39.53 | 4.65 | 容易 | 6.98 | 较低 | 18.60 | 就业问题 | 18.29 | 无 | 39.53 |
| 明显变差 | 9.30 | 0.00 | | | | | 其他 | 0.00 | | |

农民认为宅基地退出风险较高的比例为58.14%。其中，宅基地退出后的住房问题是农民认为最主要的风险（63.41%），其次是补偿问题（50.00%）及财产丧失问题（34.15%）。面对宅基地退出后可能无住房、补偿不满意及就业难等问题，有能力规避上述风险的农民仅占11.63%。由此，乡村发展面临较大的脆弱性。多数农民对宅基地退出缺乏风险抵御能力，如果政府宅基地退出补偿、安置等政策不能有助于解决农民面临的困难，乡村社会也将丧失风险应对能力和可持续发展能力。

2. 基础设施和乡村治理

调查统计显示（见表5-11），宅基地退出后有54.22%的农民认

---

① 魏艺：《"韧性"视角下乡村社区生活空间适应性建构研究》，《城市发展研究》2019年第11期。

为住房条件得到改善，主要体现在房屋结构由砖混结构转为钢混结构、食用水源由井水变为自来水、燃气管道从无到有等。教育设施有所改善，交通状况和社区治安改善较多，生活质量整体有所提高。基础设施的韧性能够为乡村的经济韧性和社会韧性提供外部保障和基础。村干部作为基层管理者，应执行党在农村的执政政策，为发展农村经济和增加农民福利做贡献。但调查显示，农民认为村干部为自己谋利的比重（25.00%）大于为村民谋利的比重（23.81%）。这将导致部分农民对村干部处事的公平性持怀疑态度，降低了农民对村干部的信任，不利于提高乡村治理水平及抗冲击能力。但当村民间或村民与本集体经济组织之外的成员发生纠纷时，寻求村干部调解依然是农民首要选择的方式（56.47%）。这说明，村民或社区居民依然对村干部抱有希望，村干部调解也是村民便利的纠纷处理渠道。可见，加强村干部的素质及乡村治理能力是强化乡村振兴韧性的内在动力。

表 5 - 11　乡村发展韧性的基础设施和乡村治理维度指标

单位：%

| 变化情况 | 基础设施 | | | 乡村治理 | | | | | |
|---|---|---|---|---|---|---|---|---|---|
| | 住房条件 | 教育设施 | 交通状况 | 社区治安 | 生活质量 | 对村干部的角色认知 | | 纠纷处理（多选） | |
| 明显改善 | 12.05 | 8.33 | 8.33 | 10.80 | 0.00 | 政府代理人 | 41.67 | 找政府 | 32.94 |
| 有所改善 | 42.17 | 15.48 | 58.95 | 46.92 | 45.57 | 为自己谋利 | 25.00 | 村干部调解 | 56.47 |
| 基本不变 | 27.71 | 72.62 | 27.78 | 33.64 | 44.30 | 为村民谋利 | 23.81 | 村民调解 | 14.12 |
| 有所变差 | 14.46 | 3.57 | 3.70 | 3.70 | 8.86 | 其他 | 9.52 | 打官司 | 12.94 |
| 明显变差 | 3.61 | 0.00 | 1.24 | 4.94 | 1.27 | | | 其他 | 24.70 |

3. 简要总结

上述统计分析说明，农民未能充分分享到因宅基地置换退出、补偿而带来的收入增长，农民对宅基地退出后的住房安置、经济补偿等方面也缺乏信心，对村干部履行带动乡村发展和保障村民福利的职责缺乏信任，这表明乡村经济和社会发展韧性不足。另外，农民对宅基地退出后所生活的环境空间的认同度提升，这将有利于环境空间与社会网络的融合，激发乡村内生动力和农民的内在归属感。民众信心、获得感和认同感的提升将促进乡村社会整合力的提升①，加强乡村发展的组织治理韧性。在国外韧性社区建设中，更加关注人的重要性，让个人积极参与社区风险确定和解决方案的讨论，在公共事务参与的过程中社区居民之间培育信任和尊重。我国要加强乡村社会的韧性，需要进一步发挥政府、村集体、乡村能人、经济精英的作用，建设公共生活空间来组织公共生活，提升村民对政府的认同感和村民之间的凝聚力。

### （三）宅基地退出后的农民身份认知

党的十八大报告确立了要推进以人的城镇化为核心的新型城镇化，不仅注重国土空间利用的优化，更强调农业转移人口的市民化。农民市民化是城镇化的核心和内在要求②。当前地方政府越来越多地鼓励和引导农民"弃地进城"，试图通过"宅基地换房""宅基地换社保"等实践全面解决失地农民进城和城市建设用地不足等问题③。这些实践虽然能够提高土地利用综合效率和实现农民进城，但退地农民城市身份认同度低或适应性差等"半市民化"现象普遍存在④。调查统计显示（见表5-12），宅基地退出后，农民的市民认同感很低，仅为12.94%。多数农民（62.35%）对自己的身份定位依然是农民，主要原因是（多选）生活水平与市民有差异（67.92%）和持有农村户口（52.83%）。实际上，由政府主导的农村宅基地退出，农民因"被城市化"对市民身份的认同度低⑤。这表明，农民市民化不是简单的户籍、地域或职业上的转化，而是生产生活方式和身份认同的本质转变。

---

① 唐任伍、郭文娟：《乡村振兴演进韧性及其内在治理逻辑》，《改革》2018年第8期。
② 冀县卿、钱忠好：《失地农民城市适应性影响因素分析》，《中国农村经济》2011年第11期。
③ 刘同山等：《市民化能力、权益认知与农户土地退出意愿》，《中国土地科学》2013年第11期。
④ 吴业苗：《农村城镇化、农民居住集中化与农民非农化》，《中州学刊》2010年第7期。
⑤ 张海波等：《被动城市化群体城市适应性与现代性获得中的自我认同》，《社会学研究》2006年第2期。

表 5 – 12　宅基地退出后的农民身份认知

单位：%

| 市民 （12.94） | | 农民 （62.35） | | 身份定位没意义 （24.71） |
|---|---|---|---|---|
| 持有城市户口 | 0.09 | 持有农村户口 | 52.83 | |
| 生活习惯与市民无差别 | 81.82 | 生活习惯与市民不同 | 22.64 | |
| 生活水平与市民无差异 | 27.27 | 生活水平与市民有差异 | 67.92 | |
| 不受城里人排斥 | 27.27 | 受城里人排斥 | 0.00 | |
| 不种地了 | 45.45 | 其他 | 0.00 | |

实际上，农民通过宅基地资产置换，能够获得进城实现市民化的安置成本①。因此，将农村宅基地退出与农民市民化结合起来，实现二者的协同发展是现阶段推进新型城镇化的重要内容，也是城乡一体化与社会和谐发展的客观需求和亟待解决的现实问题。新时代背景下农村宅基地制度改革创新的目标应该是突破城乡二元土地制度构架，促进农业转移人口市民化，加快推进农业农村现代化，振兴乡村发展，推动城乡融合发展②。以农村宅基地"三权分置"为突破口，实现农民市民化与乡村振兴联动，成为农村宅基地制度改革的路径选择。

## 五　分析结果及启示

以上对农民在宅基地退出前后的福利变化及其影响因素的模糊综合评价结果显示，农民福利水平在宅基地退出后并没有得到提高，总模糊评价值从退出前的 0.426 下降为退出后的 0.404。宅基地退出后，房屋居住、社区生活和社区环境的福利值稍有改善，而家庭经济、社会保障特别是心理状况的福利水平均有所下降。同时，计算结果显示，宅基地退出拉大了农民之间的福利差距。进一步分析引起宅基地退出前后农民福利变化差异的影响因素，OLS 回归结果显示，受教育程度、就业状

---

① 程传兴等：《土地资产置换与农村劳动力城市化迁移意愿》，《中州学刊》2013 年第 9 期。

② 张勇：《农村宅基地制度改革的内在逻辑、现实困境与路径选择》，《南京农业大学学报》（社会科学版）2018 年第 6 期。

况、是否参加社保、是否拥有宅基地使用权证、退出意愿以及退出满意度对农民福利变化具有显著的正向影响。分阶段研究发现，受教育程度对农民福利变化的影响仅在两端分位数上显著，且在低分位数上教育回报率要高些；就业状况对农民福利变化的影响整体呈上升趋势，但仅在中低分位数上显著且系数值与 OLS 结果近似；是否参加社保、是否拥有宅基地使用权证的分位数回归系数值的变化趋势分别是先下降后上升、先上升后下降；退出意愿对中低分位数上农民福利变化影响的边际效应较大。除中位数外，退出满意度分位数回归的系数值皆大于平均值。基于农民视角对宅基地退出后的乡村韧性衡量维度进行分析，农民退出宅基地后经济状况变差、就业难、抗风险能力低，乡村发展的经济和社会韧性不足。乡村治理韧性差也削弱了乡村的可持续发展能力。另外，宅基地退出后农民的市民化认同感很低，主要原因是农民的生活水平与市民依然有明显差异。

基于上述结论，政府应通过多种措施提升农民退出宅基地后的福利水平，如：加大对农村医疗和养老的资金投入力度，保证农民享受更好的公共服务；加快农村宅基地确权登记发证，提升农民的物权意识和谈判能力；加大对农民的教育投入，加强就业指导培训，提升农民的非农就业能力；充分尊重农民的宅基地退出意愿，保障农民的知情权，完善基础设施和配套设施，改善社区生活环境，从而提升农民对宅基地退出的整体满意度。因个体或群体特征存在差异，相同的政策或资源将会被不同的人在不同环境下转换成不同的功能性活动。因此，为有效减少福利差异，提升福利水平，需要对退出后福利变差的农民给予更多的关注和照顾，增加其受教育的机会，对其进行再教育以及职业技能培训，以提高其获得非农就业机会的能力和经济收入水平。以上措施无疑将有利于乡村振兴发展。另外，如果宅基地的退出目标是推动农民市民化，则不能停留在土地城镇化或强制农民"上楼"、进城等层面，而需要将提高农民的经济生活水平放在第一位。总之，针对不同个体或群体采取有差别的置换安置政策，对改善退地农民的福利、减少福利差异、促进社会和谐发展有重要意义。

## 第三节 农民对宅基地退出的整体满意度

基于上节调研数据，设置问题"总体来说，您对宅基地置换退出是否满意"，调查结果共分五个等级，分别为非常满意（7.07%）、满意（20.00%）、一般（22.35%）、不满意（38.82%）和非常不满意（11.76%）。结果表明，农民对宅基地退出的整体满意度偏低。如何提升农民对宅基地退出的满意度是宅基地退出必须解决的问题，这需要考虑农民满意度的影响因素。农民对宅基地退出的满意度在受到宅基地退出相关变量影响的同时，也受到年龄、受教育程度等自身特征以及是否参加社保、宅基地与集市的距离等资源禀赋的影响。因此，为提升宅基地退出的农民满意度，需要具体分析各因素对农民满意度的贡献，特别是要把握宅基地退出相关变量对农民满意度的影响程度。

### 一 变量选取和模型选择

受调查数据限制，本部分重点选取农民个体和家庭禀赋特征、宅基地退出相关变量作为农民满意度的影响因素。其中农民个体特征主要包括年龄、受教育程度、就业状况和就业地点，宅基地退出相关变量主要包括宅基地福利认同程度、对退出政策是否知情等。具体指标见表 5-13。

表 5-13 农民满意度的影响变量选取及统计描述

| 变量因素 | | 变量赋值 | 均值 | 标准差 |
|---|---|---|---|---|
| 农民个体特征 | 年龄 $X_1$ | 实际年龄 | 40.95 | 13.75 |
| | 受教育程度 $X_2$ | 初中及以下 =0，初中以上 =1 | 0.42 | 0.49 |
| | 就业状况 $X_3$ | 以农就业为主 =0，以非农就业为主 =1 | 0.41 | 0.49 |
| | 就业地点 $X_4$ | 省内 =0，省外 =1 | 0.13 | 0.33 |

续表

| 变量因素 | | 变量赋值 | 均值 | 标准差 |
|---|---|---|---|---|
| 家庭<br>禀赋特征 | 是否参加社保 $X_5$ | 否 = 0，是 = 1 | 0.94 | 0.23 |
| | 宅基地与集市的距离 $X_6$ | 实际距离 | 2.04 | 1.17 |
| | 是否拥有城镇住房 $X_7$ | 没有 = 0，有 = 1 | 0.26 | 0.43 |
| | 是否拥有宅基地使用权证 $X_8$ | 没有 = 0，有 = 1 | 0.82 | 0.38 |
| 宅基地<br>退出相关<br>变量 | 宅基地福利认同程度 $X_9$ | 完全不认同 = 1，部分认同 = 2，完全认同 = 3 | 2.79 | 0.56 |
| | 对退出政策是否知情 $X_{10}$ | 否 = 0，是 = 1 | 0.49 | 0.50 |
| | 退出认同程度 $X_{11}$ | 完全不认同 = 1，部分认同 = 2，完全认同 = 3 | 2.27 | 0.86 |
| | 退出意愿 $X_{12}$ | 完全不愿意 = 1，部分愿意 = 2，完全愿意 = 3 | 1.88 | 0.85 |

根据农民对宅基地退出后的满意度，将其综合评定为满意、一般和不满意三个级别。被解释变量为有序多分类变量，为避免把因变量转化为二分类变量所导致的样本信息丢失，本部分采取 Ordinal Logistic 回归模型来进行福利变化及其影响因素的分析。

设因变量为 $Y$：$Y = 1$，表示农民对宅基地退出不满意；$Y = 2$，表示农民对宅基地退出的满意度一般；$Y = 3$，表示农民对宅基地退出感到满意。影响因变量 $Y$ 的自变量为 $X_j$（$j = 1$，2，…，$m$），因变量与自变量之间的关系一般可以表达为：$Y = \alpha + \beta X$。

$P$ 表示农民退出宅基地后不同满意情况的发生概率，则 $P(Y \leq i) = P_1 + \ldots + P_i$，其中 $i$ 为农民对宅基地退出的满意情况，且 $i = 1$，2，3。农民对宅基地退出不同满意情况的概率之比称为事件发生比（Odds Ratio，OR），其数学表达式为：$Odds(Y \leq i) = \dfrac{P(Y \leq i)}{1 - P(Y \leq i)}$。进行对数变换，则得到 Ordinal Logistic 回归模型的线性表达式：

$$\ln\left[ \frac{P(Y \leq i)}{1 - P(Y \leq i)} \right] = \alpha + \sum_{j=1}^{m} \beta_j X_j$$

上式中 $\beta_j$ 是自变量系数，反映不同解释变量对农民宅基地退出满意度变化的影响方向及程度。将上式两边同时取指数，自变量回归系数 $\beta_j$ 转换为 $e^{\beta_j}$，解释为自变量每变化 1 个单位所引起的对因变量影响的优势比的变化倍数。

## 二　模型运行结果及分析

本部分运用 SPSS 19.0 软件将各变量引入 Ordinal Logistic 进行回归分析。在进行回归分析前，首先对上述解释变量间的相关性进行统计分析。变量相关分析矩阵显示，变量之间的相关系数均小于 0.5。根据 Mitchell H. Katz 所著《多变量分析》，相关系数为 0.8~0.9 可能会引起问题，低于 0.8 时不大会出现问题[①]。因此基本可以认为上述变量间不存在严重的多重共线性问题。同时，经模型拟合优度检验，模型拟合度的显著性结果 Sig = 0.000，说明模型拟合良好。最终模型回归结果见表5－14。

表 5－14 中参数估计及相应的检验结果显示，受教育程度、宅基地与集市的距离、是否拥有城镇住房、对退出政策是否知情以及退出意愿等要素对农民宅基地退出满意度具有显著影响。

表 5 - 14　农民满意度影响因素的 Ordinal Logistic 回归结果

| 变量 | | 偏回归系数 $\beta_i$ | 标准误（SE） | Wald | Sig. 值 | OR 值 |
|---|---|---|---|---|---|---|
| 阈值 | | | | | | |
| $Y$ 截距1：变差 | | − 0.568 | 1.307 | 0.189 | 0.000 | 0.567 |
| 截距2：不变 | | 1.223 | 1.332 | 0.844 | 0.000 | 3.397 |
| 农民个体特征 | | | | | | |
| $X_1$ 年龄 | | 0.032 | 0.020 | 2.561 | 0.110 | 1.033 |
| $X_2$ 受教育程度 = 0 | | − 0.482* | 0.601 | 0.645 | 0.082 | 0.618 |
| 受教育程度 = 1 | | 0[a] | | | | |
| $X_3$ 就业状况 = 0 | | 0.099 | 0.465 | 0.046 | 0.831 | 1.104 |
| 就业状况 = 1 | | 0[a] | − | − | − | − |

---

① 〔美〕Mitchell H. Katz：《多变量分析》，姚晨等译，中国科学技术出版社，2000。

续表

| 变量 | | 偏回归系数 $\beta_i$ | 标准误（SE） | Wald | Sig. 值 | OR 值 |
|---|---|---|---|---|---|---|
| $X_4$ | 就业地点 = 0 | -0.531 | 0.639 | 0.692 | 0.406 | 0.588 |
| | 就业地点 = 1 | 0[a] | – | – | – | – |
| 家庭禀赋特征 | | | | | | |
| $X_5$ | 是否参加社保 = 0 | 1.774 | 1.135 | 2.444 | 0.118 | 5.894 |
| | 是否参加社保 = 1 | 0[a] | – | – | – | – |
| $X_6$ | 宅基地与集市的距离 | 0.653 *** | 0.199 | 10.728 | 0.001 | 1.921 |
| $X_7$ | 是否拥有城镇住房 = 0 | -1.600 ** | 0.592 | 7.293 | 0.007 | 0.202 |
| | 是否拥有城镇住房 = 1 | 0[a] | – | – | – | – |
| $X_8$ | 是否拥有宅基地使用权证 = 0 | 0.886 | 0.612 | 2.095 | 0.148 | 2.425 |
| | 是否拥有宅基地使用权证 = 1 | 0[a] | – | – | – | – |
| 宅基地退出相关变量 | | | | | | |
| $X_9$ | 宅基地福利认同程度 = 1 | 1.360 | 0.912 | 2.226 | 0.136 | 3.896 |
| | 宅基地福利认同程度 = 2 | -0.114 | 0.798 | 0.020 | 0.886 | 0.892 |
| | 宅基地福利认同程度 = 3 | 0[a] | – | – | – | – |
| $X_{10}$ | 对退出政策是否知情 = 0 | -0.897 * | 0.503 | 3.177 | 0.075 | 0.408 |
| | 对退出政策是否知情 = 1 | 0[a] | – | – | – | – |
| $X_{11}$ | 退出认同程度 = 1 | 0.267 | 0.520 | 0.263 | 0.608 | 1.306 |
| | 退出认同程度 = 2 | -0.773 | 0.663 | 1.357 | 0.244 | 0.462 |
| | 退出认同程度 = 3 | 0[a] | – | – | – | – |
| $X_{12}$ | 退出意愿 = 1 | -3.592 *** | 0.732 | 24.066 | 0.000 | 0.028 |
| | 退出意愿 = 2 | -1.959 *** | 0.580 | 11.405 | 0.001 | 0.141 |
| | 退出意愿 = 3 | 0[a] | – | – | – | – |
| 模型显著性水平 | | 0.000 | | | | |
| -2 Log Likelihood | | 173.813 | | | | |
| Cox and Snell R$^2$ | | 0.656 | | | | |
| Nagelkerke R$^2$ | | 0.751 | | | | |

注：*、**、***分别表示在10%、5%、1%的水平下显著；[a]表示此参数为冗余，因此将其设置为零。

首先，农民个体特征对宅基地退出满意度的影响分析。受教育程度对宅基地退出后的满意度评价具有显著影响，且偏回归系数 $\beta_2 < 0$（当 $X_2 = 0$ 时，$\beta_2 = -0.482$；当 $X_2 = 1$ 时，$\beta_2$ 已被模型设定为0），$OR_2 =$

$e^{\beta_2} < 1$。这表明，在其他条件不变的情况下，相对于受教育程度在初中以上的农民，初中及以下的农民对宅基地退出满意的概率较小。原因在于，受教育程度越高，非农就业能力越强，越容易接受原有农村生产生活方式的转变，在宅基地退出后的福利水平越能得到提高，对宅基地退出会越满意。

其次，家庭禀赋特征对农民满意度的影响分析。宅基地与集市的距离越远，宅基地退出后农民的满意度越高。这主要是因为宅基地与集市的距离越远，该地区位、交通等状况越差，农民家庭经济收入越低。通过构建新型农村社区，将明显改善该地的交通状况，使农民的非农就业机会增多，非农收入水平提高，从而其在宅基地退出后的满意度也将得到提高。

是否拥有城镇住房通过了 5% 显著性水平检验且偏回归系数为负，即 $\beta_7 < 0$（当 $X_7 = 0$ 时，$\beta_7 = -1.600$；当 $X_7 = 1$ 时，$\beta_7$ 已被模型设定为 0），$OR_7 = e^{\beta_7} < 1$。这表明，在其他条件不变的情况下，相对于拥有城镇住房的家庭，没有城镇住房的农民在退出宅基地后满意度提高的概率较小，即是否拥有城镇住房对农民宅基地退出满意度的变化有显著正向影响。回归结果表明，没有城镇住房的农民，宅基地退出满意度提高的事件发生比，是拥有城镇住房农民的 0.202 倍。原因在于，拥有城镇住房的农民对宅基地保障功能的诉求减弱，也具备城市生活经验，其对农村宅基地退出持支持态度，对宅基地退出后新的社区环境更加适应，从而在宅基地退出后满意度更容易得到提高。

最后，宅基地退出认知对宅基地退出后满意度变化的影响分析。对退出政策是否知情的偏回归系数 $\beta_{10} < 0$（当 $X_{10} = 0$ 时，$\beta_{10} = -0.897$；当 $X_{10} = 1$ 时，$\beta_{10}$ 已被模型设定为 0），$OR_{10} = e^{\beta_{10}} < 1$。这表明在其他条件不变的情况下，相对于对退出政策知情的农民，对退出政策不知情的农民在宅基地退出后满意度提高的概率较小。换句话说，宅基地退出满意度高更有可能发生在对宅基地退出政策知情的农民身上。回归结果表明，对退出政策不知情的农民满意度高的事件发生比是对退出政策知情

农民的 0.408 倍。农民如果能充分了解宅基地退出的置换住房标准、社会保障及就业等方面的政策信息，一方面，其在宅基地退出前就能更充分地表达异议及争取更多的权益；另一方面，知情权被保障，被尊重感增强，宅基地退出后农民的社区归属感更强，满意度更高。该结果也表明，宅基地退出的实施不仅要保障农民的货币或住房等物质需要，还要充分保障农民的知情权。

退出意愿在模型中通过了 1% 水平下的显著性检验且偏回归系数 $\beta_{12} < 0$（当 $X_{12} = 1$ 时，$\beta_{12} = -3.592$；当 $X_{12} = 2$ 时，$\beta_{12} = -1.959$；当 $X_{12} = 3$ 时，$\beta_{12}$ 已被模型设定为 0），$OR_{12} = e^{\beta_{12}} < 1$。这表明在其他条件不变的情况下，随着退出意愿的提高，退出后满意度提高的概率变大。也就是说，农民宅基地退出福利变化与退出意愿正相关，退出意愿越高，退出后满意度越高。回归结果显示，退出意愿为"完全不愿意"组（$X_{12} = 1$）及"部分愿意"组（$X_{12} = 2$）与基线组（$X_{12} = 3$）相比，宅基地退出后满意度变化有显著性差异（$OR = 0.028$ 和 $0.141$，$P < 0.01$），即宅基地退出满意度变高而非变低的倾向，"完全不愿意"组（$X_{12} = 1$）是基线组（$X_{12} = 3$）的 0.028 倍，"部分愿意"组（$X_{12} = 2$）是基线组（$X_{12} = 3$）的 0.141 倍。退出意愿对退出满意度有影响，该结果进一步反映了提高农民退出意愿是宅基地退出实施的必要环节。

另外，回归结果显示，宅基地福利认同、退出认同程度对退出满意度变化无显著影响。虽然作为农村社会保障供给机制的补充，宅基地具有居住、养老等保障功能，但政府主导下整体推进的"村改居"，无论是宅基地换房，还是宅基地换社保，都将对宅基地的福利形成替代，这样就导致农民对宅基地福利的认同感对其退出后的满意度变化并无显著影响。在乡村振兴战略背景下，闲置、分散的宅基地必定要经过政府的治理和布局调整，这符合现代社会经济的发展规律。因此，农民对宅基地退出本身还是认同的，但退出后福利是否改善必将更多地取决于政府治理模式及农民权益的实现情况。

### 三　分析结果及启示

通过对农民宅基地退出满意度的影响因素进行分析，本书认为宅基地与集市的距离、是否拥有城镇住房、对退出政策是否知情以及退出意愿等要素对农民宅基地退出满意度变化具有显著的正向影响。基于以上结论，本书认为，政府在选择宅基地退出项目区时应该摆脱"近郊区"偏好，将视角更多地放在远郊农村。这不仅是因为远郊农村的宅基地利用更为粗放，在土地整理方面具有成本优势，更重要的是远郊农民可据此获得土地资本化收益，提高福利水平。总体而言，要提高宅基地退出后农民的满意度，还应该考虑以下几点。一是坚持以人为本，尊重农民宅基地退出意愿。既要在宅基地退出前充分征求农民意见，也要加强对退出后农民的就业指导培训，以提高农民获得非农就业机会的能力和经济收入水平，并对受教育程度较低、无城镇住房、抵御和抗风险能力比较弱的农民给予特别关注和照顾，从而多主体、多方位地提升农民的宅基地退出意愿。二是加大对宅基地退出相关政策的宣传力度，提升农民的认知程度，让农民以主人翁的姿态参加到宅基地退出项目中来，对宅基地退出提出意见、进行监督，最终提高农民宅基地退出意愿及退出后福利，实现宅基地退出目标。三是继续完善基础设施和配套设施建设，提高社区生活环境质量，加大对医疗和养老的投入力度，促使农民享有更好的公共服务，最终保障农民宅基地退出后的可持续生计，增强其对市民化身份的认同。

# 本章小结

因缺乏有效退出机制，农村地区出现大量宅基地闲置甚至废弃的现象。农村宅基地属于稀缺资源，客观上要求实现其优化配置。农村宅基地退出为实现资源再配置提供了途径，但能否实现资源优化配置还有待验证。福利经济学视角下的资源配置效率和公平，就是要实现制度变迁后社会总福利的提高及福利分配的公平。从理论模型分析来看，从农民自发的宅基地退出到政府规范引导农民宅基地退出，模式演进伴随着社会总福利的不断提高。但农民作为弱势群体，能否从中提高自身福利还需要结合实践来分析。通过对调研数据的描述性统计分析发现，宅基地退出后农民的农业收入下降，非农业收入和家庭月支出上升；在非经济福利方面，宅基地退出后农民对社会福利如公共医疗设施、教育设施及娱乐休闲设施的满意度较低，对住房条件变化的满意度一般，对交通状况、社区治安和卫生状况等改善的满意度较高。对应分析表明，受教育程度与收入和支出情况关系密切，较高的受教育程度对提高农民的经济福利发挥着重要影响。另外，政府还应该更多关注农村老年人、妇女等特殊人群，提高他们的福利水平。为了更精确地观察宅基地退出前后农民的福利变化，通过模糊综合评价和基尼系数分析，发现农民整体福利水平在宅基地退出后并没有得到提高，反而有所下降。同时，宅基地退出后农民之间的福利分配差异加大。整体来说，宅基地退出后福利分配的公平性有所损失。进一步分析宅基地退出前后农民福利变化差异的影响因素，发现受教育程度、就业状况、是否参加社保、是否拥有宅基地使用权证、退出意愿以及退出满意度对农民福利变化具有显著的正向影响，但在不同分位数上，上述因素对农民福利变化的影响程度不同。因此，为减少福利差异，提升福利水平，除需要继续增加供给，还需要对退出后福利变差的农民给予更多的关注和照顾。

新型城镇化发展战略的实施和乡村社会经济的转型发展，内在要求农村宅基地制度改革要能实现农民市民化与乡村振兴的协同发展。基于农民视角对宅基地退出后的乡村韧性衡量维度进行分析，农民退出宅基地后经济状况较差、就业难、抗风险能力低，乡村发展的经济和社会韧性不足。但宅基地退出后农村基础设施韧性提高，在一定程度上为乡村发展的经济和社会韧性提供了保障。乡村治理韧性差也减弱了乡村的可持续发展能力。另外，宅基地退出后农民对市民化的认同感很低，主要原因是农民的生活水平与市民依然有明显差异。要实现农村宅基地顺利退出，必须提高农民对宅基地退出的整体满意度。宅基地与集市的距离、是否拥有城镇住房、对退出政策是否知情以及退出意愿等要素对退出满意度变化具有显著的正向影响。因此，加大宅基地退出相关政策的宣传力度，提高农民的认知程度和退出意愿等有利于提高农民对宅基地退出的满意度，从而有利于宅基地退出政策的顺利推行。

# 第六章　农村宅基地退出的政策网络

从以上分析可以认为，宅基地退出后农民部分福利得到改善，但整体福利有所下降。因农民失去土地、房屋遭到拆迁、传统及便利的生产生活方式被改变等，一旦补偿安置不到位、相关权利得不到尊重，在实践中往往会造成拆迁矛盾与冲突。这必将影响宅基地退出的整体效应，包括资源配置效率、社会总福利、乡村经济发展等。因此，理论模型分析论证的宅基地退出有利于提高资源配置效率，增加社会总福利，并不能得到实践的检验。进一步地，科学分析、深刻把握宅基地退出效率和公平损失的原因，并具体制定有针对性的完善政策，无疑有利于优化宅基地退出效应。作为公共政策研究中的一种重要理论分析工具，政策网络分析能够将宏观的制度分析和微观的行为分析结合起来，它强调政策环境、网络结构、主体行为等对政策效果的影响。这为解释农村宅基地退出政策执行与政策后果的关系提供了一个重要的分析模型。本章运用政策网络分析法，研究揭示实践中农民宅基地退出福利损失的原因，以便为农村宅基地退出政策改革提供启示。

## 第一节　政策网络分析框架

农村宅基地退出政策执行是退出后果的直接驱动因素。具体而言，农村宅基地退出政策过程涉及中央政府、地方政府、企业和农民等广泛参与主体，各主体基于不同的价值取向和利益诉求，在政策制定和执行过程中采取不同的行动策略，而行动策略选择影响政策执行结果。换言之，政策执行过程是多元行动者在网络结构中互动，并形成一定的政策执行结果的过程。作为一种自变量，不同的政策网络必定会导致不同的政策后果（因变量）。政策网络与政策后果的因果关系模型为解释复杂的政策过程提供了一个重要的分析模型①。因此，它成为公共政策研究中一种重要的理论工具。

## 一　政策网络的基本理论

### （一）政策网络的概念及特征

政策网络是指在公共政策的制定和执行过程中，政府与其他行为者之间基于资源的互相依赖，围绕共同的实际上是不断协商的信念和利益而结成的非正式的互动关系，以形成政策方案、解决政策问题、促进政策发展、增加政策利益②。20 世纪 70 年代以来，政策网络理论作为研究多元行动者之间复杂互动关系的分析工具，逐渐成为公共政策领域中政策过程研究的新途径。"政策网络"一词最早由美国学者卡赞斯坦（P. Katzenstein）在《权力与财富之间》（1977）一书中提出。此后，有关政策网络的研究在美国、英国、德国、荷兰等国迅速展开。

政策网络反映的是政策制定和执行过程中国家与社会之间不同互动关系的总和，它具有如下四个基本特点。第一，多元性与复杂性。多元性主要体现在多元的关系主体及其目标。政策网络由试图影响价值的多元行动者组成，如公共部门、私人部门以及第三部门等，它们以个体形式参与政策网络，但往往是组织的代表。同时这些众多行动者又各自拥有自己的目标，它们之间将以合作或冲突等不同的方式展开复杂的策略互动。第二，相互依赖与共享性。多元关系主体基于资源、利益诉求而

---

① 丁煌、杨代福：《政策网络、博弈与政策执行：以我国房价宏观调控政策为例》，《学海》2008 年第 6 期。

② 唐丽敏：《当前我国城市化进程中征地拆迁矛盾研究》，吉林大学博士学位论文，2009。

相互依赖并表现出复杂的结构或人际关系[①]。网络中的不同行动者或者组织拥有不同的政策资源，每一个组织都无法单独实现政策目标，而必须选择与其他组织合作，通过资源的共享来实现共同利益。当然，它们也会为了自身利益的最大化而展开激烈的博弈，但这是以形成相互依赖的互动关系为前提的[②]。第三，政策网络是一个过程。政策网络就是各种主体利用各自的资源，寻求实现各自利益和目标的相互影响、相互作用的动态过程。第四，政策网络的活动受到制度制约。政策网络主体因为相互依赖、相互作用而形成各种不同类型的关系和规则。这些关系和规则会反过来影响和制约主体之间的互动和相互作用，使它们之间的互动方式得以持续，使主体之间的资源分配方式得以形成，并在相互影响和互动中逐渐发生变化。

### （二）政策网络的类型

基于不同的标准，政策网络有不同的类型。英国学者罗茨（R. A. W. Rhodes）基于对英国中央政府与地方政府间关系的研究，根据关系的稳定程度、成员的类型及整合程度、资源互赖的程度，将政策网络划分为政策社群、专业网络、府际网络、生产者网络及议题网络五种类型（见表6-1）。此网络类型依据关系的密切性形成一束形态表现不一的光谱，在光谱的一端是高频互动、高度整合的政策社群，在光谱的另一端是低频互动、低度整合的议题网络。

表6-1 罗茨模型谱系[③]

| 网络类型 | 网络特征 |
| --- | --- |
| 政策社群 | 由与某一政策有关的政府部门官员和相关参与者构成，参与者之间的关系稳定，数目有限，相互之间存在横向依赖关系 |

---

① 丁煌、杨代福：《政策网络、博弈与政策执行：以我国房价宏观调控政策为例》，《学海》2008年第6期。
② 唐丽敏：《当前我国城市化进程中征地拆迁矛盾研究》，吉林大学博士学位论文，2009。
③ 李玫：《西方政策网络理论研究》，人民出版社，2013。

续表

| 网络类型 | 网络特征 |
|---|---|
| 专业网络 | 由相同职业者维护共同的职业利益而形成，参与者之间的关系稳定，对成员资格限制严格，数量有限 |
| 府际网络 | 由与某一政策制定过程有关联的政府部门之间的关系而形成，成员的数目相对稳定，数量有限，相互之间呈有限度的横向依赖关系 |
| 生产者网络 | 由为同一项目供给产品的集团或个人组成，成员不稳定，相互之间呈横向的有限度的相互依赖关系 |
| 议题网络 | 由对某一问题感兴趣，或对某一问题有专业见解的人松散地组合而成，参与者人数众多且关系不稳定，成员随时都有进出 |

上述五种类型的政策网络从紧密到松散构成一个连续体，其中结构最为紧密的政策社群与结构最为松散的议题网络经常被提及，而其他三种类型的区分并不明显，也较少使用。霍莱特和拉梅什（Howlett & Ramesh）则依据政策网络对新利益主体及其思想、观念的接受程度划分为封闭型网络、抵抗型网络、争议型网络与开放型网络，不同网络对政策变化所产生的影响不同①。根据不同阶段，可将政策网络分为政策制定网络和政策执行网络。本书所研究的农村宅基地退出政策网络主要是一种政策执行网络，主要包括由政府、开发商、退地农民所组成的政策社群以及由大众媒体、专家学者等所组成的议题网络。

## 二 宅基地退出政策网络分析逻辑

### （一）政策网络分析模式

政策网络是公共政策研究中一种重要的理论工具。政策网络分析模型可以被理解为对现实中复杂政策制定和执行过程的一种分析和描述，目的在于发现和解释政策网络与政策后果之间的关系。Marsh David（1998）进一步提出了政策网络影响政策结果的模式。该模式隐含着三项基本假定：政策结果的变化与政策网络的变化具有相关性，政策网络

---

① M. Howlett, M. Ramesh, "Policy Subsystem Configurations and Policy Change: Operationalizing the Postpositivist Analysis of the Politics of the Policy Process", *Policy Studies Journal* 26 (3), 1998, pp. 446 –481.

和政策结果的变化也受到其他因素的影响，政策网络与政策结果交互影响①。政策网络与政策结果的辩证途径具体如图 6 - 1 所示。

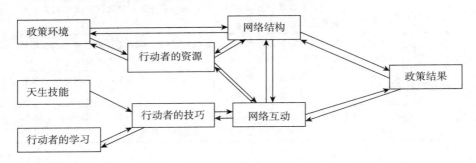

图 6 - 1　政策网络与政策结果的辩证途径

　　该模式表明，几乎所有的关系都是交互影响或者辩证的。政策网络一旦形成，处于政策网络特定位置的行动者即具有不同的资源和权力禀赋，处于劣势的政策行动者往往会通过策略行为选择，来改善自身在政策网络中的位置，进而获得关键政策资源及影响政策决策和结果的能力②。政策后果对政策网络也有反馈作用。

　　政策网络与政策后果二者相互作用、相互影响，在政策网络影响政策后果的同时，政策后果也会反作用于政策网络。但是，考虑到政策后果对政策网络的反作用不如政策网络对政策后果的影响那么直接，结合本书需要，这里侧重采用政策网络对政策后果影响的分析路径。基于结构主义与行为主义两种理论流派的论争，政策网络分析模型主要有两种：基于"结构—后果"分析逻辑的政策网络模型和基于"行为—后果"分析逻辑的政策网络模型。然而，单纯地强调"结构"或"行为"都是片面的。因此，有学者试图建立"结构—行为"互动关系模型，说明网络结构、网络行为与政策后果的关系，即网络结构影响网络行为，网络行为反过来影响网络结构，网络结构与网络行为共同影响政策后果。这一分析途径将结构与行为结合起来，对于政策过程及政策后果具有很

①　Marsh David, *Comparing Policy Networks* (Philadelphia：Open University Press，1998)，p. 195.
②　张体委：《资源、权力与政策网络结构：权力视角下的理论阐释》，《公共管理与政策评论》2019 年第 1 期。

大的解释力①。政策网络作为一种新兴的政策分析工具，打破了传统的"以国家为中心"和"以社会为中心"的处于两个极端的政策分析方式，为政策过程分析提供了新的网络分析途径。运用政策网络进行分析，有利于对不同政策结果的形成进行解释，明晰不同的政策网络环境、政策网络结构和政策网络行动者对政策过程的影响，适于分析和解决我国涉及多元复杂利益主体的现实问题②。

### （二）宅基地退出政策网络分析逻辑

本书所指宅基地退出政策网络主要指的是我国现阶段宅基地退出政策执行意义上的网络。政策执行的实质是相关行动者之间基于利益得失的考虑而进行的一种博弈过程。分析目的主要是描述和解释农村宅基地退出政策网络对宅基地退出政策后果，即因宅基地退出、房屋拆迁而造成的福利损失的影响。具体而言，本书认为宅基地退出政策网络主要是通过制度、行为、结构三个变量影响政策后果。

1. 宅基地退出制度及相关的地权制度

宅基地退出制度及相关的地权制度作为宅基地退出政策网络的博弈规则，规定和制约着政策网络主体的行为及其互动方式。从内容来看，宅基地退出制度不仅包括作为治理机制的宅基地退出制度本身，也包括宏观土地管理、农村宅基地地权安排等外部制度环境。政策网络的运行不仅要在制度本身的框架内进行，还要与制度环境相适应。这也意味着，无论是宅基地退出制度本身还是其所处的制度环境，都将对政策网络主体的行为产生重要的作用，是宅基地退出福利损失的重要解释变量。

2. 宅基地退出政策网络行为

政策执行过程可被视为一种赛局，政策执行的成功与否，取决于行动者的策略选择，即政策网络行为。政策网络行为主要是政策网络主体各方的相关行为方式，是影响政策后果的直接因素。协商、合作的行为

---

① 唐丽敏：《当前我国城市化进程中征地拆迁矛盾研究》，吉林大学博士学位论文，2009。

② 黄蓉：《基于政策网络的昆明市征地拆迁政策执行研究》，云南财经大学硕士学位论文，2016。

方式将有利于政策目标的实现，而冲突、对抗的行为方式将难以达到预期的政策效果①。宅基地退出政策网络是由多元主体构成的，多元主体出于对各自利益的追求，在宅基地退出政策执行过程中采取不同的行动策略。一方面，农民宅基地退出的资产置换效应激励地方政府越来越多地以土地流转制度创新为突破口，鼓励和引导农民"弃地进城"，以此作为城市扩展和实现农民市民化的起点或主要方式。在实践中，"宅基地换房""宅基地换社保"等地权改革模式普遍存在。然而，在推进城镇化的过程中，获取城市建设用地指标的理念使得地方政府在宅基地退出政策执行过程中出现权力的异化及行为的失范，表现为强制拆迁和农民"被上楼"等。另一方面，农民的维权意识不断增强，在土地权益无法得到保障的情况下，其会采取各种积极或消极的维权行动。无论是地方政府的强制拆迁，还是被退地农民的维权抗争，都使得宅基地退出政策无法得到有效执行，政策的执行也将面临福利的损失，宅基地退出政策网络行为成为宅基地退出福利损失的直接解释变量。

3. 宅基地退出政策网络结构

政策网络结构是政策网络主体之间的关系形态。按照罗茨对政策网络所做的分类，将我国的宅基地退出政策网络分为政策社群和议题网络两种类型。其中，政策社群主要由政府、开发商与退地农民组成，结构比较紧密且政府居于主导地位，属于政府自主型的政策网络结构。这种政策网络结构中政策主体之间的联结是基于垂直的权力或权威关系。而议题网络则由大众媒体和专家学者所组成，结构较为松散，属于平等互动型的政策网络结构。这种政策网络结构中政策主体之间主要是基于平等的沟通关系。相比之下，平等互动型的政策网络结构更有利于政策目标的实现②。这也决定了宅基地退出政策网络结构成为解释宅基地退出福利损失的重要变量。

宅基地退出制度、政策网络行为与政策网络结构是影响政策后果的

---

① 唐丽敏：《当前我国城市化进程中征地拆迁矛盾研究》，吉林大学博士学位论文，2009。

② 唐丽敏：《当前我国城市化进程中征地拆迁矛盾研究》，吉林大学博士学位论文，2009。

决定性因素（见图 6 - 2）。这些变量的共同作用，导致了当前我国城市化进程中一系列的宅基地退出福利损失。另外，在宅基地退出制度、政策网络行为与政策网络结构影响政策后果的同时，政策后果反作用于宅基地退出制度、政策网络行为及政策网络结构，而且这三个变量之间也是相互作用、相互影响的。本部分侧重分析宅基地退出制度、政策网络行为与政策网络结构对政策后果——宅基地退出福利损失的影响，并提出相应的对策思路。

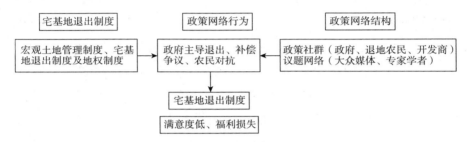

图 6 - 2　农村宅基地退出政策网络分析模型

# 第二节　农村宅基地退出政策网络分析：基于空间政治经济学视角

前文对我国农村宅基地退出制度的历史演变及现状所进行的分析表明，虽然农村宅基地退出制度由计划经济时期的严格控制流转退出（这也被学者普遍认为是造成大量宅基地闲置或低效利用等现象的原因），逐渐过渡到目前的探索进城农民自愿有偿退出，宅基地退出制度改革取得了明显成效。但因农民自愿有偿退出宅基地的受让人被限制在集体经济组织内部，定价机制也由地方政府制定，政府行为成为市场机制缺失的一种替代。农村宅基地退出机制依然没有完全解决计划经济条件下宅基地地权受限的问题。在农村宅基地的地权制度架构下，农村宅基地退出实践中不可避免地会造成拆迁纠纷及福利损失。以下将结合图 6 - 2 所示宅基地退出政策网络分析模型对此进行逻辑分析。

## 一 宅基地退出及地权制度架构

前文对我国农村宅基地退出制度进行了较详细的叙述，而宅基地退出制度最终是在农村宅基地地权制度框架下来安排的。在我国城乡空间治理中，城市国有土地使用权交易制度已完全实现了市场化，同时作为不动产的房屋的资产功能和流动性也得到了完善的制度保障。随着市场经济的发展，农村土地承包经营权的用益物权性质得到强化，农村土地产权逐渐脱离了行政权力的影响。但作为农村建设用地重要组成部分的宅基地依然沿袭着计划经济体制，政府权力对其依然保持着强劲的渗透。一方面，《土地管理法》对农村集体土地所有者的界定不够明确。乡、村及村民小组在不同程度上都是农村集体土地所有权的代表，但是三者的权责界限不清，导致土地集体所有权在事实上的虚置。另一方面，农村宅基地使用权在履行居住保障功能的同时，资产的权利则被凝固化且不能进行市场交易。这种独特的二元土地制度在计划经济结构下固然有利于社会管理，但在市场经济体制改革深化和快速城镇化的进程中，城市土地紧缺和农村宅基地闲置的土地配置失衡现象日益突出，农民的土地财产权利被侵犯，土地利益矛盾不断加剧。在以要素流动和交易为特征的市场经济体制改革深化和城镇化快速推进的大背景下，农村宅基地使用权的市场化改革严重滞后于市场经济体制的发展[1]。我国城乡二元制度造成城市和农村的空间分野以及土地要素法律地位的差异。政府在经济转型中对土地要素配置持续实行"城市偏向"政策，农村宅基地的地权弱势地位被强化，相对于城市国有土地使用权的完全物权特征，农村宅基地地权是一种有限物权。

随着我国经济的快速发展和城镇化进程的不断推进，土地要素在权力和利益的博弈中改变着时空配置并彰显出资产价值。我国实行城乡土地分治、政府垄断城市土地一级市场的土地制度。一方面，农村与城市

---

① 程世勇：《农村宅基地使用权交易的制度分析》，《学习与探索》2010 年第 5 期。

土地分属不同的法律约束，形成不同的市场和权利体系；另一方面，任何单位或个人需要使用土地，必须依法申请使用国有土地。集体非农建设用地包括宅基地必须首先通过征收，转变为国有土地后方能进入土地市场。土地的财富效应以及城乡分割的二元土地制度诱致"小产权房"现象，由此也带来了对农村宅基地地权制度的审视。随着城乡建设用地增减挂钩政策在部分地方政府操作下演变为以政府权力征地，"宅基地换房""宅基地换社保""宅基地换户口"等名目众多的撤村圈地引发大量社会问题，农村宅基地再次成为人们关注的焦点。

## 二　宅基地退出政策网络行为：矛盾与冲突

农村宅基地地权表现为法权安排，反映的却是政治德性。地权问题从表面上看是人对土地所享有的所有权、使用权、收益权及处分权等人与物、人与自然的关系，而实质则为人与人的权力与利益关系[1]。农村宅基地地权正是在一系列的强制干预下形成的，在此过程中，一个传统的乡村聚落空间转变成了一个充满冲突、矛盾与争议的政治性空间。空间背后是权力运作的逻辑。空间政治理论对权力的关注不是意识形态层面的权力或"何为权力"，而是在实践中权力是如何运作的，以及权力行使的技术与策略。

### （一）中央政府的治理策略

中央政府作为国家的最高代理者，或者作为一般意义上的统治者，其目的是复杂的，简要地说，其目的主要是实现国家租金最大化和社会产出最大化。对中央政府而言，租金最大化就是领导权不能动摇[2]。中央政府出于稳定政局的目的，强调农村宅基地的社会保障功能，对宅基地实行身份限制下的无偿配给，以及不允许宅基地使用权向集体组织外部流转。这样既给农民带来福利，有助于社会稳定，又树立了政府威

---

①　马良灿：《地权是一束权力关系》，《中国农村观察》2009 年第 2 期。
②　胡德：《政府权力的空间过程及其影响》，华东师范大学博士学位论文，2007。

信，维护了政府利益，为权力进一步集中带来可能。基于这样的效用函数或政治意图，中央政府通过制造空间壁垒和空间剥夺来实现自己的政治收益，在具体运作上则采取"分类控制"的空间策略。所谓空间壁垒，意指某一空间区域的人们进入另外一个空间区域时所受到的限制。空间剥夺是指在某一空间区域中，一部分人可以通过直接或间接的手段"合法"地占有其他人的收益①。空间政治理论认为，分类作为社会控制手段而存在，其关键就是确定"边界"。边界是排斥或包容的手段，其功能是分割内部与外部。我国土地资源分为国家所有和农民集体所有。作为农村集体建设用地重要组成部分的宅基地地权不得随意买卖，只有通过国家征收转换为国有土地后才能出让、转让和租赁。无论宅基地地权制度的形成是出于何种历史原因，但治理结果都是排斥性的，即将农村的发展以及农民的权益排除在国家城市发展的主导话语之外②。正是通过以上治理技术与策略，国家权力得以空间化。

**（二）地方政府的行动逻辑**

作为中央政府权力空间化的延伸，地方政府在不同的条件下都具有充分的自利性行为动机。既有的财政分权体制在一定程度上造成部分地方政府财政资金短缺的困境与以 GDP 为核心的政绩考核制度，形成地方政府实施"土地财政"行为的激励机制，经营土地成为地方政府谋取财政收益的重要途径。在宅基地地权制度创新中，地方政府利用城乡建设用地增减挂钩政策，借助"新农村""城乡一体化"等基调介入农民的权利空间。从利用资源和改善民生的角度来说，增减挂钩有其合理性，但由于博弈双方的权力不对等，行政权力过于强势，本该双方共赢的置换模式，越来越成为地方政府"圈地"的游戏。地方政府连同房地产开发商违背农民意愿、强迫农民"上楼"的事例屡见不鲜。既然界定模糊的集体土地产权和宅基地使用权交易能给地方利益集团带来巨额的收入，那么维护当前这种模糊的产权状态和政府"特权"下的宅

---

① 郑春勇：《区域一体化进程中的空间政治难题及其破解》，《理论导刊》2011 年第 3 期。
② 段进、李志明：《空间研究》，东南大学出版社，2009。

基地退出体制便具有充足的动力。公正清晰地界定土地财产权和平等的土地交易，虽然能够提高农民的收入，但会减少市、县、乡镇和行政村官员的权力，严重影响其既得土地收益，所以这种制度变迁在短期内不是帕累托改进。

### （三）　农民权利贫困下的反抗

既有的集体土地产权制度以及政府垄断土地一级市场造成农民的权利贫困和机会贫困。尽管中央政府采取多项措施强调规范政府征地行为、保障农民土地财产权、清理检查以各种名义擅自开展的增减挂钩试点及建设用地置换等情况，但地方政府基于信息优势及所受到的土地财政激励，对上级政府的政策并未完全执行。当农民的自主空间受到侵犯或威胁时，他们会自觉不自觉地进行维护甚至反抗[①]。

## 三　宅基地退出政策网络结构：行动者角色

政策网络结构的实质是网络行动者之间实际或潜在的关系，这一关系对政策结果具有重要影响。在宅基地退出政策网络结构中，政策社群中的政府占据了网络的核心位置，可以通过控制网络资源的流向，取得对其他行为者的控制和支配权，对政策结果的影响最大。政府可以通过行使行政权力，决定资源的分配，最终促成符合自身意愿的政策结果。议题网络处于网络的边缘位置，但如果议题网络中的行动者具有较强的策略学习能力，将获取更多的网络资源，则可以提升对政策结果的影响力。以下将具体对宅基地退出政策网络结构的政策社群和议题网络中的主体角色进行分析，以便更好地实现主体间的协作与沟通，从而有利于宅基地退出政策的执行及其结果的优化。

### （一）　政策社群

政策社群具有参与成员有限、成员关系比较稳定、成员资格限制严

---

① 俞弘强：《中国政府与农民关系研究评述》，《厦门大学学报》（哲学社会科学版）2004 年第 5 期。

格、结构比较紧密等特点，参与成员均拥有可交换资源并形成资源互赖关系①。根据相关政策规定以及当前宅基地退出实践，农村宅基地退出政策网络中的政策社群主要包括政府、开发商和退地农民。他们是政策过程的直接参与者及利益相关者，构成了宅基地退出政策网络的主要部分，他们之间的利益博弈和利益整合关系构成了宅基地退出政策网络的基本内容。

1. 政府的角色

（1）宅基地退出过程中政府的应然角色。在农村宅基地退出过程中，政府的角色和职能定位及其所表现出来的行为方式，无疑直接关系宅基地退出政策网络中相关主体的切身利益。因此，合理界定政府角色、发挥其应有职能是增加宅基地退出福利的关键。

从政府角色的应然性出发，首先，政府应该是宅基地退出的政策制定者和执行监管者。政府作为社会公共利益的代表，应该以社会利益总代表的身份通过各种方式来保证正常的市场秩序和社会公正，应该是包容而不控制，指导而不强制，以人为本，保护公民财产权利，保障市场契约自由，维护社会公正②。在此思想指导下，政府应该树立科学发展观和正确的政绩观，充分听取农民意愿，制定公平合理的宅基地退出及房屋拆迁政策，特别是要制定有利于保障农民权益的宅基地退出补偿和安置政策；严格执行房屋拆迁市场的准入制度，明确具有相应资质的开发商才能配合执行农民宅基地退出过程中的房屋拆迁；规范宅基地退出、房屋拆迁的程序及博弈规则，充分保障农民的知情权、谈判权和救济权。在宅基地退出的过程中，政府应该严格执行相关法律政策，发挥监管者和监督者的角色，而不是实际的操作者。其次，政府是各方利益的协调者和纠纷的仲裁者。市场的自发性并不能保证结果的公正性，特别是会产生弱势群体福利损失最多的马太效应。政府的适当干预能够有效弥补市场机制的缺陷和不足，从而保证资源和利益在整个社会中相对

---

① 唐丽敏：《当前我国城市化进程中征地拆迁矛盾研究》，吉林大学博士学位论文，2009。
② 范思凯：《房屋拆迁中政府的角色定位》，《辽宁行政学院学报》2004 年第 6 期。

公平地分配，实现各方利益的协调。面对宅基地退出、房屋拆迁过程中开发商与被拆迁者的利益纠纷，政府需要加强对宅基地退出纠纷和矛盾的调解以及仲裁制度建设。

（2）实践中的政府角色错位。以上是政府作为公共利益代表的应然角色，但在宅基地退出实践中，政府扮演了裁判员和运动员的双重角色。这突出表现在政府既是宅基地退出补偿安置标准的制定者，又是宅基地退出实践的推动者，它能够参与到宅基地退出过程中来以实际行动获得土地。政府的这种双重身份在法律制度不够健全或者政绩考核机制有所偏向的时候，往往会给宅基地退出程序的公正性带来较大的破坏。为了使自身利益最大化，政府可能会利用自身优势以各种强制形式使农民退出、搬迁或上楼，从而形成与民争利的局面。孟德斯鸠在《论法的精神》中说："一切有权力的人都容易滥用权力，这是万古不易的一条经验。有权力的人们使用权力一直到遇有界线的地方才休止。"[①]　为了公共利益，地方政府拥有土地征收的权力，但在实际操作中，地方政府的这种权力得到膨胀，导致土地征收权滥用、征收范围扩大以及征地拆迁过程中的各种强制性[②]。

2. 开发商的角色

地方政府鼓励或引导农民宅基地退出，一方面是希望通过增减挂钩破解城乡建设用地供需矛盾，另一方面是希望节约的建设用地指标可以用来发展农村经济或建设农民集中居住的社区。因此，农民退出宅基地后，宅基地被复耕或被开发为建设用地形成新型农村社区，这些需要政府委托代理人或开发商来具体实施。在部分农村地区的宅基地退出实践中，甚至会出现开发商和集体经济组织或村委会将地方政府排斥在外的现象，两者共同推动农民宅基地退出及房屋拆迁。这些都决定了开发商也是农村宅基地退出政策社群的主体。

开发商的基本职能是对土地资源进行最合乎经济效率的开发利用。

---

① 〔法〕孟德斯鸠：《论法的精神（上册）》，张雁深译，商务印书馆，1961，第154页。

② 张良悦：《地方政府土地征用中的非市场化行为分析》，《农村经济》2007年第3期。

作为市场经济中活跃的基本主体，开发商是市场中的"经济人"，是经济效益最大化的追求者。开发商作为社会建设者的角色是一个社会不断保持经济活跃发展的基本动力源泉，但其"经济人"角色又决定了在那些制度规则所不能及的情况下，其会为了自身利益而超越权限侵害他人的合法权益①。这就需要政府制定相关的制度规则合理规范开发商的行为。

### 3. 退地农民的角色

在农村宅基地退出政策网络中，农民作为宅基地的直接使用权人，是宅基地退出项目的被执行对象。所以，政策社群中的主体除牵涉到政府和开发商之外，退地农民也是其中最为重要的主体。但与其他两者相比，因缺乏组织化力量、丰富的可利用物质资源及信息不对称等，退地农民在与其他两者博弈的过程中总是处于相对弱势的地位，其利益更容易受到损害。特别是当前农村土地对农民而言承担了更多的社会保障职能，这决定了农村宅基地退出应该立足于保障农民的生存权和发展权，对农民损失的宅基地使用权、房屋所有权进行充分补偿，这种补偿应该发挥对宅基地社会保障功能的替代效应。而要实现这一目标，一方面，在农村宅基地地权制度改革中，要有效保障农民空间权利，就要消除制度排斥或空间壁垒，健全以交易权为核心的宅基地用益物权制度，实现城乡土地相同的产权权能；另一方面，在宅基地退出政策制定中，要充分考虑农民的意见以及社会经济发展的实际情况、未来可持续生计等，设计合理的补偿安置方案。由于民众是公共政策运行的主体，公共政策的执行常常需要施政者与影响对象之间的密切合作。如果后者是被动的、消极的，那么政策的效果会打折扣或成本大增②。因此，在以农民需求、村民意愿为首要考虑因素的前提下，通过对农村宅基地地权管理体制的改革，制定有利于实现农民可持续生计的退地补偿安置方案，不仅能使政府宅基地退出政策的制定和实施更加顺畅，也有利于提高农民

---

① 唐丽敏：《当前我国城市化进程中征地拆迁矛盾研究》，吉林大学博士学位论文，2009。
② 蒋云根：《公共管理与公共政策》，东华大学出版社，2005。

满意度，增加宅基地退出福利，实现福利分配公平。

### （二）议题网络

与政策社群的相对稳定性相比，议题网络的主要特点是参与者众多且不稳定、结构较为松散、部分参与者拥有有限的资源、成员间缺少互动而难以达成共识，并且成员间的关系也不稳定。在农村宅基地退出政策网络中，议题网络主要由大众媒体和专家学者所组成。

#### 1. 大众媒体的角色

大众媒体是与宅基地退出政策网络关系密切的相关者，对政策网络的发展发挥积极的或消极的影响。在现代社会中，大众媒体的地位越来越重要，被称为继立法、行政、司法之外的"第四种权力"。大众媒体除了传统的广播、电视、报纸等传播方式之外，还包括现代网络传播体系，这些传播媒介以各自不同的方式和技术，传达着各种理念，塑造公民的价值观和精神观念。大众媒体虽然在政策网络中处于弱势地位，没有形成统一整合的意见参与中央及地方的决策，但是作为"第四种权力"，其通过积极报道或者消极报道的方式影响政府和社会对政策方案的偏好选择。同时，大众媒体能够发挥监督政府行政行为和政治过程的作用。通过大众媒体的及时监督和深入报道，可使一些违法乱纪的行为得到及时曝光。另外，通过舆论和媒体的监督作用，能够减少宅基地退出当事人各方之间的信息不对称，加强他们之间的信息沟通，这对于有效减少各方之间的误会和纠纷起到了重要作用。当然，大众媒体能否做到客观、公正地报道很重要，其既可能会推动某一问题的解决，也有可能会成为解决问题的阻碍。

#### 2. 专家学者的角色

随着社会分工的不断扩大和人类知识的爆炸性增长，知识的专业化和学科划分的细密化程度不断提高，那些在某一领域长期钻研和研究的专家学者，会成为该领域最有知识的权威人物。他们对这一领域相关问题的分析和理解，无疑能够辅助政府更加科学合理地决策。在宅基地退出实践出现问题的时候，专家学者们更容易找到问题所在，并能根据这些问题提出相应的解决方案。因此，在宅基地退出政策的出台和论证过程中，政府应该广泛听取各方面专家学者的意见，邀请他们进行深入细致的论证，从而促进宅基地顺利退出以及宅基地退出后福利的增加。

## 第三节　农民主导宅基地退出的政策情景分析

### 一　政策情景设定及主体福利分配

长期以来，我国的二元土地制度使地方政府享有买卖双重垄断身份而获得巨额利差，农民土地直接入市转让权的机会缺失、土地流转后增值收益分配不公等弊端日益为社会所诟病。在构建城乡统一建设用地市场的背景下，赋予农民主导宅基地退出的权利，将增加宅基地资源配置的机会公平，有助于提高农民在宅基地退出政策网络中的决策能力及谈判地位。这就意味着打破政府垄断，使农民具有与地方政府同等的在一级市场流转土地的地位与权利。

#### （一）政府垄断与农民竞争情景下的社会总福利及分配

我国社会经济发展的地域性差异带来多种宅基地退出模式并存的格局，但宅基地配置模式从随意、无序、低效的初级形态向理性、有序和高效的高级形态发展跨越是必然的历史过程。虽然相对于宅基地换房和指标捆绑挂钩，"地票"交易是较为完善的城乡建设用地地权交易模式[①]，属于指标交易的高级阶段，但一般理论认为，在建设用地市场中，只有竞争机制的加强和完善才能实现建设用地交易的帕累托改进。因此，政府主导下宅基地退出依然潜伏着资源配置效率和农民福利的损失。现代物权理念和城乡统筹发展战略要求在寻求土地报酬最大化目标的同时，还要尊重农民的土地权利，增加农民的土地收入。而赋予农民

---

① 程世勇：《"地票"交易：模式演进和体制内要素组合的优化》，《学术月刊》2010年第5期。

处分宅基地的自主权被认为是物权立法之使命[①]，合法转让权是农民财产性收入的基础[②]。对比政府垄断土地市场，通过微观经济模型分析可以发现，赋予农民宅基地退出权形成适度竞争，将带来社会福利的增加[见图 6 - 3（a）、（b），为便于分析，模型中取线性需求函数和零边际成本]。

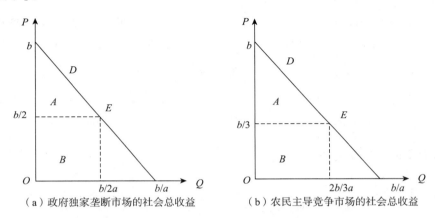

（a）政府独家垄断市场的社会总收益　　（b）农民主导竞争市场的社会总收益

**图 6 - 3　政府垄断与农民竞争情景下的主体收益分配**

政府作为建设用地的独家合法供给者，假定其面临的反需求函数为 $P = b - aQ$，则利润函数为 $TR = PQ =（b - aQ）Q$，边际收益函数为 $MR = TR' = b - 2aQ$。经济主体追求利润最大化需要满足 $MR = MC$，即 $b - 2aQ = 0$。此时政府供地量 $Q = b/2a$，均衡价格 $P = b/2$。根据图 6 - 3（a）所示，作为需求者，开发商的收益为 $S_A = \dfrac{1}{2} \times \dfrac{b}{2} \times \dfrac{b}{2a} = \dfrac{b^2}{8a}$，作为供给者，政府收益为 $S_B = \dfrac{b}{2} \times \dfrac{b}{2a} = \dfrac{b^2}{4a}$，整个社会收益为 $S = S_A + S_B = \dfrac{3b^2}{8a}$。

引入适度竞争机制，政府在供给基础设施或公益性建设用地的同

---

① 喻文莉：《转型期宅基地使用权流转之法理分析》，《中国土地科学》2013 年第 2 期。

② 北京大学国家发展研究院综合课题组：《合法转让权是农民财产性收入的基础》，《国际经济评论》2012 年第 2 期。

时，允许农民主导宅基地退出，即将一定年期的土地使用权供应给开发商，将形成供给市场的双寡头垄断。假定政府的土地供给量为 $Q_1$，农民的土地供给量为 $Q_2$，则整个市场的反需求函数为 $P = b - aQ = b - a(Q_1 + Q_2)$。在双寡头古诺模型中，政府利润函数为 $TR_1 = PQ_1 = [b - a(Q_1 + Q_2)]Q_1$，边际收益函数 $MR_1 = TR_1' = b - 2aQ_1 - aQ_2$，利润最大化需要满足 $MR_1 = MC$，即 $b - 2aQ_1 - aQ_2 = 0$，从中得到政府的反应曲线 $Q_1 = (b - aQ_2)/2a$。同理，农民的反应曲线 $Q_2 = (b - aQ_1)/2b$。政府和农民反应曲线的交点即为市场均衡点，此时政府和农民的土地供给数量为 $Q_1 = Q_2$，进一步经推导 $Q_1 = Q_2 = b/3a$。据此整个市场土地的供给总量为 $Q = Q_1 + Q_2 = 2b/3a$，均衡价格 $P = b/3$。根据图 6 - 3（b）所示，作为需求者，开发商的收益为 $S_A = \frac{1}{2} \times \frac{2b}{3} \times \frac{2b}{3a} = \frac{2b^2}{9a}$，作为供给者，政府和农民收益为 $S_B = \frac{b}{3} \times \frac{2b}{3a} = \frac{2b^2}{9a}$，其中政府收益为 $S_{B1} = \frac{b^2}{9a}$，农民收益为 $S_{B2} = \frac{b^2}{9a}$，整个社会收益为 $S = S_A + S_B = \frac{4a^2}{9b}$。

通过以上分析，在不同市场结构下，宅基地退出产生的社会总收益及其分配是不同的，具体对比如表 6 - 2 所示。

表 6 - 2　政府独家垄断和农民主导竞争下宅基地退出收益比较

| | 政府收益 | 农民收益 | 开发商收益 | 社会收益 |
|---|---|---|---|---|
| 政府垄断 | $b^2/4a$ | 0 | $b^2/8a$ | $3b^2/8a$ |
| 农民竞争 | $b^2/9a$ | $b^2/9a$ | $2b^2/9a$ | $4b^2/9a$ |
| 变化量 | $-5b^2/36a$ | $b^2/9a$ | $7b^2/72a$ | $5b^2/72a$ |

显然，相比于政府独家垄断土地供给，允许农民主导宅基地退出可形成适度竞争机制，此时，政府福利减少，但开发商和农民的福利增加，并最终带来社会总福利的增加，土地增值收益的分配结果也更趋合理。社会总福利的增加及收益分配的趋于公平意味着资源配置的帕累托改进。以上分析结果的政策含义是，政府应当依据社会经济发展阶段和

要素稀缺程度，适时调整现行法律制度，实现还权赋能，探索农民自主治理宅基地模式，实现政府规范和农民市场化流转的耦合，以达到提高资源配置效率和增加农民福利的社会发展目标。当然，也需要相关制度的建设与完善，界定政府在宅基地退出中的权力界限以限制其寻租行为。

**（二）政府提供中介平台情景下的农民福利分配**

总体来说，未来我国农村宅基地退出治理机制的演进方向将是政府的治理边界不断收缩，但政府在市场失灵的领域仍将发挥主导作用；市场的治理边界将不断扩展，农民在有形市场与土地需求者平等交易。实际上，在农村宅基地退出实践中，对于农村所退出的建设用地（指标），配置方法可以有多种，关键是要协调与平衡各种利益关系，尤其是要保障农民的利益。因此，为进一步论证制度选择的经济合理性，以下建立分析模型比较农民在政府垄断市场的交易剩余和农民通过土地交易所进入市场的交易剩余（见图6-4）。

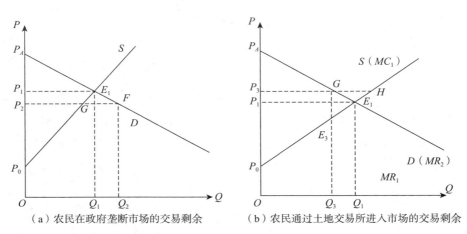

（a）农民在政府垄断市场的交易剩余　　（b）农民通过土地交易所进入市场的交易剩余

**图6-4　农民在不同市场情景中的福利分配**

在图6-4（a）中，$S$ 线和 $D$ 线分别为农民对土地的供给曲线和政府对土地的需求曲线。在完全竞争市场中，市场均衡点为 $S$ 和 $D$ 的交点 $E_1$，均衡价格为 $P_1$。农民的供给者剩余 $PS_1$ 和政府的需求者剩余 $CS_1$ 分别 $P_1E_1P_0$ 和 $P_1E_1P_A$ 的面积。在实际交易过程中，政府买方垄断使农

民往往处于不利的谈判地位，政府支付给农民的土地价格为 $P_2$，农民成为被动的价格接受者。此时，农民的供给者剩余 $PS_2$ 和政府的需求者剩余 $CS_2$ 分别为 $P_2GP_0$ 和 $P_2FP_A$ 的面积。可以看出，农民的供给者剩余减少了 $P_1E_1GP_2$ 的面积。

在图 6-4（b）中，$S$ 线和 $D$ 线分别为农民对土地的供给曲线和开发商对土地的需求曲线。在市场交易模式下，农民与开发商在土地交易所直接进行交易。当农民与开发商的谈判能力相当时，市场均衡点为 $S$ 和 $D$ 的交点 $E_1$，均衡价格为 $P_1$，供需双方的交易剩余与图 6-4（a）中的完全竞争情形下相等，分别为 $PS_1$ 和 $CS_1$。当农民在谈判中处于优势地位时，将迫使开发商接受自己的条件，农民索要的土地价格为 $P_3$。此时农民的供给者剩余 $PS_3$ 和开发商的需求者剩余 $CS_3$ 分别为 $P_3HP_0$ 和 $P_3GP_A$ 的面积。农户凭借垄断优势，交易剩余增加了 $P_1E_1HP_3$ 的面积。当农民处于谈判的劣势地位时，与政府作为买方垄断市场的情形类似。但由于土地交易所内有政府提供基准地价供交易双方参考，此时进入土地交易所的农民的谈判能力增强，农民剩余的损失将小于政府作为买方垄断市场时的损失。

上述理论分析和模型推导表明农村宅基地退出制度改革应强调以农民为交易主体的市场竞争性原则，注重政府的引导与规范，发挥中介机构的作用以降低因信息不对称而产生的交易成本。例如，对于满足在某城市居住一定年限、有固定收入等条件并愿意定居的农民，可允许其将宅基地对应的建设用地指标附带到其居住城市，当地政府可以允许这些农民优先落户并获得与户籍身份挂钩的公共服务[1]。通过人地同步城镇化扩展，在更大范围内实现土地、劳动力、资金等生产要素的优化配置。

## 二　政策情景实现条件

本部分延续第三章对不同宅基地退出模式演进的博弈分析，假设通

---

① 谢敏：《农民工携带宅基地指标进城：政府保护政策》，《中外企业家》2010 年第 4 期。

过宅基地整治新增建设用地（或折抵建设用地指标），上市交易均价为 $R$（为简化分析，认为农民与政府具有相同谈判能力，不考虑宅基地整治复垦成本）；$\lambda_1$、$\lambda_2$（$0 < \lambda_1$、$\lambda_2 < 1$）分别为农民同意或阻挠政府宅基地退出时分享收益的比例，农民阻挠成本为 $C_{F1}$；政府要达成预期退出目标，消除阻挠要付出成本 $C_{G1}$ 且增加对农民的补偿；隐形市场因信息不畅、偏差，交易不规范等产生成本 $C_{F2}$。

在前面假设的基础上，进一步假定政府通过税费等方式从农民宅基地公开退出中分享收益的比例为 $\lambda_3$，地方政府支持农民退出宅基地的成本（如提供信息、中介服务等）为 $C_{G3}$。地方政府和农民的预期效用函数分别为：$fG(X_6) = \lambda_3 R - C_{G3}$；$fF(X_6) = R - \lambda_3 R$。总结第三章的博弈分析研究认为：政府主导，农民的最优决策为阻挠；农民自发，政府的最优决策为默认。既有宅基地退出模式与统一市场模式各利益主体收益对比如表 6-3 所示。

表 6-3　既有宅基地退出模式与统一市场模式各利益主体收益对比

|  | 农民自主 | 政府主导 | 统一市场 |
|---|---|---|---|
| 政府收益 | 0 | $R - \lambda_2 R - C_{G1}$ | $\lambda_3 R - C_{G3}$ |
| 农民收益 | $R - C_{F2}$ | $\lambda_2 R - C_{F1}$ | $R - \lambda_3 R$ |
| 总收益 | $R - C_{F2}$ | $R - C_{G1} - C_{F1}$ | $R - C_{G3}$ |

城乡统一建设用地市场的设立需要建立地方政府、农民的联合决策模型：农民在统一市场获得的收益要大于其私下退出的收益；地方政府在统一市场获得的收益要大于其主导退出的收益。

$$\begin{cases} \lambda_3 R - C_{G3} \geq R - \lambda_2 R - C_{G1} \Rightarrow \lambda_3 \geq \dfrac{R - \lambda_2 R - C_{G1} + C_{G3}}{R} & \text{①} \\[3mm] R - \lambda_3 R > R - C_{F2} \Rightarrow \lambda_3 \leq \dfrac{C_{F2}}{R} & \text{②} \end{cases}$$

联合式①和式②，得：

$$\frac{R - \lambda_2 R - C_{G1} + C_{G3}}{R} \leq \lambda_3 \leq \frac{C_{F2}}{R} \qquad \text{③}$$

根据上式分析，在宅基地上市交易均价不变的前提下，要实现城乡统一建设用地市场，需要多管齐下：增加统一市场模式下宅基地退出税费比例，其值可处于式③范围；转变政府职能，提高信息化管理水平，降低政府服务成本；加大不符合规划和用途管制、扰乱市场秩序的农民私下退出的风险成本；增加政府征地成本，提高对农民的征地补偿额，加大对地方政府强制和侵权行为的有效监督和惩罚。

## 本章小结

在农村宅基地退出政策网络中，宅基地退出制度、政策网络行为与政策网络结构是宅基地退出福利损失的直接解释变量。在农村宅基地退出过程中，政府权力与农民权利进行博弈竞争，宅基地地权及其退出的制度安排决定了政府权力的空间渗透和农民权利的弱化，进一步造成了对退出政策执行过程的争议及政策执行后的福利损失。政策网络结构作为主体之间的关系形态，决定了政策网络主体的位置与角色。政府应该成为宪法秩序下的市场监管者和公共物品的提供者，议题网络中的大众媒体和专家学者应成为宅基地退出政策的宣传者、相关信息的传播者以及相关政策执行的监督者，要将政策执行的结果、农民意愿和诉求更准确地反馈给政府，以修订完善宅基地退出政策，促进宅基地退出后社会福利的增加。大众媒体和专家学者要注意自身的行为规范和职业道德，对某一信息要客观、公正和准确报道。

现代物权理念和城乡一体化发展战略要求赋予农民宅基地用益物权之处分权能。对比政府垄断土地一级市场，通过微观经济模型分析可以发现，赋予农民宅基地退出权以形成适度竞争，将带来社会福利的增加。当然，这需要界定政府在宅基地退出中的权力界限以限制其寻租行为。农民在与开发商直接交易过程中可能处于谈判的劣势地位，如果政府能够建立类似重庆农村土地交易所那样的中介机构，发布供求双方、地块位置、基准地价等信息，将提高进入交易所的农民的谈判能力，使其获得的福利大于政府垄断市场中的福利。此分析结果的政策含义是，政府应当依据社会经济发展阶段和要素稀缺程度，适时调整现行法律制度，实现还权赋能，探索农民自主治理宅基地模式。同时，注重政府的引导与规范，发挥中介机构的作用以减少信息不对称造成的交易成本，实现政府规范和农民市场化退出的耦合，以达到提高资源配置效率和增加农民福利的社会发展目标。而要实现城乡统一建设用地市场，除需要增加政府以税费等方式从农民宅基地公开流转中分享收益的比例，还需要转变政府职能，提高信息化管理水平，降低政府的服务成本；加大不符合规划和用途管制、扰乱市场秩序的农民私下退出的风险成本；增加政府征地成本，提高对农民的征地补偿额，加大对地方政府强制和侵权行为的有效监督和惩罚。

# 第七章　农村宅基地退出的政策选择

实现资源优化配置是人类配置利用资源的根本目标，而资源优化配置的终极目标无疑是提高人类福利。前面探讨分析了农村宅基地退出的福利效应、农民满意度以及各自的效应机理等，这为制定有效的农村宅基地退出政策提供了依据。因此，为发挥农村宅基地退出的积极效应，避免或减少负效应，实现资源优化配置，在确定宅基地资源配置目标或原则及把握资源配置效应影响机理的基础上，需要解决的问题即在于如何在宅基地退出系统中对这一目标或原则进行相应的信息表达，建立资源有效配置及效应优化的制度形式，使宅基地退出系统朝着规范的方向发展。鉴于此，在前文研究的基础上，本章以优化宅基地退出的福利效应为目标，从完善农村宅基地地权政策及相关法律法规入手，提升宅基地治理模式的科学性，优化政策网络结构，规范政策网络行为，强化监管协同，设计管理农村宅基地退出的综合政策框架，提出提高宅基地退出福利水平的制度完善措施。

## 第一节　农村宅基地退出的政策优化导向与原则

农村宅基地退出运作的基本要素是权利，而政府规则是建立在权力基础上的。两者有着不同的逻辑和观念，既有相互冲突的一面，也有相互协调的一面。为实现宅基地资源优化配置，对农村宅基地退出的优化调控应遵循私权保护和公法干预的理念。

## 一　调控政策的目标导向

### （一）尊重私权保护，提高农民福利水平

2020 年 5 月 28 日，十三届全国人大三次会议表决通过了《中华人民共和国民法典》，并将于 2021 年 1 月 1 日起施行。《民法典》明确规定了宅基地使用权人享有对集体所有土地依法占有和使用的权利，宅基地使用权属于用益物权。这不仅充分体现了宅基地对于农民而言的福利性质，更赋予了农民宅基地的物权权利。这就意味着农村宅基地管理制度改革必须充分尊重和保障农民的土地财产权利，加强对农民宅基地的私权保护，如保障农民获得充分的退出权、流转权、收益权以及救济权等。《民法典》是以私法自治为核心的。从本质上看，农村宅基地退出治理的私权保护，就要求以民法的物权理论作为集体土地产权改革的理论基础，以物权理念作为宅基地退出立法的价值取向，从物权的角度明晰宅基地退出各方当事人的权利并保障其得到实现。具体来说，就是在明确农村宅基地所有权的基础上，加强对农村宅基地各项权利的登记保护，从法律上赋予农民对宅基地退出的决定权，包括有权自主决定是否退出和退出的方式，赋予农民多途径的救济权利，以抵制侵害农民土地权利的行为。所谓"以权利制约权力"，加强对农民宅基地产权的保护也有利于规范政府行为，减少权力部门在宅基地资源配置过程中寻租的范围或空间。

政府赋予农民宅基地以福利性质，最重要也是最原始的目的是使农民获得最基本的安身立命之所，让农民避免流离失所，维护社会稳定。但随着经济的快速发展和人民生活水平的提高，农民的宅基地福利水平也应该有所提高，这是城乡统筹和社会和谐发展的需要。因此，农村宅基地退出政策完善的目标是要提高包括经济福利、环境福利、社会机会、心理福利等在内的农民福利水平。无论是宅基地退出还是宅基地征收都不应该降低农民的福利水平，而应以提高农民的福利水平为宗旨。

### （二）遵循公法干预，实现宅基地退出的效率和公平

在农村宅基地退出过程中，一方面要加强对农民宅基地产权的私权

保护，另一方面也应对其权利的行使进行必要的国家干预和公法限制。这是因为单纯地对农民的宅基地私权加以保护，并不总能保证其做出最有利于自己的判断以及形成符合宅基地资源价值的市场价格。这需要政府从公法即行政法方面对退出行为进行约束，如实施土地退出准入制、土地交易限价管制等。而且，国家干预和公法限制强调宅基地产权人在享有权利的同时也应履行相应的义务，如必须遵循国家严格的土地用途管制制度，妥善处理宅基地权利主体之间的矛盾。对宅基地退出的优化调控应遵循私权保护和公法干预的理念，实现私法与公法功能的融合，确保宅基地资源的多重价值得到实现。

市场经济条件下土地资源合理配置的关键在于引入市场机制①。相对于宅基地退出前的资源行政配置和闲置低效利用，宅基地退出就是要发挥市场机制的作用，实现资源的经济价值，提高资源的配置效率。因此，对宅基地退出政策进行优化的主要目的是让市场机制更加有效地发挥作用，即培育有利于市场机制发挥作用的因素，保障资源价值的实现，尊重土地市场对宅基地资源配置的结果。但是完全依靠市场机制对资源进行配置，有时并不符合人类的发展要求。例如，市场机制可能带来土地资源配置和土地收益分配的公平性缺失。对宅基地退出政策的优化还必须兼顾资源配置的公平性原则。这就是说，在尊重市场调节配置资源作用的同时，政府必须消除或减少导致市场失灵的因素，充分关注土地市场在资源配置方面的公平性缺失。以上也正是对宅基地退出实行私权保护和公法干预的意义所在。

## 二 调控政策的优化原则

### （一）农民自愿参与原则

农村宅基地的退出应当符合法律法规规定，依法保障农村集体经济

---

① 王万茂：《市场经济条件下土地资源配置的目标、原则和评价标准》，《资源科学》1996年第1期。

组织及其成员的财产权、决策权等合法权益，保障社会稳定与和谐发展。农村宅基地退出的核心问题之一是农民权利的保护问题。因此，在实践中，宅基地退出的首要原则是要充分尊重农民意愿。在是否退出以及如何退出等问题上应当尊重农民意愿，遵循自愿有偿的原则，切实维护和保障农民的土地权益。农民的维权意识日益增强，传统的征地拆迁模式难以为继，实施宅基地自愿有偿退出，在维护和保障农民宅基地使用权和住房财产权的前提下有助于有序推进宅基地退出。

### （二）城乡土地市场统筹调控原则

长期以来，我国对城市土地实施市场化改革，而对农村宅基地实施行政配置，造成城乡土地市场割裂的二元管理格局。推动宅基地市场化退出，改变宅基地资源的低效利用状态，优化宅基地退出的福利效应，关键是改变城乡土地市场的二元管理格局，强化城乡土地市场统筹调控管理，构建城乡统一的土地市场。对城乡土地市场进行统筹调控就是要对城镇土地和农村建设用地进行整体规划、统筹安排。其要旨是，避免由制度性歧视带来的不公平竞争环境，增强农村宅基地流转市场的吸引力。只有这样才能在城乡土地市场之间形成公平的竞争环境，实现城乡土地"同地、同价"。

### （三）适度宏观调控原则

我国宅基地退出市场机制不完善、流转市场发育不成熟及市场失灵的存在提出了政府干预宅基地退出的要求。政府具有解决市场失灵所需要的权威和必要手段，将在弥补市场缺陷中发挥不可替代的重要作用。但市场缺陷的存在只是政府干预的必要条件而非充分理由。政府失灵的客观存在，对宅基地退出调控提出了警示：重视政府失灵存在，适度干预，否则宅基地退出调控将会背离良好的初衷。宅基地退出的适度调控原则要求，政府对土地资源配置的干预范围、程度和必要性是由土地市场的功能缺陷规定的。如果不存在市场功能缺陷，那么政府无须对土地市场进行干预。换言之，在市场经济条件下，政府对宅基地退出市场的管制，只能在市场失灵领域发生，而不能渗入市场机制本身有效发挥作用的领域。

### (四) 因地制宜原则

国家应制定具有整体规范作用的宏观调控政策，保证各地宅基地退出遵循一般的交易规则，实现区域土地市场的公平竞争。同时，为使退出系统更有效地发挥增加农民福利的功能，还应对退出系统的外部环境加以营造与改善。外部环境特别是社会文化环境作为一种非正式制度对市场主体发挥着深远的影响并起着潜移默化的作用，体现行为主体的偏好。可以说，宅基地退出系统的外部环境作为非正式制度广泛存在或者渗透于宅基地退出交易的各个环节，而在系统内部则需要政府提供正式制度对权利主体施加强制约束。虽然正式制度能够影响和修正人的价值目标和行为选择，但经济主体长期积累形成的文化传统和价值偏好不可能因为政府的强制约束在短时期内迅速改变。因此，在国家制定的统一调控规则的指导下，各地宅基地退出调控的制度安排应因地制宜，根据当地经济发展水平、区域社会文化以及自然环境，制定适应当地的具体制度规则。只有当宅基地退出调控的制度规范与系统外部环境相一致时，两者才能相互融合、相互支持和相互强化，使宅基地退出系统向整体优化方向发展。

### (五) 适法原则

总体来看，在市场经济条件下，政府优化宅基地退出治理的最本质特点为扶持、引导和立法。其中扶持是根本，在扶持的基础上加强引导，而立法是扶持和引导的保障和具体体现。完善的法律法规体系与执法监督制度，为土地市场竞争创造一个良好的环境，是土地市场健康发展和土地资源优化配置的客观要求。这就要求市场调控作用的发挥以法律为基础，只有这样才能使市场经济主体依法办事，才能建立规范有序的市场。同时，政府的宏观调控也要依法行事，即要求政府部门采取宏观调控措施必须在法律授权范围内，宏观调控过程要符合法定程序。政府的行为规范能使市场参与者对政策有稳定的预期，使其乐于参与市场竞争，从而减少短期行为的发生①。

---

① 陈红霞：《中国城乡土地市场协调发展的制度研究》，哈尔滨工程大学出版社，2007。

## 第二节 农村宅基地退出的法律制度建设

### 一 完善宅基地退出立法

退出闲置、低效的宅基地能够有效地促进城乡一体化发展，也是解决"三农"问题的有效途径。从农村宅基地的本质来看，宅基地使用权具有福利分配的性质，它是国家为了保障农村社会稳定，实现农民住有所居所实行的一项福利政策。随着城镇化水平的提高和城乡一体化进程的加快，宅基地相关法律制度也需要同步发展。

我国 2018 年《宪法》中对宅基地的权属做了规定，即宅基地属于集体所有，土地所有权不得非法转让，土地使用权可以依法转让，但未明确说明土地使用权不包括宅基地使用权。2021 年施行的《民法典》规定，宅基地使用权的取得、行使和转让，适用土地管理的法律和国家有关规定，且对转让或消灭的宅基地做了明确规定，即已经登记的宅基地使用权转让或者消灭的，应当及时办理变更登记或者注销登记。该规定仅强调流转时必须及时办理变更登记，并没有明确禁止宅基地使用权的退出。2020 年《土地管理法》第六十二条规定：农村村民出卖、出租、赠与住宅后，再申请宅基地的，不予批准。此处，虽然法律对宅基地使用权的退出做了一些法律后果的规定，却没有明确禁止宅基地使用权的退出。同时，该条文明确，国家允许进城落户的农村村民依法自愿有偿退出宅基地。现行法律并未对农村宅基地使用权退出做出原则性禁止规定，这为农村宅基地使用权退出提供了法律上的可能和契机。从试点情况来看，各地在实施宅基地有偿退出中仍存在制度性障碍，这在一定程度上影响了宅基地退出工作的推进。

鉴于此，应建立宅基地有偿退出的长效机制。首先，要加快宅基地退出立法，建议完善《土地管理法》中有关宅基地的法律条文或出台《宅基地退出条例》，补充宅基地退出的相关内容，强化宅基地的用益物权。针对宅基地退出的主体、申请条件、审批程序、交易程序、退出补偿标准及住房、就业、养老等配套保障机制做出规定，形成规范的、具有可操作性的宅基地有偿退出制度。特别是在"三权分置"改革导向下，相关法律应该增设宅基地资格权，规范资格权、使用权交易登记的程序法规则，为宅基地健康有序退出提供法律依据。其次，积极探索以农村产权制度联动改革推进宅基地有偿退出，深入推进土地承包权、宅基地使用权及集体收益分配权制度改革，强化农村集体产权制度改革的联动性、协同性，推进农民的承包地、宅基地及农村集体收益分配权"一揽子"有偿退出[①]。

## 二 深化宅基地产权制度建设及地价评估制度

### （一）深化宅基地产权制度建设

宅基地产权证书是农民拥有使用权的象征和保障。由于宅基地产权证书拥有状况对农民宅基地退出后的福利效应水平具有显著性影响，因此需要加强登记发证工作，做到土地登记发证到户，内容规范清楚，切实维护农民的宅基地合法权益。农村宅基地制度改革也要求通过登记确定各类型产权，通过确权颁证明确农民取得的宅基地权利，而这些首先要求土地产权明晰。如果土地产权不明晰，运用诸如土地价格及税费等手段实施土地调控，作用不会太大。

2018 年中央一号文提出，"探索宅基地所有权、资格权、使用权'三权分置'，落实宅基地集体所有权，保障宅基地农户资格权和农民房屋财产权，适度放活宅基地和农民房屋使用权"。这为宅基地制度改革确定了框架。因此，在坚持"两权分离"思想内核基础上，有序推进宅基地产权分置改革，是土地公有制框架下赋权于民的进一步深化，是市场经济发展的必然要求和农村社会经济发展的现实需要[②]。

---

① 张勇：《农村宅基地有偿退出的政策与实践》，《西北农林科技大学学报》（社会科学版）2019 年第 2 期。
② 董祚继：《"三权分置"——农村宅基地制度的重大创新》，《中国土地》2018 年第 3 期。

1. 落实宅基地集体所有权

不改变宅基地集体所有的性质是宅基地"三权分置"的根本。我国农村宅基地所有权的取得主要是基于社会主义改造和人民公社运动等政治过程来完成的,权利主体限定在农村集体经济组织。针对集体土地存在的主体虚位问题①,《民法典》已经赋予农村集体经济组织特别法人资格,应通过农村集体经济组织立法和农村集体产权制度改革,充分保障集体所有权的主体地位和行权能力②。同时,还应该按照因地制宜、实事求是的原则,采取地籍调查以及实地核实的方法,明确乡镇集体、村集体以及村民小组对农村集体土地的所有权边界。另外,针对宅基地所有权虚置现象,应该强化集体宅基地所有权的权能,进一步落实集体经济组织对宅基地依法享有的占有、使用、收益和处分等权利,强化集体经济组织在宅基地配给、退出、流转、收回等方面的监督管理职责。集体有权对农民自愿退出的宅基地进行整理,形成集体经营性建设用地,集体可以在符合规划的前提下对土地进行开发。根据2018年中央一号文件精神,这些建设用地可用于农业设施和休闲旅游设施建设。

2. 保障宅基地农户资格权,维护农民的居住权益,尊重农民的主体地位

资格权是宅基地"三权分置"改革中提出的新型权利,如何认识资格权及其权能界定,当前还处于理论探讨阶段③。当然,明确的是,资格权基于集体经济组织成员身份取得,因此权利主体只能是集体经济组织成员④。资格权和土地承包权的功能类似,前者是为了保障农民的基本居住权利,后者则起到基本的社会保障功能。现阶段在多数农村地区,宅基地仍承载着重要的居住保障功能,因而资格权也应保持长久不

---

① 杨青贵:《集体土地所有权实现的困境及其出路》,《现代法学》2015年第5期。

② 房建恩:《乡村振兴背景下宅基地"三权分置"的功能检视与实现路径》,《中国土地科学》2019年第5期。

③ 耿卓:《宅基地"三权分置"改革的基本遵循及其贯彻》,《法学杂志》2019年第4期。

④ 徐忠国等:《农村宅基地三权分置的经济解释与法理演绎》,《中国土地科学》2018年第8期。

变。在实践中，农户可凭宅基地资格权获得宅基地，也可以放弃资格权而获得货币补偿，甚至可以用资格权置换城镇保障住房①。农民有权自愿有偿退出宅基地，但资格权的退出应以农民在城市稳定就业和稳定居住为前提。

3. 适度放活宅基地使用权，显化宅基地价值，赋予农民更多财产权益

"三权分置"后，宅基地的财产属性必然由宅基地使用权来承担，通过宅基地使用权的市场化配置促进宅基地财产价值的实现和宅基地要素的优化配置，是宅基地"三权分置"的初衷②。在宅基地"三权分置"改革中，纯化为典型用益物权后的新宅基地使用权是集体经济组织成员依法行使宅基地农户资格权的结果③。国家政策文件明确要"适度放活"宅基地使用权，鉴于全国各地的经济发展存在差异，各地应结合地方实际，在风险可控范围内适度放活宅基地使用权，显化宅基地价值，赋予农民更多财产权益。例如，资格权人将宅基地使用权退出，受让主体可以向城乡社会开放，不限定使用权的流转范围等。考虑到宅基地的敏感性，宅基地使用权在向非集体经济组织成员流转时，需要限定退出期限，同时严格限定用途，禁止城里人购买宅基地用于房地产开发等④。

"两权分离"下的宅基地使用权承载着社会保障功能、资产功能等。"三权分置"从宅基地使用权中分离出社会保障功能，赋予农民资格权，剥离资格权后的使用权仅承载资产功能。从"两权分离"到"三权分置"，就是一个破除"两权分离"架构下宅基地使用权既是身份性居住保障权，又是财产权的"两权复合"结构的过程。本书前述

---

① 靳相木：《宅基地"三权分置"的逻辑起点、政策要义及入法路径》，《中国土地科学》2019 年第 5 期。

② 韩立达：《农村宅基地"三权分置"：内在要求、权利性质与实现形式》，《农业经济问题》2018 年第 7 期。

③ 靳相木：《宅基地"三权分置"的逻辑起点、政策要义及入法路径》，《中国土地科学》2019 年第 5 期。

④ 陈振等：《宅基地"三权分置"：基本内涵、功能价值与实现路径》，《农村经济》2018 年第 11 期。

宅基地使用权完全退出和不完全退出，此处对应宅基地"三权分置"中的资格权退出和使用权退出（见图7-1）。

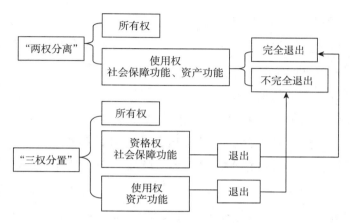

图7-1　农村宅基地的权能分离及权利退出

### （二）落实确权登记和法律救济，实现权利法律确认与保护

登记是不动产物权归属或变更的公示方法。宅基地退出是一种重要的不动产物权变动形式，必须坚持依法登记原则。因此，在明确宅基地所有权主体以及资格权、使用权的设立和变动后，必须加强土地产权登记工作并以相应的土地权利证书固化土地产权归属。"有权利即有救济"，救济本身可以被看作"第二权利"[①]。为实现对农民土地权益的真正保障，在法律赋予农民宅基地退出权、流转权、定价权以及收益权等一系列权利的同时，还要给予农民法律救济的权利，以抵抗侵害其土地权益的行为。所谓"以权利制约权力"，土地权利救济在保护农民土地权利的同时，客观上起到监督政府行政权的作用。因此，土地权利救济能够在一定程度上规范政府行为，减少宅基地退出调控中的政府失灵。例如，对于政府不当行使权力导致宅基地退出过程中主体权益受损的，农民、集体经济组织和用地者可以向上级部门申请行政复议。司法救济是公民权利救济的最高与最后方式，唯有司法才能最终有力地保障弱势

---

① 夏勇：《走向权利的时代》，中国政法大学出版社，1999。

群体的各项权益得到实现。因此，为保证农民有充分的诉权，应将宅基地退出纠纷纳入司法救济的范畴，并应坚持司法最终原则。

### （三）建立宅基地地价评估制度

目前从中央政策层面来看，国家鼓励农民自愿有偿退出宅基地，但从典型试点地区的实施情况来看，各地在宅基地有偿退出实践中对农民的补偿定价，大多是地方政府单方面来制定的，且各地补偿标准相差较大，缺乏科学评估的依据。究其原因，主要在于目前我国城乡地价体系尚未健全，虽然已经出台了城镇土地分等定级及估价的相关技术规程，也形成了比较完善的城镇土地基准地价体系，但相较而言，我国目前还没有形成统一的农村宅基地基准地价体系，针对宅基地价格的评估也缺少相应的依据[①]。浙江义乌在综合评估经济社会发展情况的基础上，构建了农村宅基地基准地价体系，这是全国最早建立的农村宅基地基准价参考体系[②]。鉴于此，建议各地积极建立宅基地地价评估制度，发挥市场机制在资源配置中的基础作用，形成能够体现宅基地市场价值的宅基地价格体系。可以参考城镇地价评估制度，探索和建立适时更新、动态调整的宅基地基准地价体系及市、县、乡（镇）三级共享的宅基地基准地价数据库，加强对宅基地地价变化的动态监测和管理，建立完善的宅基地交易价格查询体系，将宅基地使用权的交易价格透明化，为推动宅基地有偿退出及保障农民的合法土地财产权益提供直接依据。

## 三 确立市场机制在宅基地退出中的决定性作用

十八届三中全会指出要紧紧围绕使市场在资源配置中起决定性作用来深化经济体制改革。因此，市场化应是宅基地退出制度改革的主要方向，也是建设城乡统一建设用地市场的内在旨意。城乡土地市场一体化即实现集体建设用地与国有土地享有平等权益，而宅基地是农村集体建

---

① 张勇：《农村宅基地有偿退出的政策与实践》，《西北农林科技大学学报》（社会科学版）2019 年第 2 期。

② 汪明进等：《农村宅基地"三权分置"改革的经验与启示》，《世界农业》2019 年第 8 期。

设用地的主体。因此，从长远发展看，要建立城乡统一的建设用地市场，应该在现行推进农村经营性建设用地同等入市的基础上，逐步将农村宅基地纳入统一市场。在城乡统一的建设用地市场框架下，进城农民的宅基地退出采取市场化的途径，充分发挥市场机制在资源配置中的决定性作用，不断提高农村宅基地和房屋的可交易性，实现资源使用效率的提升，使资源的价值得到充分体现，为大幅增加农民的财产性收益创造条件。但是，农村宅基地退出市场机制的建立是一项长期的艰巨任务，不可能一蹴而就，需要在试点的基础上分阶段稳步推进。

城乡统一土地市场的建立、农民宅基地退出后福利水平的提升，内在地需要扩大宅基地退出的市场半径。正如前文所述，目前虽然政策允许进城落户的农民依法自愿有偿退出宅基地，但将宅基地使用权和农民房屋交易限制在村集体经济组织内部。在农村人口大量外迁的情况下，这种做法必然造成受让人缺乏和交易价格低下，实际上相当于禁止了宅基地退出。这也导致市场机制无法充分发挥其优化资源配置的功能，农民宅基地及房屋的财产价值无法充分实现。因此，为解决当前宅基地使用权退出中受让人缺乏、（政府确定的）退出方式及补偿价格不尽合理等问题，必须打破当前关于宅基地使用权转让、农村住房抵押处置限于集体经济组织内部的行政性规定，逐步扩大宅基地使用权转让的市场半径[①]。浙江义乌、德清等地在市域或县域范围内尝试跨集体经济组织的宅基地使用权转让，逐步扩大了交易范围；重庆实施"地票"交易模式，为农户退出宅基地提供区域性、全国性的市场。总之，无论是发挥政府主导作用，还是充分借助市场机制，都应该逐步扩大农村宅基地使用权转让的市场半径，这是宅基地有偿退出的发展方向，亦是保障农民土地权益的体现。

---

① 魏后凯、刘同山：《农村宅基地退出的政策演变、模式比较及制度安排》，《东岳论丛》2016 年第 9 期。

## 四 完善宅基地退出市场及拆迁补偿机制

农民退出宅基地后经济福利水平低的重要原因之一是缺乏完善的宅基地退出市场，使得农民的宅基地财产价值受损。因此需要建立一个公开透明、平等自愿和机制健全的宅基地退出市场。

### （一）宅基地使用权退出实现机制

首先，在现有宅基地退出政策体制下，应该完善宅基地有偿退出程序，保障农民的知情权、决策权等权益。对于农村土地综合整治项目，需要实施宅基地退出的，在退出项目实施前，项目实施单位应将宅基地退出的具体实施细则进行公示，让农民对宅基地退出补偿、房屋拆迁安置等有充分了解，然后组织人员对农民进行退出意愿调查。对于不愿退出宅基地的农民，不得强行要求其退出。进城农民自愿有偿退出宅基地的，农民应以户为单位向所在村集体提出自愿退出书面申请，由村集体和乡（镇）政府对申请分别进行审查，对符合条件的农民的家庭情况、拟退出宅基地和地上附着物的产权情况等进行调查，当地自然资源管理部门委托专业的不动产评估机构对宅基地及地上建（构）筑物的价值进行评估，并测算补偿费用。在宅基地退出过程中，农民有权了解退出补偿和安置执行情况，并对违规违约行为提出监督或异议，政府部门应当及时有效保护农民权益[①]。其次，从长远来看，农村宅基地退出应充分发挥农民作为市场交易主体的作用。地方政府可以成立收储中心或搭建宅基地使用权退出的信息平台，制定交易规则，监督交易流程，农民即宅基地资格权人作为宅基地使用权的退出方，集体经济组织或者市场经济主体作为宅基地使用权的流入方，通过平台进行交易，转让一定期限的宅基地使用权。最后，上述两种情况达成的宅基地使用权流转交易，宅基地使用权受让人均需及时将宅基地补偿资金支付到农民专用账

---

① 孙雪峰：《农村宅基地退出：主要模式、驱动机理与政策设计》，南京农业大学博士学位论文，2016。

户，农民应按照协议约定的退地时限将宅基地及建（构）筑物交付给受让人，如乡（镇）人民政府或市场经济主体。涉及宅基地退出置换住房的，项目实施单位应当保证农民保障性住房的建设和按期交付，在农民保障性住房或过渡住房未落实前，不得要求其搬迁。

**（二）宅基地退出拆迁补偿机制**

前面已经述及在实施宅基地退出前，应对宅基地退出补偿安置方案达成协同意见，以在尊重农民意愿的情况下实现宅基地退出。这里关键是要对宅基地退出及房屋拆迁的补偿范围、标准及安置方案等进行规范。农民宅基地退出补偿应该包括农村住房补偿、宅基地范围内建（构）筑物补偿、宅基地使用权（在"三权分置"下，如果宅基地完全退出，还应该包括资格权）补偿以及宅基地退出过程中发生的相关费用如搬迁费、临时安置费等。宅基地的退出补偿更多地应该基于市场价值。因此，宅基地退出改革试点地区可以通过建立与城镇建设用地基准地价相类似的宅基地基准地价体系，为市场化补偿标准的确定提供一个可借鉴的方案。在构建农民房屋及其生产生活保障损失等价值评估体系的基础上，建立农村房屋拆迁和宅基地权益补偿等科学实施机制，以避免实践中置换标准不规范或补偿难以落实到位等问题。总之，在宅基地退出过程中，土地增值收益分配标准需要建立在明晰产权和以市场机制为主的原则上，减少政府在分配过程中的过多干预，从而保障农民和集体的合理收益。

另外，应该建立多元的宅基地退出补偿方式，特别是在农民显著分化的地区，多元的宅基地退出补偿方式是有效减少退出过程中纠纷或冲突的手段。在充分尊重农民退出补偿意愿的前提下，设计一次性货币补偿、宅基地置换、产权入股以及混合补偿等方式。对于已经进城落户的农民，一次性货币补偿或置换城镇住宅可能更受欢迎；对于宅基地依赖度较高的农民，宅基地置换宅基地或社保等方式更容易被接受；对于村集体经济收益较高的地区，农民可能会选择以产权入股的方式继续获取集体经济收益分红；而未来预计会迁回集体居住的农民希望能保留宅基地资格权，只受偿房屋重置费用①。

### （三）建立农村宅基地产权流转登记制度

登记是物权设立及变动的法律保障形式。农村宅基地使用权作为用益物权，其设立、流转或消失等都应该进行登记，以保障相应行为的有效性，获得相应的法律保障。具体而言，在退出宅基地及建（构）筑物补偿完毕后，由县（区）土地整治储备中心持退出宅基地协议、补偿完毕证明和收回的集体土地使用权证、农村房屋所有权证等资料向县级人民政府申请办理注销登记和变更登记。总体来说，建立规范、高效的土地登记体系，制定专门的宅基地登记法律法规，完善初始登记、变更登记、注销登记等技术规程，确保宅基地使用权登记的权威性、科学性和公正性。

## 第三节　农村宅基地退出的模式选择

### 一　引导有条件的农民先行退出

在现代社会经济结构下，农民不仅存在地域区位的差异，在受教育程度、家庭经济、就业状况等方面也不断分化。这就要求农村宅基地退出模式的选择不能仅考虑地域，更要考虑农民自身及家庭的异质分化特征。特别是在城乡统一的建设用地市场体系尚未建立以及相关配套保障机制极不完善的情况下，"一刀切"地引导和鼓励农民退出宅基地的条件尚未完全成熟，在具体操作中仍存在一定的制度风险，不利于社会和谐稳定，不能简单地把局部地区出现的制度变迁需求放大为整个宅基地制度的变迁需求②。党的十八大报告确立了以人的城镇化为核心的新型

---

① 郑凯文：《基于"结构–行动"分析框架的宅基地退出机制研究》，浙江大学博士学位论文，2019。

② 刘守英、熊雪锋：《经济结构变革、村庄转型与宅基地制度变迁》，《中国农村经济》2018年第6期。

城镇化，其不仅注重优化利用国土空间，更强调农业转移人口市民化。但在当前宅基地退出实践中，退地农民对城市身份的认同度低或适应性差等"半市民化"现象普遍存在。因此，在新形势下应遵循城乡人地关系变迁的客观规律，宅基地退出应是一个自然而然的过程，不可操之过急，现阶段在农村地区大范围地引导和鼓励农民自愿有偿退出宅基地很难实现。

乡村振兴战略内在地要求深化农村土地制度改革，推动乡村社会经济结构转型。考虑到促进农村建设用地高效利用、推进农村人口向城镇转移及加快乡村空间重构的现实要求，为了规避制度风险，应结合农民分化的现实情况及不同农民对宅基地功能的诉求差异，在尊重农民意愿的基础上分类施策。对于那些在城镇有固定住所和稳定非农收入、身份已转为城镇居民且在城镇的医疗、养老等社会保障问题得到解决的农民，整村搬迁、集中安置已不再使用原宅基地的农民，采取自愿有偿的方式实现宅基地有序完全退出[①]。而对其他类型的农民，则不能实施"一刀切"的宅基地有偿退出及"进城运动"，不能盲目地诱导在城镇无固定住所和稳定非农收入的农民完全退出宅基地，并拿宅基地财产权换市民身份，以保障这些农民的基本居住权利。否则，大量盲目的"撤村并居"将成为新一轮的"圈地运动"，这显然违背了发展规律，不符合社会变迁的一般进程。

## 二 因地制宜地选择退出模式

农村宅基地退出要以农民意愿为首要考虑因素，并根据所在地的经济发展状况统筹安排。政府在这一过程中不应是决策者，而应是引导者。根据各地经济发展水平、宅基地退出原因，结合考虑宅基地资源市场化配置导向、增加农民宅基地退出福利等，宅基地退出模式可选择以下两条路径。

---

① 张勇：《农村宅基地有偿退出的政策与实践》，《西北农林科技大学学报》（社会科学版）2019 年第 2 期。

### （一）政府主导宅基地退出模式

在城乡统筹发展、实现乡村振兴战略下，很多地区不可避免地为实现城乡建设用地增减挂钩和农村土地综合整治而推动农村宅基地退出。根据目前宅基地退出实践情况，政府主导宅基地退出模式主要有基于城乡统筹发展的宅基地置换退出和基于农村土地综合整治的宅基地退出两种模式。经济发展状况相对较好的地区，其财政实力较强、建设用地指标紧缺、土地供需矛盾相对突出，这类地区政府可以基于城乡统筹发展推动宅基地置换退出。其他部分农村地区，为了推进村庄整治、优化用地结构布局而推动宅基地退出。这些宅基地退出模式虽然发挥了政府的主导作用，但需要提高宅基地退出、房屋拆迁的补偿标准来提高农民的福利水平。政府主导宅基地退出模式下的农民福利损失程度取决于拆迁补偿标准的高低。虽然相对于农地征收来说，政府在宅基地退出置换中更尊重农民意愿，更注重拆迁补偿，但政府的垄断地位和理性经济人属性使其无法按照市场价格给予农民补偿，导致农民福利损失较多。因此在政府主导宅基地退出模式中，政府需要提高拆迁补偿标准，尽量按照市场价格对农民给予补偿。当然这也需要区别对待符合法律规定、标准面积内的宅基地与超标宅基地。对于符合一户一宅规定且面积不超标的宅基地退出，要按照合理价格进行补偿；对于超标部分的宅基地，为了减少改革阻力，避免引发社会问题，不宜采取直接清理或无偿退出的方式，而可以参照宁夏平罗、福建晋江的做法，进行折价收购[①]。

### （二）进城农民自愿退出宅基地模式

目前，中央政策明确要探索进城落户农民对宅基地使用权的自愿有偿退出机制。随着城市化进程的加快，农民进城务工、定居的数量不断增多，为避免宅基地闲置浪费，提高资源配置效率，推动进城农民自愿申请宅基地退出实属必要。为增加农民退出宅基地后的福利，农民自愿

---

① 魏后凯、刘同山：《农村宅基地退出的政策演变、模式比较及制度安排》，《东岳论丛》2016年第9期。

退出宅基地模式需要具有以下特征。首先，扩大宅基地使用权的交易半径，逐渐打破农民自愿退出宅基地必须严格限定在本集体经济组织内部的政策规定。在目前无法改变城乡土地市场二元分割的情况下，各地根据实际推行不同宅基地退出模式是实现土地资源优化配置和提高农民福利水平的有效途径。但不可否认，交易半径扩大、受让主体增多，将增加宅基地使用权流转市场的竞争性，有利于实现宅基地资源的最优配置和农民福利的最大化。因此从长期和改革的终极目标来看，需要统筹城乡土地市场，实现宅基地使用权跨集体转让，以此实现作为用益物权主体的农民的宅基地使用权的自由退出、流转，从而实现农民福利最大化。其次，农民作为宅基地退出方与市场主体直接谈判交易。地方政府搭建农村土地产权交易平台，发布宅基地使用权退出信息。在符合宅基地规划、农民居住权得到保障的基础上，从制度上进一步明确农民自愿退出宅基地的条件、范围、程序、审批、登记、收益分配等，允许农民与非集体经济组织成员之间的宅基地流转行为。地方政府充当宅基地退出、流转中介，从事招商引资、宣传动员、基础设施修建和统一管理等工作，有利于实现规范宅基地退出、减少交易费用、提升农民福利水平的目的。

## 三　考虑不同特征农民的宅基地福利效应

各地区的社会文化背景、经济发展水平不同，农民的生活习惯、文化素质、物质生活条件等方面存在不同程度的差异。结合农民分化的社会现实，为了提高农民的宅基地退出意愿，提升宅基地退出的满意度，除前述一次性货币补偿、宅基地置换、产权入股以及混合补偿等退出补偿方式外，还可以尝试根据农民的差异化需求，提供更加多样化、更具灵活性的补偿方式或制度安排，以适应农民不同层次的需求。例如，老年人相对来说更加注重宅基地给他们带来的环境、社会、心理方面的福利效用。因此，在宅基地退出方式上，需要采取以住房安置为主、以货币补偿为辅的补偿方式，并且建造适宜老年人居住的房屋（低层住宅），多举办一些老年人活动，搭建老年人娱乐平台，为老年人提供免费心理咨询服务，完善住宅小区的公共配套设施等。受教育程度对宅基地福利效应水平影响的显著性最为突出。因此，需要加大对农村基础教育的资金投入力度，改善农村的办学条件，提高农村学校的师资水平和农民的教育文化水平。在宅基地退出过程中，对于受教育程度低的农民，应加强劳动技能培训，提高其工作技能和就业能力。与此同时，应及时为他们提供充足的就业信息，并进行适当的就业指导，确保其能够实现充分就业。对于确实不愿意参与宅基地退出的农民，不得强行要求其退出，可以考虑以宅基地和房屋"调换"的方式，将其迁至需要连片开发的区域之外①。总之，要满足农民现实的利益诉求，尊重农民意愿，尊重乡村演进过程的规律，尊重农民世代积淀的生活习惯。

## 第四节　农村宅基地退出的政策网络完善

### 一　建构互动合作型的宅基地退出政策网络结构

在农村宅基地退出过程中，权力和利益盘根错节，宅基地退出政策网络主体之间展开博弈和竞争，最终可能导致对抗和冲突。为避免或减少宅基地退出过程中的冲突，需要建立能够协调运行的宅基地退出政策网络利益互动系统。农村宅基地退出政策网络结构主要有政策社群和议题网络两种类型。政策社群由政府、开发商、退地农民所组成，其中政府居于中心位置并发挥主导作用。议题网络主要由大众媒体和专家学者等非政府主体构成，各主体之间平等互动。农村宅基地退出政策网络利益互动系统需要加强政府与非政府网络主体间的互动合作，将政府的管理与社会的治理有机地结合起来，形成政府与社会的良性互动关系②。

---

① 郑风田、丁冬：《撤村并居中的土地问题：现状、原因与对策》，《现代城市研究》2013 年第 6 期。

② 唐丽敏：《当前我国城市化进程中征地拆迁矛盾研究》，吉林大学博士学位论文，2009。

### (一) 发挥政府的管理与服务主导作用

在目前的宅基地管理制度下，一方面，农民集体和农民缺乏宅基地退出的动力；另一方面，政府为实现城乡建设用地增减挂钩，缓解城乡建设用地供需结构矛盾，需要介入宅基地退出中。在这种情况下，政府往往既是"裁判员"，又是"运动员"，双重身份导致其在宅基地退出过程中的角色冲突。在实践中地方政府往往会过分追求建设用地指标，成为宅基地退出中的直接参与者和谋利者，出现越位、错位现象。为了纠正和避免政府角色的错位，地方政府应该改变职能，不充当经济活动的直接参与者和谋利者，而充当社会和市场经济的服务者。政府主导作用的发挥应该主要体现在其管理职能和服务职能上，应突出强调政府的社会调节作用。在推动农民退出宅基地的过程中，要充分尊重权利所有者的主体地位，由农民做主，不能采取政府强制力量推进。

政府在宅基地退出政策网络中的职能主要体现在宅基地退出制度的制定及相关服务的供给，具体表现为以下两个方面。首先，要对农村土地开发利用进行总体规划，制定符合市场规则的宅基地退出制度以及宅基地使用权交易双方的博弈规则，搭建信息公开的交易平台。同时发挥市场在土地资源配置中的决定性作用，采用各种市场经济手段，制定合理的宅基地退出置换补偿标准。在此基础上，要做好对宅基地退出行为的监督，对违反宅基地退出制度和博弈规则的不当行为要予以必要的处罚和纠正，对宅基地退出过程中的纠纷进行公平仲裁。其次，加大对农村公共服务和社会保障体系的供给。宅基地退出推动大量农民向集中区和中心村集中，地方政府应加强农村社区的基础设施建设，优化村庄环境，使农民逐步适应居住方式改变而带来的生活方式的改变。宅基地退出意味着农民依附于土地上的权益都会丧失，政府应该为农民提供医疗、失业、养老等方面的社会保障，同时应该想方设法地促进农民就业，保障农民长远的生存发展问题[①]。

---

① 黄贻芳：《农村宅基地退出中农民权益保护问题研究》，华中农业大学博士学位论文，2014。

## （二） 发挥非政府政策网络主体的桥梁与沟通作用

宅基地退出政策网络利益互动系统强调的是各主体之间的协商与合作，大众媒体、专家学者等非政府主体应在政府与农民之间发挥桥梁与沟通作用。例如，大众媒体、专家学者通过实地调查，实现与农民的沟通互动，了解农民的利益诉求，然后通过与政府的互动将农民的利益诉求传递给政府，同时政府的宅基地退出政策也可以通过大众媒体等向农民传递。通过发挥非政府主体的桥梁纽带作用，使政府在制定宅基地退出政策时更充分地考虑农民意愿，使相关政策更加符合民意，从而更有利于宅基地退出政策的顺利实施，减少制度执行成本，进而在减少和消除宅基地退出矛盾的基础上实现提升资源配置效率和福利水平的政策目标。具体而言，第一，大众媒体要与政府和农民等建立起良好的合作与互动关系，加大对宅基地退出政策的宣传与监督力度。农民作为宅基地退出政策网络中相对比较弱势的群体，可以借助媒体发出自己的声音、反映诉求。这要求大众媒体与农民进行对话和沟通，倾听他们的呼声，了解他们的问题与要求，同时也要向农民宣传宅基地退出政策，对其进行正确的引导。第二，专家学者要为宅基地退出政策网络的运行与发展提供切实有效的理论支撑。决策的质量对于政策的有效执行、政府与农民良性互动关系的构建具有重大的影响。因此，专家学者要在与农民交流和沟通的基础上，真实地发现宅基地退出政策执行过程中存在的问题，然后对问题进行科学分析和理性思考，并形成决策报告向政府有关部门反映，以此为政府的相关政策制定提供有参考价值的、切实可行的理论依据和政策建议。

## 二 优化政府的宅基地退出政策网络行为

首先，加强沟通协商，提高政府的公信力和调控能力。政府的公信力是维持社会秩序的保证。在农村宅基地退出过程中，政府通过提高决策的民主性、科学性，依法行政，努力践行其承诺，公众对政府的信任程度就会提升，宅基地退出政策的执行成本就会降低。反之，如果政府有令不行或者违规操作，将会降低政府公信力，从而导致农民对政府的退出补偿、公共服务设施建设等承诺产生不信任，对宅基地退出政策不配合或不执行。因此，在我国宅基地退出政策网络中，提高政府的公信力不仅有利于提高政府自身的影响力，也有利于促进宅基地退出政策的有效执行。另外，在宅基地退出政策网络中，政府积极主动地开展开放式的协商对话，如向农民宣讲宅基地退出相关法律及政策，让农民充分了解宅基地退出的程序及补偿安置措施，倾听农民的要求，与农民进行协商和谈判以确定合理的补偿标准和安置办法等，可以有效改善政府与农民的关系，避免或化解宅基地退出过程中可能的冲突与矛盾。同时，为制定切实可行的宅基地退出政策及实施方案，政府要广泛听取农民对宅基地退出政策的反馈意见和建议，据此对宅基地退出政策进行调整和完善。

其次，完善政府绩效评估，加强相关立法，规范约束政府行为。发展与规范并重是农村宅基地退出市场健康发展的要求。这里的"规范"不仅是市场微观主体的行为规范，还要求政府决策管理与干预行为的规范。虽然赋予宅基地使用权用益物权性质以及明确政府的管理与服务职能，能够在某种程度上保证政府行为的规范化，但政府的有限理性和趋利性，使其在决策时可能会存在失误，或追求自身利益的最大化。也就是说，在缺乏约束限制的情况下，地方政府往往会凭借政策制定的"优先权"，做出有利于自身利益最大化的选择而导致农民利益受损[1]。因此，为了预防政府调控失灵，保障农民的合法权益，应按照科学发展观和正确政绩观的要求，构建完备的法律法规体系，以此多方面保障政府行为的规范化。第一，完善政府绩效评估制度。长期以来，我国以经济发展片面考核政府官员的政绩，以至于地方政府追求盲目投资、搞形象工程，造成大量农村撤村并居、农民"被上楼"以及生态环境破坏。在宅基地退出过程中，为约束政府的调控行为，推动科学、规范的政府管理机制建设，需要从根本上扭转地方政府片面追求经济发展的政绩观，

---

[1]　黄贻芳：《农村宅基地退出中农民权益保护问题研究》，华中农业大学博士学位论文，2014。

要把耕地保护、生态环境建设纳入政府政绩考核的指标中。另外，在政府绩效评估指标体系中引入公众满意度指标。这有助于引入公众满意的理念，强化政府作为公共部门的服务功能。第二，加强相关立法规范。构建农村宅基地退出法律制度，对宅基地退出的条件、程序和补偿标准等内容进行系统的设计，明确政府在推动宅基地退出中的权、利、责。这不仅为农民在宅基地退出中获得合理补偿提供了法律依据，而且能从法律上约束和规范地方政府的行为，最大限度地保护农民的土地权益。

### 三　加强对农民作为市场主体的培育

农民是社会普遍认为的弱势群体，在宅基地退出过程中其土地权益和福利受损，这与其个体分散、维权缺乏组织性以及自身文化素质低和能力欠缺不无关系。离开了配置主体的适时发育与合理转换，土地资源的任何配置目标都将无从实现[①]。因此，实现宅基地资源优化配置、提高农民宅基地退出福利水平，需要从多方面加强对农民作为市场主体的培育。

第一，提高农民自身文化素质和谈判能力。我国农民的受教育程度普遍偏低，法律意识整体比较淡薄，这导致他们没有意识和能力去了解、表达和维护自身合法权益。在宅基地退出政策网络博弈中，农民不可避免地成为竞争博弈中的弱势群体。一旦土地权益遭受侵害，农民往往会选择委曲求全或者极端方式来解决问题。因此，国家应该启动实施农民再教育工程，加强对农民信息、知识、法律的培训，提高农民的文化素质和接收信息、主动维权的能力。只有当农民自身内在的文化素质和市场意识、观念建立起来后，其才能真正成为具有市场行为能力的经济主体，才能在市场经济的大潮中自觉搜寻、辨别各种市场信息，增强谈判能力，保证宅基地退出决策的科学性，提高福利水平。与此同时，国家还应加强对农村义务教育的监督管理并加大投入，以保证未来农民

---

① 赖昭瑞、冯继康：《论农村土地资源的优化配置》，《东岳论丛》2004 年第 3 期。

的素质。无论是实施农民的再教育还是加强对农村的义务教育，都应该作为一项长期的工作加以贯彻落实。

第二，加强土地管理及宅基地退出的相关政策宣传，增强农民的土地权利意识。为保证宅基地退出有序运行、实现资源优化配置、增加农民福利，必须制定宅基地退出管理办法。但由于农民获取信息的能力有限，为保证宅基地退出管理办法的贯彻落实，必须加大对宅基地退出相关法律规定和具体政策的宣传力度，保证农民知晓宅基地退出的具体环节、退出补偿标准、退出方式、意见反馈及权利救济途径。另外，市（县）级政府可以委任乡（镇）政府定期地组织法律人员在各农民集体内部巡回宣传国家有关宅基地退出政策以及当地具体政策。

## 第五节　农村宅基地退出的配套制度建设

### 一　落实征地制度改革

2020年新修改的《土地管理法》在缩小征地范围、规范征地程序、建立多元补偿机制等方面取得了较大突破，力图确保被征地农民生活水平有提高，长远生计有保障，体现了新时代我国征地制度的与时俱进。但《土地管理法》相关制度的落实还需要地方政府来具体执行，这就要求地方政府规范自身行为，严格履行《土地管理法》规定的职责。农民可以有偿自愿退出宅基地，比较利益的存在将会强化农民抵抗政府强制征地的意愿。如果政府的征地行为偏离了公益目的、征地程序不公正、征地补偿不合理等，必然导致政府和农民之间更多、更严重的矛盾，土地征收和集体建设用地流转包括宅基地退出等都不能有序运行。《土地管理法》第四十八条规定，"征收农用地的土地补偿费、安置补助费标准由省、自治区、直辖市通过制定公布区片综合地价确定……征收农用地以外的其他土地、地上附着物和青苗等的补偿标准，由省、自治区、直辖市制定"。这使地方政府制定征地补偿标准时具有一定的自由裁量权,补偿标准不合理将导致政府征地行为受阻。因此,地方政府应该认真落实《土地管理法》有关征地制度改革的规定,切实保障农民的土地权益,这样才能破解农村宅基地退出所面临的一系列既有或潜在困境。进一步地,对征地过程中农民的知情权、参与权、听证权等有所侵犯的,应建立司法救济机制,由司法机关按照司法程序解决,这将有利于保障地方政府的行为规范。

## 二 严格土地用途管制制度,健全农村宅基地整理机制

土地用途管制是国家为了保证土地资源的合理利用,通过编制土地利用规划,依法划定土地用途分区,确定土地使用限制条件,实行土地用途变更许可的一项强制性管理制度。在依法允许农村宅基地退出、流转的情况下,农地转用的利益激励会进一步强化,这将对耕地保护构成威胁,不利于土地节约、集约利用。因此,在农村宅基地退出过程中,要实施并强化土地用途管制制度,严格控制耕地转为建设用地的总量。这对于维护粮食安全、维持生态平衡具有重要意义。具体而言,就是要严格执行"农村村民一户只能拥有一处宅基地……农村村民出卖、出租、赠与住宅后,再申请宅基地的,不予批准"等规定,防止农民受利益驱使多申请宅基地,进而导致占用耕地的情况出现。

《关于加强农村宅基地管理的意见》中提出要积极推进农村建设用地整理,并鼓励实施村庄改造、归并村庄整治计划,但在宅基地整理中应充分考虑农民宅基地的福利效应。因此,需要加强宅基地整理的各项基础工作,运用现代科学技术手段,加大对宅基地整理的资金、技术投入。另外,可以大力发展乡镇企业,发挥乡镇企业的向心力和带动作用,为农民提供更多的就业机会,使农民在家乡也能找到一份合适的工作,增加农民收入。因此,宅基地退出政策应配套健全的宅基地整理机制和乡镇企业引进机制,积极发展乡镇企业,大力推进宅基地整理进程,保障宅基地退出政策的顺利实施。

## 三 健全农村社会保障制度，提升社会民主化和法治化水平

目前，我国已形成了较为完善的以社会保险、社会福利、社会救助为基础，以基本养老、医疗和最低生活保障制度为重点，以慈善事业、商业保险为补充的城镇社会保障制度。宅基地对农民来说承载着较大的社会保障功能，但农村社会保障在立法建设上是一个薄弱的环节。因此，国家需要加强农村社会保障体系的建设，弱化宅基地的社会保障功能，进而推动宅基地退出和宅基地流转进程。在新农合方面，各地可根据具体情况，出台相关配套规章，逐步提高筹资标准和补助水平。在农村最低生活保障方面，也可出台相关政策性文件，保证农村低保工作的规范化、透明化。在养老保险方面，可打破城乡户籍界限，实现城乡居民统一的养老保障制度。

《中共中央关于构建社会主义和谐社会若干重大问题的决定》要求完善民主权利保障制度，强调"统筹协调各方面利益关系，妥善处理社会矛盾。适应我国社会结构和利益格局的发展变化，形成科学有效的利益协调机制、诉求表达机制、矛盾调处机制、权益保障机制"。这说明，要实现社会的公平公正、安定有序，就必须建立健全利益协调与利益表达机制。通过选举制度、信访制度、听证制度、政务公开制度等的改革与完善，增加和拓宽利益表达的渠道与途径，进行有效的利益疏导与利益调节，化解和消除各种利益矛盾和冲突。随着社会主义民主与法治的不断发展，公开公正的利益表达与利益协调机制将不断健全完善，宅基地退出中的利益矛盾与冲突也将得到减少和化解。

农村宅基地退出本身是一项复杂的系统工程，而农村宅基地退出系统也是社会经济运行环境中的一个子系统，这就决定对宅基地退出进行政策调控不可能是孤立进行的。因此，除了进行上述宅基地退出制度建设外，还应该积极推进配套制度的建设完善，加强社会各方面的同步建设与改革。实际上，农村宅基地退出政策调控的相关配套措施还有很多，如加快司法独立的进程、建立农民工住房保障体系等，这些制度的

建立和完善与宅基地退出政策调控的实施绩效存在相辅相成的关系。但本书认为，由于整体上农村宅基地退出市场发育不足，市场优化配置资源的功能无法有效发挥，当前政府对宅基地退出市场服务体系的建设和规范引导显得更加紧迫和重要。

## 本章小结

乡村振兴发展战略对农村宅基地制度改革提出了要求，使优化农村宅基地退出政策选择成为必要。在尊重私权保护和遵循公法干预，实现宅基地资源优化配置与提高农民福利水平的目标导向下，宅基地退出政策调控应该遵循农民自愿参与、城乡土地市场统筹调控、因地制宜、适度宏观调控和适法等原则。结合前文研究结论，宅基地退出法律制度建设的具体内容为完善宅基地退出立法、深化宅基地产权制度及地价评估制度建设、确立市场机制在宅基地退出中的决定性作用以及完善宅基地退出程序和拆迁补偿机制。针对宅基地退出模式的选择，可以引导有条件的农民先行退出，各地区根据当地实际因地制宜地确定退出模式。另外，考虑受教育程度、年龄等差异化特征，宅基地退出应该选择更加灵活多样的补偿方式或制度安排。依据政策网络分析法，建构互动合作型的宅基地退出政策网络结构，优化政府的宅基地退出政策网络行为，加强对农民作为市场主体的培育，这是当前解决农村宅基地退出争议及避免福利损失的有效途径。除以上调控政策外，配套措施还包括落实征地制度改革、严格实施土地用途管制制度、健全农村宅基地整理制度、完善农村社会保障制度、提升社会民主化和法治化水平等。当然，宅基地退出系统有序化发展、宅基地资源优化配置绝非一蹴而就，在宅基地退出政策逐渐优化以及相关配套制度有力支撑的同时，还需要在实践检验之后不断修正。

# 结　语

## 一　主要研究结论

在社会经济发展和农村宅基地功能变迁的背景下，大量进城农民因宅基地无法自由流转，而没有退出宅基地，致使农村地区出现宅基地闲置或低效利用的现象。土地资源优化配置、乡村振兴发展内在地要求构建完善的农村宅基地退出机制。本书在对已有文献和相关理论进行梳理的基础上，对我国农村宅基地退出的政策演变历程、地方实践成效、实践模式、农民意愿、退出效应和政策网络等进行分析，进而提出农村宅基地退出的路径选择建议，为农村宅基地制度创新和政策改革提供科学依据。通过研究，本书得出以下几点主要结论。

第一，我国农村宅基地退出制度的变迁具有明显的路径依赖和诱致性变迁特点，当前农村宅基地退出实践依然缺乏长效机制。1949 年以来，我国农村宅基地退出政策的演变呈现从完全禁止退出向探索有范围退出的转变，时至今日宅基地退出依然被限定在集体经济组织内部，没有根本性地改变退出的制度环境。这种制度演变沿袭了我国农村土地集体所有的基本制度框架，表现出制度变迁的路径依赖特点。同时，这种退出演变表现出明显的诱致性变迁特点。当前，我国农村宅基地退出的实践范围不断扩大，虽然在某些方面取得了积极成效，但在农民权益保障、相关制度协同耦合等方面依然缺乏长效机制。

第二，农村宅基地退出模式演进不仅是经济主体寻求最优经济机会的结果，也是市场经济发展、资源稀缺性以及政府偏好和选择性政策的结果，宅基地退出模式与农村城镇化发展、社会经济条件等具有相适应的内在规律。从时间维度来考察，农村宅基地退出形成了一条从禁止退出到探索主导退出，从近距离的实物流转（"宅基地换房"）、远距离的指标捆绑挂钩到"地票"交易的演进路径。其内在动力是经济主体寻求土地报酬最大化或土地收益分配格局调整的结果，而市场经济发展、资源稀缺性以及政府偏好和选择性政策则成为宅基地退出模式变迁的外部推力。从横向对比来看，因地理位置、社会经济条件、城镇化发展水平等不同，各地宅基地退出模式在退出主体、市场化程度等方面存在差异。从纵向来看，随着社会经济发展，城乡二元结构向城乡一体化转变，农民宅基地使用权的物权属性逐渐彰显，农民权益和意愿得到更大程度的保障。可以认为，农村宅基地退出模式与农村城镇化发展、社会经济条件等具有相适应的内在规律。

第三，农民分化影响农民对宅基地的福利认同，进而影响其退出意愿，而农民层面的因素对宅基地退出方式选择的影响显著依赖于部分村庄层面的变量。依据调研数据发现，在就业状况、收入及居住等分化明显的情况下，农民对宅基地功能及福利的认同也开始分化，进而影响其退出意愿。相对于以农就业为主、低收入层级和无城镇住房的农民，以非农就业为主、高收入层级和有城镇住房的农民对宅基地福利的认同度偏低，也更愿意选择宅基地置换退出。在宅基地完全退出和不完全退出两种方式选择中，年龄与退出方式选择呈显著反向关系，受教育程度、就业状况及家庭总收入对退出方式选择具有显著正向关系。受教育程度对退出方式选择的影响显著依赖于村庄层面的变量，主要表现为村庄到最近城镇的距离会显著弱化受教育程度和退出方式选择的正向关联。村庄到最近城镇的距离越远或区位条件越差的村庄，受教育程度对农民退出方式选择的影响越弱，反之，影响越强。

第四，农村宅基地退出后农民福利总模糊评价值下降且农民间福利差距拉大，乡村经济发展韧性不足，农民对市民化的认同感较低。依据调研数据发现，宅基地退出后农民福利水平的模糊评价值下降，农民福利水平在宅基地退出后并没有得到提高。其中，房屋居住、社区生活环境的模糊评价值稍有提升，而家庭经济、社会保障特别是心理状况的模糊评价值有所下降。受教育程度、就业状况、是否参加社保、是否拥有宅基地使用权证、退出意愿以及退出满意度对福利变化具有显著的正向影响，但在福利变化的不同分位数上发挥的影响程度不同。因此，为有效减小福利差异、提升福利水平，需要对退出后福利变差的农民给予更多的关注和照顾，如增加其受教育的机会及职业技能培训等。农民视角下的乡村韧性不足，减弱了乡村的可持续发展能力。另外，宅基地退出后农民市民化的认同感很低，主要原因是农民的生活水平与市民依然有明显差异。

第五，农村宅基地退出政策网络中，地方政府和农民的博弈竞争和利益冲突成为宅基地退出福利损失的原因。赋予农民宅基地退出权，形成适度竞争，将带来社会福利的增加。在农村宅基地退出政策网络中，宅基地退出制度、政策网络行为与政策网络结构是宅基地退出福利损失的直接解释变量。在农村宅基地退出过程中，政府权力与农民权利进行博弈竞争，宅基地地权及其退出制度安排决定了政府权力的空间渗透和农民权利的弱化，这进一步造成了退出政策执行过程中的争议及政策执行后的福利损失。政策网络结构主要包括政策社群和议题网络。在政策社群中，政府应该成为宪法秩序下的市场监管者和公共物品的提供者；在议题网络中，大众媒体和专家学者应该为政府和农民准确、公正地提供和反馈信息。这都将有利于促进宅基地退出福利效应的增加。进一步地，对比政府垄断土地一级市场，赋予农民宅基地退出权，形成适度竞争，将带来社会福利的增加。如果政府能够为交易双方提供交易平台如农村土地交易所，发布供求双方、地块位置、基准地价等信息，将有助于提高农民的谈判能力及其交易福利。当然，要构建城乡统一建设用地市场，除需要增加政府作为管理者从农民宅基地公开流转中分享收益的比例外，还需要转变政府职能，增加政府征地成本，强化对地方政府行为的监督等。

第六，以优化土地资源配置和提高农民福利为目标导向，农村宅基地退出调控政策应以私权保护和公法干预作为切入点，从退出法律制度建设、模式选择、政策网络完善及配套制度建设等方面展开。在尊重私权保护和遵循公法干预的前提下，在实现宅基地资源优化配置和提高农民福利水平的目标导向下，宅基地退出调控政策应该遵循农民自愿参与、城乡土地市场统筹调控、因地制宜、适度宏观调控和适法等原则。宅基地退出法律制度建设的具体内容为完善宅基地退出立法、深化宅基地产权制度及地价评估制度建设、确立市场机制在宅基地退出中的决定性作用以及完善宅基地退出程序和拆迁补偿机制。有关宅基地退出模式的选择，可以引导有条件的农民先行退出，各地区根据当地实际因地制宜地确定退出模式。考虑不同特征农民的宅基地福利效应，设计多样灵活的制度安排。构建互动合作型的退出政策网络结构，优化政府的政策网络行为，加强对农民作为市场主体的培育，这是当前解决农村宅基地退出争议及避免福利损失的有效途径。配套措施主要包括落实征地制度改革、严格实施土地用途管制制度、健全农村宅基地整理制度、完善农村社会保障制度、提升社会民主化和法治化水平等。

## 二 讨论与展望

本书对农村宅基地退出效应的研究主要集中在对农民福利的影响分析上。受调研数据限制，本书只从描述性统计的角度来分析宅基地退出对乡村发展的影响，且部分指标与农民福利评价指标有重叠之处，没能定量测度宅基地退出对乡村韧性发展的影响，但这为衡量乡村发展提供了一种思路。未来一定时期内，继续从量的角度，设计出一组或几组指标来具体、全面地衡量宅基地退出对乡村发展的影响，是一个有待继续深入探讨的问题。另外，本书对宅基地退出的农民福利效应的研究不够详尽和完善。事实上，宅基地退出后，不同就业状况、不同地区的农民以及不同创新模式下的农民，其享有的福利水平及其影响因素均可能存在差别。但本书对此并没有分别展开研究，只是将宅基地退出后农民的福利效应水平及其影响因素作为一个整体进行论述，在农民异质化分析方面的拓展显得不足，期待在今后对这一问题进行深入探讨。因作者能力有限，书中难免有不足之处，敬请广大读者批评指正。

　　本书部分研究内容依托于笔者主持的教育部人文社会科学基金项目（13YJCZH249）中的调研数据。从调研、分析到写作，较长的周期使之不能很好地满足现实性。扩大调研范围、增加样本数据、缩短调研到成文的周期无疑非常必要。当然，完善的农村宅基地退出机制还需要不断地实践、修正和优化，这也决定了笔者需要对乡村振兴背景下的农村宅基地制度改革继续努力进行研究。

# 参考文献

[1] J. Ahern, "From Fail-Safe to Safe-to-Fail: Sustainability and Resilience in the New Urban World", *Landscape and Urban Planning* 100 (1), 2011.

[2] Amartya Sen: "Well-Being, Agency and Freedom: The Dewey Lectures 1984", *The Journal of Philosophy* 82 (4), 1985.

[3] B. Cheli, "Totally Fuzzy and Relative Measures of Poverty in Dynamic Context: An Application to the British Household Panel Survey, 1991 – 1992", *Metron* 53 (3), 1995.

[4] Chengri Ding, "Land Policy Reform in China: Assessment and Prospects", *Land Use Policy* 20 (2), 2003.

[5] Douglas C. Macmillan, "An Economic Case for Land Reform", *Land Use Policy* 17 (1), 2000.

[6] Gianluca Brunori, Adanella Rossi, "Differentiating Countryside: Social Representations and Governance Patterns in Rural Areas with High Social Density: The Case of Chianti, Italy", *Journal of Rural Studies* 23 (2), 2007.

[7] D. Hegney, "Building Resilience in Rural Communities: Toolkit", *CARRI* 1, 2008.

[8] W. J. M. Heijman, "Rural Resilience as a New Development Concept", *General Information* 2, 2007.

[9] M. Howlett, M. Ramesh, "Policy Subsystem Configurations and Policy

Change: Operationalizing the Postpositivist Analysis of the Politics of the Policy Process", *Policy Studies Journal* 26 (3), 1998.

[10] X. J. Huang, "Land Use Policy as an Instrument of Rural Resilience: The Case of Land Withdrawal Mechanism for Rural Homesteads in China", *Ecological Indicators* 87, 2018.

[11] R. Ingrid, "Sen's Capability Approach and Gender Inequality: Selecting Relevant Capabilities", *Feminist Economics* 9 (2), 2003.

[12] John C. Harsanyi, "Utilities, Preferences, and Substantive Goods", *Social Choice and Welfare* 14 (1), 1997.

[13] Klaus Deininger, Songqing Jin, "Securing Property Rights in Transition: Lessons from Implementation of China's Rural Land Contracting Law", *Journal of Economic Behavior & Organization* 70 (1 - 2), 2009.

[14] Klaus Deininger, Songqing Jin, "The Potential of Land Rental Markets in the Process of Economic Development: Evidence from China", *Journal of Development Economics* 78 (1), 2005.

[15] Marsh David, *Comparing Policy Networks* (Philadelphia: Open University Press, 1998).

[16] A. Mcintosh, R. Stayner, K. Carrington, *Resilience in Rural Communities: Literature Review* (New England: Centre for Applied Research in Social Science, 2008).

[17] P. Mcmanus, et al., "Rural Community and Rural Resilience: What is Important to Farmers in Keeping Their Country Towns Alive?" *Journal of Rural Studies* 28 (1), 2012.

[18] M. Nussbaum, *Women and Human Development: The Capabilities Approach* (Cambridge: Cambridge University Press, 2000).

[19] A. C. Pigou, *Wealth and Welfare* (London: Macmillan, 1912).

[20] Randall G. Holcombe, "The New Urbanism versus the Market Process", *The Review of Austrian Economics* 17, 2004.

[21] A. M. Schwarz, "Vulnerability and Resilience of Remote Rural Com-

munities to Shocks and Global Changes: Empirical Analysis from Solomon Islands", *Global Environmental Change* 21 (3), 2011.

[22] Shouying Liu, Michael R. Carter, Yang Yao, "Dimensions and Diversity of Property Rights in Rural China: Dilemmas on the Road to Further Reform", *World Development* 26 (10), 1998.

[23] M. Scott, "Resilience: A Conceptual Lens for Rural Studies", *Geography Compass* 7 (9), 2013.

[24] Wei Xu, K. C. Tan: "Impact of Reform and Economic Restructuring on Rural Systems in China: A Case Study of Yuhang, Zhejiang", *Journal of Rural Studies* 18 (1), 2002.

[25] G. A. Wilson, "Community Resilience in Rural China: The Case of Hu Village, Sichuan Province", *Journal of Rural Studies* 60, 2018.

[26] 〔印度〕阿马蒂亚·森(Amartya Sen):《以自由看待世界》,任姬译,中国人民大学出版社,2002。

[27] 〔美〕埃比尼泽·霍华德(Ebenezer Howard):《明日的田园城市》,金纪元译,商务印书馆,2010。

[28] 〔美〕查尔斯·H. 温茨马奇(Charles H. Wurtzebach)等:《现代不动产》,任淮秀等译,中国人民大学出版社,2001。

[29] 北京大学国家发展研究院综合课题组:《合法转让权是农民财产性收入的基础》,《国际经济评论》2012年第2期。

[30] 曹泮天:《宅基地使用权隐形流转的制度经济学分析》,《现代经济探讨》2013年第4期。

[31] 陈广华、罗亚文:《宅基地"三权分置"之法教义学分析》,《农村经济》2019年第2期。

[32] 陈红霞:《中国城乡土地市场协调发展的制度研究》,哈尔滨工程大学出版社,2007。

[33] 陈利根、成程:《基于农民福利的宅基地流转模式比较与路径选择》,《中国土地科学》2012年第10期。

[34] 陈利根等:《农民宅基地福利水平影响因素的理论分析》,《农村

经济》2011 年第 12 期。

［35］陈卫华、吕萍：《产粮核心区农村土地三项改革：经验、难题与破解》，《农村经济》2019 年第 9 期。

［36］陈霄：《农民宅基地退出意愿的影响因素》，《中国农村观察》2012 年第 3 期。

［37］陈振等：《宅基地"三权分置"：基本内涵、功能价值与实现路径》，《农村经济》2018 年第 11 期。

［38］成程等：《农民非农化对宅基地福利性认同的影响分析》，《财经问题研究》2014 年第 7 期。

［39］程传兴等：《土地资产置换与农村劳动力城市化迁移意愿》，《中州学刊》2013 年第 9 期。

［40］程世勇：《"地票"交易：模式演进与体制内要素组合优化》，《学术月刊》2010 年第 5 期。

［41］程世勇、李伟群：《农村建设用地地权交易和要素组合效率》，《江西财经大学学报》2009 年第 5 期。

［42］程世勇：《农村宅基地使用权交易的制度分析》，《学习与探索》2010 年第 5 期。

［43］程世勇：《地票交易：体制内土地和产业的优化组合模式》，《当代财经》2010 年第 5 期。

［44］丁煌、杨代福：《政策网络、博弈与政策执行：以我国房价宏观调控政策为例》，《学海》2008 年第 6 期。

［45］董祚继：《"三权分置"——农村宅基地制度的重大创新》，《中国土地》2018 年第 3 期。

［46］段进、李志明：《空间研究》，东南大学出版社，2009。

［47］范辉：《发达地区农村宅基地退出的现实困境与路径选择》，浙江大学博士学位论文，2016。

［48］范垚等：《基于城乡统筹发展的农村土地综合整治绩效研究》，《中国土地科学》2016 年第 11 期。

［49］范思凯：《房屋拆迁中政府的角色定位》，《辽宁行政学院学报》

2004 年第 6 期。

[50] 房建恩：《乡村振兴背景下宅基地"三权分置"的功能检视与实现路径》，《中国土地科学》2019 年第 5 期。

[51] 高进云等：《农地城市流转前后农户福利变化差异分析》，《中国人口·资源与环境》2011 年第 1 期。

[52] 高鸿业：《西方经济学》，中国人民大学出版社，2014。

[53] 高欣等：《社会保障、非农收入预期与宅基地退出决策行为》，《中国土地科学》2016 年第 6 期。

[54] 高映轸等：《土地经济问题再认识》，南京出版社，1996。

[55] 耿卓：《宅基地"三权分置"改革的基本遵循及其贯彻》，《法学杂志》2019 年第 4 期。

[56] 龚宏龄：《农户宅基地退出意愿研究》，《农业经济问题》2017 年第 11 期。

[57] 顾湘：《农村集体建设用地流转的博弈分析与制度改进》，《经济体制改革》2013 年第 1 期。

[58] 关江华等：《农户宅基地流转家庭福利变化研究》，《中国人口·资源与环境》2014 年第 10 期。

[59] 郭贯成、李金景：《经济欠发达地区农村宅基地流转的地域差异研究》，《资源科学》2014 年第 6 期。

[60] 郭晓鸣等：《建立农村宅基地自愿有偿退出机制的现实分析与政策构想》，《农村经济》2016 年第 5 期。

[61] 韩康：《启动中国农村宅基地的市场化改革》，《国家行政学院学报》2008 年第 4 期。

[62] 韩立达：《农村宅基地"三权分置"：内在要求、权利性质与实现形式》，《农业经济问题》2018 年第 7 期。

[63] 韩文龙、谢璐：《宅基地"三权分置"的权能困境与实现》，《经济体制改革》2018 年第 5 期

[64] 洪德和等：《农户宅基地退出意愿与行为转化研究》，《中国农业资源与区划》2019 年第 6 期。

［65］ 胡德：《政府权力的空间过程及其影响》，华东师范大学博士学位论文，2007。

［66］ 胡方芳等：《欠发达地区农民宅基地流转意愿影响因素》，《中国人口·资源与环境》2014 年第 4 期。

［67］ 胡银根等：《不同治理结构下农村宅基地有偿退出模式探析》，《资源开发与市场》2017 年第 12 期。

［68］ 胡银根等：《农户宅基地有偿退出与有偿使用决策行为影响因素研究》，《中国土地科学》2018 年第 11 期。

［69］ 扈映、米红：《经济发展与农村土地制度创新》，《农业经济问题》2010 年第 2 期。

［70］ 胡银根等：《基于成本收益理论的宅基地自愿有偿退出有效阈值》，《自然资源学报》2019 年第 6 期。

［71］ 黄健元、梁皓：《农村宅基地退出制度的源起、现实困境及路径选择》，《青海社会科学》2017 年第 6 期。

［72］ 黄蓉：《基于政策网络的昆明市征地拆迁政策执行研究》，云南财经大学硕士学位论文，2016。

［73］ 黄少安、刘明宇：《权利的不公平分配与农民的制度性贫困》，《制度经济学研究》2005 年第 3 期。

［74］ 黄文秀等：《农户"就地城镇化"选择的影响因素研究》，《浙江社会科学》2015 年第 1 期。

［75］ 黄小虎编《新时期中国土地管理研究（下）》，当代中国出版社，2006。

［76］ 黄赔芳：《农村宅基地退出中农民权益保护问题研究》，华中农业大学博士学位论文，2014。

［77］ 黄有光：《福利经济学》，中国友谊出版社，1991。

［78］ 黄忠华等：《地权诉求、宅基地流转与农村劳动力转移》，《公共管理学报》2012 年第 3 期。

［79］ 惠献波：《农户参与农村宅基地使用权抵押贷款意愿及其影响因素分析》，《现代经济探讨》2017 年第 5 期。

［80］冀县卿、钱忠好：《失地农民城市适应性影响因素分析》，《中国农村经济》2011 年第 11 期。

［81］伽红凯、王树进：《集中居住前后农户的福利变化及其影响因素分析》，《中国农村观察》2014 年第 1 期。

［82］贾燕等：《农民集中居住前后福利状况变化研究》，《农业经济问题》2009 年第 2 期。

［83］蒋云根：《公共管理与公共政策》，东华大学出版社，2005。

［84］靳相木：《宅基地"三权分置"的逻辑起点、政策要义及入法路径》，《中国土地科学》2019 年第 5 期。

［85］〔美〕康芒斯（Commons）：《制度经济学》，赵睿译，商务印书馆，1983。

［86］赖昭瑞、冯继康：《论农村土地资源的优化配置》，《东岳论丛》2004 年第 3 期。

［87］李伯华等：《城市边缘区不同类型农户对宅基地流转的认知与响应》，《资源科学》2015 年第 3 期。

［88］〔美〕理查德·波斯纳（Richard Posner）：《法律的经济分析（上）》，蒋兆康译，中国大百科全书出版社，1997。

［89］李风圣、吴云亭：《公平与效率——制度分析》，经济科学出版社，1995。

［90］李建强等：《政策激励与农户宅基地退出方式选择》，《四川农业大学学报》2019 年第 5 期。

［91］黎洁、邰秀军：《西部山区农户贫困脆弱性的影响因素》，《当代经济科学》2009 年第 5 期。

［92］李玫：《西方政策网络理论研究》，人民出版社，2013。

［93］黎赔肆、周寅康：《城市土地资源市场配置的缺陷与税收调节》，《中国土地科学》2000 年第 5 期。

［94］李涛：《城市土地市场运行与政府控管研究》，南京农业大学博士学位论文，2004。

［95］李晓庆等：《基于农户特征和意愿的农村居民点整治潜力测算》，

《农村经济与科技》2012年第5期。

[96] 李逸波、彭建强：《农民职业分化的微观影响因素实证分析》，《中国农村观察》2014年第3期。

[97] 李悦等：《宅基地"三权分置"的文献综述》，《当代经济》2020年第1期。

[98] 李正生：《法律经济学》，电子科技大学出版社，2007。

[99] 梁迪等：《河南省宅基地复垦券价格形成机制研究》，《中国物价》2018年第1期。

[100] 廖成泉等：《平罗县农村宅基地制度改革的做法、成效及经验启示》，《广东土地科学》2019年第1期。

[101] 林远：《"三块地"改革顶层设计呼之欲出》，《经济参考报》，2014年12月3日，第4版。

[102] 刘俊杰等：《深化农村宅基地制度改革亟须解决的几个问题》，《农村经营管理》2020年第1期。

[103] 刘立光、王金营：《流动人口城市长期居留意愿的理性选择》，《人口学刊》2019年第3期。

[104] 刘荣增：《城乡统筹理论的演进与展望》，《郑州大学学报》（哲学社会科学版）2008年第4期。

[105] 刘锐：《农村宅基地退出问题再探讨》，《中州学刊》2013年第7期。

[106] 刘润秋等：《基于乡村韧性视角的宅基地退出绩效评估研究》，《中国土地科学》2019年第2期。

[107] 刘双良：《农村宅基地使用权的流转与退出机制》，《重庆社会科学》2010年第6期。

[108] 刘守英、熊雪锋：《经济结构变革、村庄转型与宅基地制度变迁》，《中国农村经济》2018年第6期。

[109] 刘同山：《资产化与直接处置：农民宅基地退出意愿研究》，《经济经纬》2016年第6期。

[110] 刘同山等：《市民化能力、权益认知与农户土地退出意愿》，《中

国土地科学》2013 年第 11 期。

[111] 刘彦随：《土地利用优化配置中系列模型的应用》，《地理科学进展》1999 年第 1 期。

[112] 龙花楼：《论土地利用转型与乡村转型发展》，《地理科学进展》2012 年第 2 期。

[113] 龙开胜等：《农民接受闲置宅基地治理方式的意愿及影响因素》，《中国人口·资源与环境》2012 年第 9 期。

[114] 龙开胜：《农村集体建设用地流转：演变、机理与调控》，南京农业大学博士学位论文，2009。

[115] 〔美〕罗伯特·考特（Robert Cooter）、托马斯·尤伦（Thomas Ul-en）：《法和经济学》，施少华等译，上海财经大学出版社，2002。

[116] 吕军书：《物权效率视角下我国农村宅基地市场配置探微》，《法学杂志》2011 年第 7 期。

[117] 吕忠梅、刘大洪：《经济法的法学与法经济学分析》，中国检察出版社，1998。

[118] 马凯、梁流涛：《我国集体非农建设用地市场演化的逻辑》，《农村经济》2009 年第 3 期。

[119] 马良灿：《地权是一束权力关系》，《中国农村观察》2009 年第 2 期。

[120] 马贤磊、孙晓中：《不同经济发展水平下农民集中居住前后的福利变化研究》，《南京农业大学学报》（社会科学版）2012 年第 2 期。

[121] 〔法〕孟德斯鸠：《论法的精神（上册）》，张雁深译，商务印书馆，1961。

[122] 〔美〕米歇尔·H. 凯茨（Mitchell H. Katz）：《多变量分析》，姚晨等译，中国科学技术出版社，2000。

[123] 孟凡强、邓保国：《劳动力市场户籍歧视与城乡工资差异》，《中国农村经济》2014 年第 6 期。

[124] 莫俊：《论现代经济法的价值取向》，《山东法学》1998 年第

4 期。

[125] 莫旋等:《分层异质视角下流动人口收入决定研究》,《财经理论与实践》2018 年第 2 期。

[126] 欧阳安蛟等:《农村宅基地退出机制建立探讨》,《中国土地科学》2009 年第 10 期。

[127] 彭长生:《农民分化对农村宅基地退出补偿模式选择的影响分析》,《经济社会体制比较》2013 年第 6 期。

[128] 彭开丽:《农地城市流转的社会福利效应》,华中农业大学博士学位论文,2008。

[129] 祁黄雄、陆建广:《农村宅基地开发利用的案例研究》,《中国土地科学》2010 年第 5 期。

[130] 曲昌荣:《看新乡如何确保农民利益》,《人民日报》,2010 年 10 月 23 日,第 1 版。

[131] 任平等:《城乡建设用地增减挂钩制度实施绩效分析与评价》,《中国农业资源与区划》2014 年第 6 期。

[132] 邵亦文、徐江:《城市韧性:基于国际文献综述的概念解析》,《国际城市规划》2015 年第 2 期。

[133] 舒帮荣等:《农村集体经营性建设用地流转模式再审视》,《中国土地科学》2018 年第 7 期。

[134] 舒帮荣等:《发达地区农户宅基地置换意愿多水平影响因素研究》,《长江流域资源与环境》2018 年第 6 期。

[135] 孙雪峰:《农村宅基地退出:主要模式、驱动机理与政策设计》,南京农业大学博士学位论文,2016。

[136] 孙玉等:《东北地区乡村性评价及时空分异》,《地理研究》2015 年第 10 期。

[137] 谭术魁、王汉花:《集体建设用地直接入市流转模式及其功能研究》,《国土资源》2004 年第 7 期。

[138] 唐丽敏:《当前我国城市化进程中征地拆迁矛盾研究》,吉林大学博士学位论文,2009。

[139] 唐任伍、郭文娟：《乡村振兴演进韧性及其内在治理逻辑》，《改革》2018 年第 8 期。

[140] 王丹秋等：《微观福利视角下农户宅基地置换意愿及其驱动因素研究》，《中国土地科学》2015 年第 11 期。

[141] 汪晖、陶然：《开放农地整理指标全国交易市场》，《国土资源导刊》2011 年第 2 期。

[142] 王磊：《深化农村土地改革 全面助推乡村振兴》，《资源导刊》2018 年第 11 期。

[143] 王济川、郭志刚：《Logistic 回归模型：方法与应用》，高等教育出版社，2001。

[144] 王婧：《城乡建设用地统筹置换机理与模式》，科学出版社，2017。

[145] 王婧等：《我国当前城乡建设用地置换的实践探索及问题剖析》，《自然资源学报》2011 年第 9 期。

[146] 汪明进等：《农村宅基地"三权分置"改革的经验与启示》，《世界农业》2019 年第 8 期。

[147] 王权典、吴次芳：《城乡统筹视阈中建设用地增减挂钩"土地新政"法治检讨》，《社会科学战线》2013 年第 5 期。

[148] 王守军、杨明洪：《农村宅基地使用权地票交易分析》，《财经科学》2009 年第 4 期。

[149] 王万茂：《市场经济条件下土地资源配置的目标、原则和评价标准》，《资源科学》1996 年第 1 期。

[150] 王伟、马超：《基于可行能力理论的失地农民福利水平研究》，《农业技术经济》2013 年第 6 期。

[151] 王晓霞等：《中国农村集体建设用地使用权流转政策的梳理与展望》，《中国土地科学》2009 年第 4 期。

[152] 王兆林：《户籍制度改革中农户土地退出行为研究：重庆的实证》，西南大学博士学位论文，2013。

[153] 魏凤等：《基于 Logistic 模型的农户宅基地换房意愿影响因素分析》，《经济体制改革》2012 年第 2 期。

［154］ 魏后凯、刘同山：《农村宅基地退出的政策演变、模式比较及制度安排》，《东岳论丛》2016 年第 9 期。

［155］ 魏建、黄立君：《法经济学：基础和比较》，人民出版社，2004。

［156］ 魏艺：《"韧性"视角下乡村社区生活空间适应性建构研究》，《城市发展研究》2019 年第 11 期。

［157］ 吴婧：《农村宅基地使用权退出的实践与路径》，《江海学刊》2020 年第 3 期。

［158］ 吴丽娟等：《城乡统筹发展的动力机制和关键内容研究述评》，《经济地理》2012 年第 4 期。

［159］ 吴明发：《宅基地使用权流转机制研究》，南京农业大学博士学位论文，2012。

［160］ 吴晓燕等：《土地隐形流转、福利损失与市场模式选择》，《广州商学院学报》2005 年第 1 期。

［161］ 吴业苗：《农村城镇化、农民居住集中化与农民非农化》，《中州学刊》2010 年第 7 期

［162］ 夏敏等：《不同经济发展水平地区农民宅基地退出意愿的影响因素》，《资源科学》2016 年第 4 期。

［163］ 夏勇：《走向权利的时代》，中国政法大学出版社，1999。

［164］ 晓叶：《宅基地"三权分置"的政策效应》，《中国土地》2018 年第 3 期。

［165］ 谢敏：《农民工携带宅基地指标进城：政府保护政策》，《中外企业家》2010 年第 4 期。

［166］ 谢治菊：《农村经济利益分化对农民政治心理的影响分析》，《南京农业大学学报》（社会科学版）2014 年第 6 期。

［167］ 熊滨：《中国农民权利贫困的制度性原因——权利贫困》，《中国市场》2006 年第 Z2 期。

［168］ 徐美银：《农民阶层分化、产权偏好差异与土地流转意愿》，《社会科学》2013 年第 1 期。

［169］ 徐忠国等：《农村宅基地三权分置的经济解释与法理演绎》，《中

国土地科学》2018 年第 8 期。

[170] 严金海：《农村宅基地整治中的土地利益冲突与产权制度创新研究》，《农业经济问题》2011 年第 7 期。

[171] 晏志谦等：《农户分化视角下宅基地退出方式选择影响因素分析》，《中国农业资源与区划》2018 年第 6 期。

[172] 杨菊华：《多层模型在社会科学领域的应用》，《中国人口科学》2006 年第 3 期。

[173] 杨娜曼等：《城乡统筹发展视角下湖南省城乡协调发展评价》，《经济地理》2014 年第 3 期。

[174] 杨青贵：《集体土地所有权实现的困境及其出路》，《现代法学》2015 年第 5 期。

[175] 杨雪锋、董晓晨：《不同代际农民工退出宅基地意愿差异及影响因素——基于杭州的调查》，《经济理论与经济管理》2015 年第 4 期。

[176] 叶红玲：《"宅改"造就新农村》，《中国土地》2018 年第 5 期。

[177] 叶剑锋、吴宇哲：《宅基地制度改革的风险与规避》，《浙江工商大学学报》2018 年第 6 期。

[178] 叶青青等：《基于多层线性模型的湖北省县域建设用地集约利用影响因素研究》，《中国土地科学》2014 年第 8 期。

[179] 易丹辉：《数据分析与 EViews 应用》，中国人民大学出版社，2014。

[180] 尤海涛：《基于城乡统筹视角的乡村旅游可持续发展研究》，青岛大学博士学位论文，2015。

[181] 于海涌、苏燕玲：《农村集体经济组织的合作社法人制度改革探析》，《中国商法年刊》2006 年。

[182] 俞弘强：《中国政府与农民关系研究评述》，《厦门大学学报》（哲学社会科学版）2004 年第 5 期。

[183] 宇林军等：《基于农户调研的中国农村居民点空心化程度研究》，《地理科学》2016 年第 7 期。

[184] 于伟等：《城镇化进程中农户宅基地退出的决策行为及影响因

素》，《地理研究》2016 年第 3 期。

[185] 喻文莉：《转型期宅基地使用权流转之法理分析》，《中国土地科学》2013 年第 2 期。

[186] 喻文莉、陈利根：《农村宅基地使用权制度嬗变的历史考察》，《中国土地科学》2009 年第 8 期。

[187] 余永和：《农村宅基地退出试点改革：模式、困境与对策》，《求实》2019 年第 4 期。

[188] 岳永兵：《宅基地退出：内涵、模式与机制建立》，《改革与战略》2016 年第 11 期。

[189] 岳永兵：《宅基地"三权分置"：一个引入配给权的分析框架》，《中国国土资源经济》2018 年第 1 期。

[190] 曾旭晖、郭晓鸣：《传统农区宅基地"三权分置"路径研究》，《农业经济问题》2019 年第 6 期。

[191] 张德元：《农村宅基地的功能变迁研究》，《调研世界》2011 年第 11 期。

[192] 张海波等：《被动城市化群体城市适应性与现代性获得中的自我认同》，《社会学研究》2006 年第 2 期。

[193] 张海鹏：《我国城乡建设用地增减挂钩的实践探索与理论阐释》，《经济学家》2011 年第 11 期。

[194] 张京祥、陆枭麟：《协奏还是变奏：对当前城乡统筹规划实践的检讨》，《国际城市规划》2010 年第 1 期。

[195] 张克俊、付宗平：《基于功能变迁的宅基地制度改革探索》，《社会科学研究》2017 年第 6 期。

[196] 张雷等：《多层线性模型应用》，教育科学出版社，2005。

[197] 张良悦：《地方政府土地征用中的非市场化行为分析》，《农村经济》2007 年第 3 期。

[198] 张梦琳：《农村宅基地流转模式分析与制度选择》，《经济体制改革》2014 年第 3 期。

[199] 张梦琳、舒帮荣：《农民分化、福利认同与宅基地流转意愿》，

《经济体制改革》2017 年第 3 期。

［200］张体委：《资源、权力与政策网络结构：权力视角下的理论阐释》，《公共管理与政策评论》2019 年第 1 期。

［201］张甜等：《恢复力视角下的乡村空间演变与重构》，《生态学报》2017 年第 7 期。

［202］张卫东：《土地转让性与土地资源配置问题研究》，《上海行政学院学报》2004 年第 5 期。

［203］张亚楠：《政策网络视域下失地农民就业转移方式研究》，西南政法大学硕士学位论文，2012。

［204］张怡然等：《农民工进城落户与宅基地退出影响因素分析》，《中国软科学》2011 年第 2 期。

［205］张勇：《农村宅基地制度改革的内在逻辑、现实困境与路径选择》，《南京农业大学学报》（社会科学版）2018 年第 6 期。

［206］张勇：《农村宅基地有偿退出的政策与实践》，《西北农林科技大学学报》（社会科学版）2019 年第 2 期。

［207］张永辉等：《统筹城乡发展过程中创新宅基地制度的实践模式及比较分析》，《农业经济》2011 年第 2 期。

［208］张云华等：《完善和改革农村宅基地制度研究》，中国农业出版社，2011。

［209］赵京等：《湖北省农地整理对农户福利的影响研究》，《资源科学》2014 年第 3 期。

［210］赵树枫：《农村宅基地制度与城乡一体化》，中国经济出版社，2015。

［211］赵小风等：《江苏省开发区土地集约利用的分层线性模型实证研究》，《地理研究》2012 年第 9 期。

［212］浙江省农村宅基地制度改革政策研究课题组：《农村宅基地"三权分置"的实践探索》，《浙江经济》2019 年第 24 期。

［213］郑春勇：《区域一体化进程中的空间政治难题及其破解》，《理论导刊》2011 年第 3 期。

［214］郑风田、丁冬：《撤村并居中的土地问题：现状、原因与对策》，

《现代城市研究》，2013 年第 6 期。

[215] 郑凯文：《基于"结构－行动"分析框架的宅基地退出机制研究》，浙江大学博士学位论文，2019。

[216] 中国国土资源报编辑部：《安徽省金寨县农村宅基地制度改革试点调查》，《国土资源》2017 年第 5 期。

[217] 钟荣桂、吕萍：《江西余江宅基地制度改革试点经验与启示》，《经济体制改革》2018 年第 2 期。

[218] 周立群、张红星：《农村土地制度变迁的经验研究：从"宅基地换房"到"地票"交易所》，《南京社会科学》2011 年第 8 期。

[219] 周良才：《中国社会福利》，北京大学出版社，2008。

[220] 周晓唯：《法律的经济功能——要素资源配置的法经济学分析》，《西安电子科技大学学报》（社会科学版）2001 年第 4 期。

[221] 朱新华：《农村宅基地制度创新与理论解释》，《中国人口·资源与环境》2012 年第 5 期。

[222] 庄开明：《农村闲置宅基地有偿退出与优化利用》，人民出版社，2017。

[223] 邹伟等：《农户分化对农村宅基地退出行为影响研究》，《中国土地科学》2017 年第 5 期。

[224] 邹玉川编《当代中国土地管理（上）》，当代中国出版社，1998。

# 附　录

## 附录 I

| | |
|---|---|
| 本调查问卷仅用于学术研究；我们对您提供的信息严格保密；感谢您的支持和配合！ | |

| 问卷编号 | |
|---|---|
| 数据录入员 | |
| 数据复核员 | |

### 农村集体建设用地流转问题调查问卷[①]

调查员姓名：＿＿＿＿＿＿

调查日期：＿＿＿＿＿年＿＿＿月＿＿＿日

调查地点：＿＿＿＿＿市（县）＿＿＿＿＿区（乡、镇）＿＿＿＿＿村（居委会）＿＿＿＿＿组

您好！感谢您能够参加这次调查活动。现想调研您对农村集体建设用地流转意愿方面的问题，衷心感谢您对我们的配合。我们郑重承诺，本调查问卷仅用于学术研究，我们将对您提供的情况及个人信息严格保密，调查结果仅用于课题研究，感谢您的支持与配合！

---

[①] 本调研问卷选取江苏师范大学舒帮荣副教授主持的江苏省哲学社会科学课题"农村集体建设用地流转收益分配机制研究"的部分内容，本书作者是该课题参与人员，在此对参与调研的老师和同学表示感谢。

## 第一部分 被访者及家庭基本信息

| 是不是户主 | 性别 | 年龄（岁） | 受教育程度 |
|---|---|---|---|
| □是 □否 | □男 □女 | □25 及以下；□26～35；□36～45；□46～55；□56 以上 | □小学及以下；□初中；□高中；□大专及以上 |
| 健康状况 | 就业状况 | 家里是否有村干部 | 家庭主要收入来源 |
| □差 □中<br>□良 □优 | □农或农为主<br>□非农或非农为主 | □是；□否 | □农业<br>□非农业 |
| 家庭人口数 ____ | 家庭劳动力人数 ____ | 参加城镇、商业保险人数 _____ | 参加新农保人数 _____ |
| 去年家庭总收入 | *您家去年农业收入（种植粮食、经济作物，养殖家禽鱼类，农业打工等）是____元<br>*您家去年非农收入（打工、经商、房屋出租、分红、对外承包土地、利息、股息等）是_____元 | | |
| 城镇住房套数<br>（没有填 0） | *城镇住房 1 位于：□1＝市区，□2＝县区，□3＝镇区，面积_____平方米<br>*城镇住房 2 位于：□1＝市区，□2＝县区，□3＝镇区，面积_____平方米<br>*城镇住房 3 位于：□1＝市区，□2＝县区，□3＝镇区，面积_____平方米 | | |

## 第二部分 集体经营性建设用地认知 （略）

## 第三部分 宅基地认知

（一）现状及政策认知部分（略）

（二）宅基地权利认知部分

……

40. 您认为您家宅基地所有权属于谁？

□A. 国家　　　□B. 村集体　　　□C. 自己　　　□D. 其他

41. 您认为宅基地的使用期限是多久？

□A. 永久使用　□B. 30～70 年　　□C. 10～30 年

42. 您认为宅基地可以置换退出吗？

□A. 可以，但需限定在本村集体内部或村民与政府之间

□B. 任何人之间都可以

□C. 不可以

□D. 不知道

43. 您是否愿意参加宅基地置换？

□A. 愿意，那么，您愿意选择哪种宅基地置换的方式？（可多选）

　　□a. 货币置换（您将宅基地给集体，集体给您补偿款）

　　□b. 住房置换（政府给您在中心村或集镇所在地置换相应面积的住宅）

　　□c. 宅基地置换（在政府规划的城镇或中心村换取相应面积的宅基地，自行或统一建房）

□B. 不愿意

……

（三）宅基地（或原宅基地）福利认同部分

67. 请您根据自身情况，填写下表。（请在合适的地方打"√"）

| 题项 | 认同 | | 不认同 |
| --- | --- | --- | --- |
| | 部分认同 | 完全认同 | |
| A. 宅基地能够保障您有房可住？（居住福利） | | | |
| B. 宅基地能够保障您有地方养老？（养老福利） | | | |
| C. 宅基地能够给您提供农业生产（包括：种地、养殖、农产品存放等）或做生意所必需的场所？（就业福利） | | | |

68. 总体而言，您是否觉得宅基地是一种只有农民才能享有的保障？

　　□A. 完全是　　　□B. 大部分是　　　□C. 基本算是

　　□D. 小部分是　　　□E. 完全不是

**感谢您为我们付出的时间，我们对您的付出表示衷心的感谢！**

# 附录 II

农村宅基地问题调查问卷

调查员：_____调查时间：_____问卷编号：_____

调查地点：_____市（县）_____区（乡、镇）_____

村（居委会）

尊敬的朋友：

您好！本调查的目的是了解在宅基地置换（退出）或房屋拆迁中的相关问题。特邀请您帮助我们完成这份调查问卷，谢谢您的合作！本问卷仅用于学术研究，不用于其他用途；我们将对您所提供的信息严格保密。您不用有所顾虑，请认真如实回答！

填写说明：

问卷答案没有对错之分，您只需要按照您的实际情况在符合的选项上（序号或□）处打"√"即可（除明确"可多选"外，其余均为单选）；问卷中若没有符合本户实际情况的选项，请在"其他"选项处或者在划线处_____直接填写。

## 一　农户及家庭基本情况

| |
|---|
| 性别：□男　□女 |
| 年龄： |
| 受教育程度：□初中以下　□初中　□高中（中专）　□大专　□本科及以上 |
| 婚否：□已婚　□未婚 |
| 就业状况：□农或以农为主的兼业　□非农或以非农为主的兼业 |
| 主要就业地点：□本村　□本镇　□邻近乡镇　□本市（县）　□本省　□省外 |
| 是否掌握一定技能：□是　□否<br>（指从事非农业的特殊职业技能，如泥瓦工、木工、气电维修工、厨师、司机等） |
| 家庭总人口_____：其中劳动力_____人，务工或做生意_____人，在家务农_____人。需赡养老人数_____人，需抚养未成年人数_____人。 |
| 您的家庭有无稳定城镇住所：□是　□否 |
| 家庭成员是否参加新农保、新农合或其他保险：□是　□否 |

## 二、宅基地退出后相关情况变化

1. 宅基地退出前相关情况

（1）政府或相关部门是否事先就补偿标准等征求您的意见？

□是　□否

（2）您对宅基地退出相关政策是否知情？□是　　□否

2. 家庭经济状况

（1）请您大概回忆下，宅基地退出前，您家庭年均收入是_____元，其中农业收入（指种植粮食、经济作物，养殖家畜、水产等）是_____元，非农业收入（指打工、经商、房屋租赁等）是_____元。

（2）请您大概回忆下，宅基地退出前，您家庭年均支出是_____元，其中生产支出（指化肥、种子、灌溉、农药、机械等支出）是_____元，生活支出（指食品、水电、燃气、衣着、交通等支出）是_____元。

（3）农业收入在家庭总收入中占比，退出前_____，退出后_____。

□1＝10%以下　□2＝10%～20%　□3＝20%～30%

□4＝30%～40%　□5＝40%～50%　□6＝50%～60%

□7＝60%～70%　□8＝70%～80%　□9＝80%以上

（4）宅基地置换退出使您家的收入增加还是减少？

□大幅增加　□增加　□基本没变　□减少　□大幅减少

（5）宅基地置换退出使您家的支出增加还是减少？

□大幅增加　□增加　□基本没变　□减少　□大幅减少

（6）宅基地退出后，家庭经济状况是否得到改善？

□明显改善　□有所改善　□基本不变　□变差　□明显变差

3. 宅基地退出后居所位置变化

（1）您家与农地的距离，退出前_____，退出后_____

（2）您家与集市的距离，退出前_____，退出后_____

（3）您家与邻近公路的距离，退出前_____，退出后_____

## 4. 宅基地退出后住房条件变化

| | |
|---|---|
| 房屋修建时间 | 退出前_____，退出后_____ |
| 住房面积（㎡） | 退出前_____，退出后_____ |
| 院落面积（㎡） | 退出前_____，退出后_____ |
| 周围医院 | 退出前_____，退出后_____ □1 = 有　□0 = 无 |
| 周围学校 | 退出前_____，退出后_____ □1 = 有　□0 = 无 |
| 房屋户型结构 | □很满意　□满意　□一般　□不满意　□很不满意 |
| 房屋外观 | □很满意　□满意　□一般　□不满意　□很不满意 |
| 水电供给 | □很满意　□满意　□一般　□不满意　□很不满意 |
| 厕所 | □很满意　□满意　□一般　□不满意　□很不满意 |
| 房屋质量 | □很满意　□满意　□一般　□不满意　□很不满意 |
| 住房设施 | □很满意　□满意　□一般　□不满意　□很不满意 |
| 整体住房条件，对此是否满意？ | □明显改善　□有所改善　□基本不变　□有所变差　□明显变差 |
| | □很满意　□满意　□一般　□不满意　□很不满意 |

## 5. 宅基地退出后居住环境变化

| | |
|---|---|
| 公共医疗设施 | □很满意　□满意　□一般　□不满意　□很不满意 |
| 教育设施 | □很满意　□满意　□一般　□不满意　□很不满意 |
| 娱乐休闲设施 | □很满意　□满意　□一般　□不满意　□很不满意 |
| 社区治安 | □很满意　□满意　□一般　□不满意　□很不满意 |
| 卫生状况 | □很满意　□满意　□一般　□不满意　□很不满意 |
| 交通状况 | □很满意　□满意　□一般　□不满意　□很不满意 |
| 生活方式 | □很满意　□满意　□一般　□不满意　□很不满意 |
| 邻里关系 | □很满意　□满意　□一般　□不满意　□很不满意 |
| 空气质量 | □很满意　□满意　□一般　□不满意　□很不满意 |
| 噪声 | □很满意　□满意　□一般　□不满意　□很不满意 |
| 居住区景观 | □很满意　□满意　□一般　□不满意　□很不满意 |
| 整体居住环境 | □很满意　□满意　□一般　□不满意　□很不满意 |

## 6. 宅基地退出后就业及心理状况

（1）医疗和养老保险水平有何改变？对此您是否满意？

□明显提高　□有所提高　□基本不变　□降低　□明显降低

□很满意　　□满意　　□一般　　□不满意　　□很不满意

（2）子女接受教育水平有何改变？对此您是否满意？

□明显改善　　□有所改善　　□基本不变　　□有所变差　　□明显变差

□很满意　　□满意　　□一般　　□不满意　　□很不满意

（3）您或您家人找工作是否更加容易？就业待遇有何改变？

□是　　□和以前一样　　□否，比以前更加困难　　□明显改善

□有所改善　　□基本不变　　□有所变差　　□明显变差

（4）考虑经济、住房和居住环境等，生活质量是否得到改善？

□明显改善　　□有所改善　　□基本不变　　□有所变差　　□明显变差

（5）是否受尊重　　□是　　□说不清　　□否

（6）对未来生活信心　　□有　　□说不清　　□没有

7. 您认为村干部在宅基地置换中的作用与角色？

□仅仅执行上级任务　　□为自己谋私利

□代表农户争取更多利益　　□其他_____

8. 您或您村里在宅基地置换过程中是否发生过冲突或纠纷？

□有　　□不清楚　　□没有

9. 如果发生纠纷，您会怎么处理？（可多选）

□找政府　　□找村干部调解　　□找德高望重的村民调解

□打官司　　□其他_____

10. 宅基地置换后，您是如何定位自己身份的？

□A. 已经成为城里人，您认为自己是城里人的原因是什么？（可多
　　选）

　　□生活习惯与市民无差别　　□生活水平与市民无差别

　　□不种地了　　□拥有城市户口　　□不受城里人排斥

　　□其他_____

□B. 仍然是农民，您认为自己仍是农民的原因是什么？（可多选）

　　□目前还是农村户口　　□生活习惯与城里人不同

　　□生活水平与城里人有差异　　□受到城里人排斥

　　□其他_____

□C. 身份定位没有意义

11. 总体来说，您是否愿意对宅基地进行置换退出？

□很愿意　□愿意　□一般　□不愿意　□很不愿意

12. 总体来说，您对宅基地置换退出是否满意？

□非常满意　□满意　□一般　□不满意　□非常不满意

### 三、宅基地权利及退出风险认知

13. 您家的宅基地位于：

□大中城市郊区　□城乡接合部　□小城镇郊区

□偏远农村　□其他_____

14. 您家宅基地是否拥有宅基地使用权证？

□A. 是

□B. 否，那么您是否愿意办理宅基地使用权证书？

　　　□愿意　□无所谓　□不愿意

15. 您认为宅基地是国家给予农民的福利吗？

□完全认同　□部分认同　□完全不认同

16. 您认为宅基地退出风险程度如何？

□较高　□中等　□较低

17. 您认为宅基地退出的主要风险是什么？

□住房问题　□失去家庭重要财产　□补偿问题

□无法从事副业生产　□其他_____

18. 您是否有能力规避宅基地退出风险？

□是　□不好说　□否

### 四、调查员最后评论

| 关于受访的总体印象 | 好 | 尚可 | 一般 | 不太好 | 备注 |
|---|---|---|---|---|---|
| 回答的愿意程度 | | | | | |
| 回答的准确度 | | | | | |

所用时间：

# 附录 Ⅲ

## 农村宅基地置换（退出）调查问卷

调查员：_____ 调查时间：_____ 问卷编号：_____

调查地点：_____ 市（县）_____ 区（乡、镇）_____ 村（居委会）

所调研村庄到最近城镇的距离_____

尊敬的朋友：

您好！本调查的目的是了解宅基地退出意愿。特邀请您帮助我们完成这份调查问卷，谢谢您的合作！本问卷仅用于学术研究，不用于其他用途；我们将对您所提供的信息严格保密。您不用有所顾虑，请认真如实回答！

1. 被调查者性别：□男　□女

2. 被调查者是不是户主：□是　□否

3. 被调查者的受教育程度：□初中及以下　□高中（中专）　□大专及以上

4. 被调查者的年龄：_____

5. 被调查者的就业状况：□农或以农为主的兼业　□非农或以非农为主的兼业

6. 您的家庭有无稳定城镇住所：□是　□否

7. 家庭总收入：_____

8. 您认为宅基地归谁所有？

□个人　□村集体　□国家　□不清楚　□其他_____

9. 您认为宅基地在住房养老中的作用：

□非常重要　□重要　□不重要

10. 总体而言，您是否愿意参加宅基地置换退出？

□非常愿意　□比较愿意　□说不清　□不愿意　□非常不愿意

11. 您不愿意置换的理由是什么？（可多选）其中，最主要的理由

是什么？_____

　　□A. 退出补偿低　　□B. 建新房成本太高　　□C. 生活成本将提高

　　□D. 宅基地有增值空间　　□E. 居住环境变差

　　□F. 不习惯集中居住　　□G. 耕作生产不方便

　　□H. 难找新工作　　□I. 政府置换政策不透明

　　□J. 失去了土地依赖　　□K. 其他_____

12. 您认为下列哪些因素能够鼓励您退出宅基地？

| | 非常重要 | 重要 | 说不清 | 不重要 | 非常不重要 |
|---|---|---|---|---|---|
| 改善住房条件 | | | | | |
| 经济补偿标准高 | | | | | |
| 交通更加便利 | | | | | |
| 可以改善区位条件（位置、繁华程度） | | | | | |
| 让子女接受更好的教育 | | | | | |
| 生活设施改善（水、电、气、网络） | | | | | |
| 邻里关系更紧密 | | | | | |
| 解决社保（医疗和养老保险）问题 | | | | | |
| 获得城镇户口 | | | | | |
| 解决就业问题 | | | | | |
| 预期有商机可图 | | | | | |
| 家人亲戚赞同 | | | | | |
| 腾退成功者赞同 | | | | | |
| 其他_____ | | | | | |

13. 如果可以选择，您愿意接受哪种退出方式？

□不完全退出（集中居住）　　□完全退出（进城居住）

14. 退出后就业是否更容易？

□和以前一样　　□否，更困难　　□是

15. 村庄环境平均满意度（自主打分，共100分）

□60分以下　　□［60，70）　　□［70，80）

□［80，90）　　□90分及以上

**图书在版编目（CIP）数据**

农村宅基地退出模式与福利效应／张梦琳著. –– 北

京：社会科学文献出版社，2021.3

ISBN 978 – 7 – 5201 – 8135 – 8

Ⅰ. ①农…　Ⅱ. ①张…　Ⅲ. ①农村 – 住宅建设 – 土地

制度 – 研究 – 中国　Ⅳ. ①F321.1

中国版本图书馆 CIP 数据核字（2021）第 050513 号

## 农村宅基地退出模式与福利效应

著　　者／张梦琳

出 版 人／王利民
组稿编辑／高　雁
责任编辑／颜林柯

出　　版／社会科学文献出版社·经济与管理分社（010）59367226
　　　　　地址：北京市北三环中路甲 29 号院华龙大厦　邮编：100029
　　　　　网址：www. ssap. com. cn
发　　行／市场营销中心（010）59367081　59367083
印　　装／三河市尚艺印装有限公司

规　　格／开　本：787mm × 1092mm　1/16
　　　　　印　张：17　字　数：252 千字
版　　次／2021 年 3 月第 1 版　2021 年 3 月第 1 次印刷
书　　号／ISBN 978 – 7 – 5201 – 8135 – 8
定　　价／128.00 元

本书如有印装质量问题，请与读者服务中心（010 – 59367028）联系